조선연구문헌지

상

지은이
사쿠라이 요시유키 櫻井義之
1904년 후쿠시마현 출생. 경성제국대학 조선경제연구소, 조선총독부 관방문서과 근무. 도쿄도립대학 교수.

엮은이
연세대 근대한국학연구소 인문한국플러스(HK+) 사업단

옮긴이
백은주(白恩朱, Baek Eun-ju) 연세대 국학연구원 비교사회문화연구소 전문연구원
심희찬(沈熙燦, Shim Hee-chan) 연세대 근대한국학연구소 HK 교수
유은경(劉銀炅, You Eun-kyoung) 고쿠시칸대학 21세기아시아학부 비상근강사
허지향(許智香, Huh Jee-hyang) 일본 리쓰메이칸대학 연구조교

조선연구문헌지(상)

초판인쇄 2021년 5월 20일 **초판발행** 2021년 5월 30일
지은이 사쿠라이 요시유키 **엮은이** 연세대 근대한국학연구소 인문한국플러스(HK+) 사업단
옮긴이 백은주·심희찬·유은경·허지향 **펴낸이** 박성모 **펴낸곳** 소명출판 **출판등록** 제13-522호
주소 서울시 서초구 서초중앙로6길 15, 2층
전화 02-585-7840 **팩스** 02-585-7848 **전자우편** somyungbooks@daum.net **홈페이지** www.somyong.co.kr

값 32,000원
ISBN 979-11-5905-553-9 93010

이 책은 2017년 정부(교육부)의 재원으로 한국연구재단의 지원을 받아 수행된 연구임(NRF-2017S1A6A3A01079581)

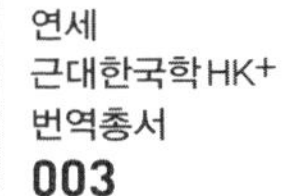

조선연구문헌지

상

연세대 근대한국학연구소 인문한국플러스(HK+) 사업단 엮음
사쿠라이 요시유키 지음 | 백은주 · 심희찬 · 유은경 · 허지향 옮김

저자 서문

내가 조선에 관한 여러 문제를 연구하기로 결심한 것은 지금으로부터 약 40년 전인 1932~1933년 무렵이었다. 당시 나는 경성(서울)에 살면서 경성대학에서 조선연구 자료문헌을 다룰 수 있는 매우 좋은 환경에 있었다. 다만 창립한 지 얼마 되지 않았던 경성대학은(1926년 5월 개학) 아직 문헌을 모으는 단계에 머물러 있었다. 조사연구 및 자료수집에 학교 전체가 모든 힘을 쏟고 있던 시절이었다.

1929년 경성대학 법문학부에 조선경제연구소가 설치됨으로써 시카타 히로시四方博 교수를 중심으로 한 실증적 연구기관이 조선 현지에 세워졌다. 연구소가 직면한 과제는 자료의 수집과 정리였다. 연구소는 물론 조선경제에 중점을 두고 자료를 모았지만, 넓게는 조선연구에 관한 근현대 자료들도 수집하였다. 나는 거기서 자료를 수집하고 정리하는 일에 관여하게 되었고, 이후 조선관련 문헌에 대한 조사 · 수집을 본격적으로 시작했다.

당시 서울 주변에는 이른 시기부터 조선에 머물면서 근대조선의 생성과 발전을 직접 경험한 많은 선인先人들이 있었는데, 이들의 체험담을 통해 생생한 조선근대사를 배울 수 있는 자리가 만들어졌다. 아유가이 후사노신鮎貝房之進 선생님, 이마무라 도모今村鞆 선생님, 오카다 미쓰기岡田貢 선생님, 가토 간가쿠加藤灌覚 선생님, 기쿠치 겐조菊池謙譲 선생님 등을 비롯하여 서울에 거주하는 문화인들을 중심으로 일종의 사담회史談會라 할 수 있는 서물書物동호회가 결성된 것이다. 이 모임은 그 후로도 7년간 계속되었으며 종전에 이르기까지 활동을 이어갔다. 나는 앞서 『메이지明治연간 조선연구문헌지』(1941)라는 책을 낸 적이 있는데, 이 책이 출판될 수 있었던 것은 이와 같은 환경 덕분이었다.

이 책은 「메이지연간 조선관계문헌 초록抄錄」이라는 제목으로 1936년 11월부터 이듬해 5월까지 조선총독부 기관지 『조선』(158~264호)에 글을 연재한 일에서 시작되었다. 초록을 발표한 뒤 누락된 부분을 조사한 「보유補遺」를 작성했고, 1939년 2월부터 같은 해 10월까지 동 잡지 『조선』(285~293호)에 나누어 실었다. 이렇게 두 번에 나누어 게재된 글들을 종합하고 제목을 바꾸어 1941년 3월 경성 '서물동호회'를 통해 위 책을 간행했다.

이처럼 잡지 게재가 장기화됨에 따라 지형紙型을 통한 인쇄를 피할 수 없게 되었다. 그로 인해 정정하는 일도 녹록치 않았고 전체적 통일성을 결여한 부족한 책이 되고 말았지만, 후일의 보정을 기약하는 형태로 졸속을 뒤돌아보지 않고 그대로 출판하여 여러 선생님들의 교시를 구하기로 했다. 앞선 책이 출판된 경위는 이와 같다.

그 후 다이쇼大正기에 출판된 조선연구문헌을 조사하고 이를 「다이쇼연간 조선관계문헌 해제」라는 제목으로 1940년 4월부터 이듬해 6월까지 잡지 『조선행정』(19권 4호~20권 6호)에 연재했다. 이 글은 잡지에만 게재한 채 단행본으로 만들지는 못했기에 전쟁이 끝나고 일본에 돌아와 오랫동안 잡지를 손에 넣고자 노력하던 중, 몇 해 전 우연히 한국의 지인이 고맙게도 잡지에 게재했던 원고의 복사본을 서울에서 보내주었다. 다시 만나지 못할 거라 생각했던 죽은 아이와 재회한 기분이었다. 앞서 출판했던 메이지기에 관한 책을 증보하고 다시 만난 다이쇼기에 관한 글도 증보하여 여기에 채록함으로써 두 편의 저술을 정돈하는 염원을 이루게 되었다.

그야말로 뜻하지 않은 기쁨이었다.

'후일의 보정'을 약속한 채 30여 년이 흘렀고 다이쇼도 오랜 과거가 되었다. 이때 나온 문헌들은 메이지기의 문헌을 잇는 역사적 소산으로서 중요한 가치를 지니게 되었다. 이를 서지적 · 단계적으로 개관해보면 메이지기의 문헌이 계몽적인 것에 비해 다이쇼기의 문헌은 실증적인 특징을 보여준다고 평가할 수 있겠다. 또한 쇼와昭和기의 발전적 전개에서 보면 다이쇼기는 그 기초적 준비를 쌓았던 시대로 간주할 수 있다.

이 책은 이와 같은 경위와 이유를 거쳐 메이지, 다이쇼를 한 권으로 통합하여 간행한 것이다. 책을 다시 내려고 마음먹은 것은 이미 오래 전의 일이나, 미발견 서적들이 계속해서 나타나면서 결국 지금에 이르고 말았다. 내가 가진 노트에는 여전히 많은 미발견 · 미입수 서적들이 적혀있다. 이에 대해서는 다시 후일을 기약할 수밖에 없겠다.

다행스러운 것은 최근 조선연구의 진전이 이루어지면서 문헌정리 사업도 함께 진행되어 다음과 같은 성과들이 나왔다는 점이다. 소장목록이 대부분이지만 이 책의 부족한 점을 메워줄 것이라 생각한다.

(1) 소장목록

① 국립국회도서관 소장, 『조선관계 자료목록』 4책, 1966~1975년

② 국립국회도서관 소장, 『메이지기 간행도서목록』 1 · 2권(1971~1972년), 3 · 4권(1973~1974년)

③ 도쿄대학 동양문화연구소 편(스에마쓰 야스카즈(末松保和) 편), 『조선연구 문헌목록』 6책, 1970~1972년

④ 재단법인 우방협회 · 재단법인 중앙일한협회 보관, 『조선관계 문헌 · 자료

목록』 1책, 1961년

⑤ 재단법인 우방협회 소장, 『조선관계 문헌 · 자료 총목록』(2) 1책, 1972년

⑥ 아시아경제연구소 편, 『구식민지관계기관 간행물 종합목록』(조선편) 1책, 1974년

⑦ 시카타 조선문고 운영위원회 편, 『시카타 조선문고 목록』 1책, 1978년

⑧ 도쿄경제대학 도서관 소장, 『사쿠라이 요시유키문고 목록』 1책, 1976년

(2) 현지에서 출판된 것 중 현재 입수하기 어려운 것들

① 경성제국대학 부속도서관, 『화한서(和漢書) 서명목록』 1~8집, 1931~1940년

② 조선총독부 도서관, 『신서부(新書部) 분류목록』 3책, 1938년

③ 부산 부립도서관, 『도서분류목록』 1책, 1941년

이 책을 출판하면서 많은 선배와 지인들로부터 중요한 가르침과 조언을 얻었다. 심심한 감사의 뜻을 표한다. 특히 고故 시카타 선생님과 스에마쓰 야스카즈 선생님에게는 앞선 책을 출판한 이래로 끊임없는 지도와 격려를 받았다. 지면을 빌려 깊은 감사의 마음을 전한다. 출판의 기술적인 면에서는 주식회사 용계서사龍溪書舍의 후나바시 오사무船橋治 씨를 비롯하여 출판편집부 분들이 글자 사용의 통일, 색인 조정 등을 꼼꼼하게 도와주셨다. 그저 감사의 말씀을 전할 따름이다.

저자 범례

이 책의 증보 · 개정 및 편성, 채록방식은 다음과 같다.

1. 메이지연간 자료는 예전에 출판했던 『메이지연간 조선연구문헌지』(1941)에 실었던 547편에 그 후의 조사를 통해 알게 된 단행본 149편을 증보했다. 다이쇼기는 「다이쇼연간 조선관계문헌 해제」(1940)에서 소개했던 280편에 새로 118편을 추가했다. 따라서 앞선 책 『메이지연간 조선연구문헌지』에 새로 증보하여 채록한 문헌을 더한 총계는 1,094편이 된다. '지도'는 앞선 책과 마찬가지로 메이지기에 간행된 것으로 한정했으며, 이전의 32점에 더해 새로 61점을 추가한 총 93점을 게재한다.
2. 메이지기에 간행된 것으로 기재된 문헌은 취사선택을 하지 않고 눈에 보이는 대로 모두 채록했다. 다이쇼기의 경우 조선을 연구함에 있어서 중요한 의미를 가지지 않는다고 판단된 것은 일부 제외시켰다.
3. 편찬형식은 앞선 책의 방식에 따라 문헌의 내용에 관한 가치판단 및 필자의 주관적 의견을 완전히 배제했다. 원저자의 약전, 문필활동 등은 가능한 상세히 조사하려고 노력했다. 저작의 성립배경에 대해서는 편저자의 말을 그대로 빌렸으며, 내용의 일부를 알 수 있도록 목차(및 장)를 게재했다.
4. 분류는 전과 달리 NDC '일본십진분류표'에 따랐다.
5. 채록은 '서명', '편저자명', '출판년월', '판형', '페이지 수', '발행처' 등을 표기하는 방식을 택했다.
6. 분류항목 안의 배치는 연대순에 따랐다. 출판연월에서 월차가 불분명한 것은 '●—'로 표시하고 항목 내 말미에 배치했다. 계속 간행된 서적, 축차 간행물 등은 원칙적으로 초출연도에 따라 일괄 표기했다.
7. 판형은 옛 규격(국판(菊判), 46판(四六判) 등)에 따랐다. 지도처럼 특수한 형태는 ㎝로 표시하기도 했다.
8. 한자는 당용한자(當用漢子)를 사용했다. 당용한자에 없는 것, 혹은 고유명사 중 특수한 것은 일부 예전 한자를 사용했다.
9. 주제서명에는 일련번호를 붙였으며, 서명 및 저자 참조는 모두 그 번호에 따랐다.
10. 이 책은 소재를 알려주는 목록이 아니므로 소장된 장소는 기재하지 않았으나, 교정과정에서 편집부의 간곡한 요청에 의해 오늘날 주변에서 찾을 수 있는 것들을 대표로 기재했다. [시카타 문고(四方文庫)]는 고 시카타 히로시 교수의 조선문고, [구장(舊藏)]은 필자가 서울에 머물 당시에 모은 장서, [가장(架藏)]은 종전 이후 새로 수집하여 현재 소장하고 있는 책, [동경대(東經大)]는 [가장] 중 도쿄경제대학에 양도한 책, [구경성대(舊京城大)]는 구경성제국대학 소장, [국회도(國會圖)]는 국립국회도서관 소장을 뜻한다.
11. 메이지기 간행물의 모습을 전해주는 표지 및 제목 78점, 지도 11점의 도판을 삽입했다.
12. 책 말미에 50음순 「서명 색인」과 「편저자명 색인」을 덧붙였다.

역자 범례

1. 이 책은 1992년 3월 1일 일본 용계서사(龍溪書舍)에서 출판된 사쿠라이 요시유키(櫻井義之)의 『조선연구문헌지－쇼와편(유고) 부 메이지·다이쇼편 보유』(『朝鮮研究文献誌－昭和篇(遺稿) 付 明治·大正篇補遺』)를 번역한 것이다. 다만 원서의 분량을 감안하여 상·중·하 세 권으로 나누어 번역한다.
2. 원서는 [一]총기, [二]철학·종교, [三]역사·지지, [四]사회과학, [五]자연과학, [六]공학·공업(광업), [七]산업, [八]예술, [九]어학, [一〇]문학, [付]메이지기 간행 '조선지도', [遺稿]조선연구문헌지 쇼와편(부 메이지·다이쇼편 보유)의 순서로 구성되어 있다. 여기 번역·출판하는 상권은 원서의 내용 중 [一]총기, [二]철학·종교, [三]역사·지지 부분을 실은 것이다. 중권과 하권은 추후 순차적으로 번역·출판할 예정이다.
3. 원서의 체제에 따라 번역했으나 서적에 관한 정보(저자, 출판년월, 판형, 페이지 수, 발행처, 소장처)와 목차를 표로 만들어 시각적 편의를 더했다.
4. 소장처 중 원서의 [東經大]는 '도쿄경제대학'으로, [國會圖]는 '일본 국회도서관'으로 번역했다.
5. 한자표기는 일본 인명과 지명 등은 가급적 일본의 상용한자를 따랐고, 나머지는 정자체로 표기했다. 본문에 소개된 서명은 모두 일본의 상용한자로 표기했다.
6. 일본 인명과 지명 등의 표기는 국립국어원의 외래어 표기법을 기준으로 삼았고, 일본에서 음독으로 발음하는 한자는 한글 음독으로, 훈독으로 발음하는 한자는 일본어 발음을 한글로 표기했다. 다만 일부 고유명사 및 역사적 용어는 일본어 발음을 그대로 따른 것들도 있다. 개인의 호나 단체명 등, 일본어 발음이 확인 불가능한 경우에는 한글 음독을 그대로 적었다.
   예) '大阪朝日新聞 : 오사카아사히신문', '団団珍聞 : 마루마루진문', '文禄慶長の役 : 분로쿠 게이초의 역'
7. 원서에는 주가 없다. 본문의 주는 모두 역자들이 부기한 것이다.
8. 원서의 오기 및 탈자 등은 발견되는 대로 모두 수정했다.
9. 저자 사쿠라이 요시유키가 직접 서술한 부분에서 '씨', '군' 등 인물 뒤에 붙는 의존명사는 모두 생략했고, 인물에 대한 존경을 나타내는 일본어 표현 등은 가급적 일반적 표현으로 수정했다.
10. 색인의 '서명'은 본문에 소개된 서적, '저자명'은 본문에 소개된 저자, '사항'은 본문에 등장하는 각종 단체 및 주요 사건, '인물'은 본문에 등장하는 저자 이외의 인물을 가리킨다.
11. 원서에 나오는 문제적 용어들(반도, 내지, 지나 등)은 원래 느낌을 살리기 위해 다른 표현으로 바꾸지 않고 그대로 사용했다.

차례

一
총기

1. 서목

1) 한적목록고본韓籍目録稿本

저자	–	출판년월	1908년 3월
판형	국판	페이지 수	67쪽
발행처	경성 도쿄외국어학교 한국교우회	소장처	架藏

최근에 회원 고쿠부 쇼타로(國分象太郎)[1]가 한인의 서사(書寫)에 관한 한서목록고본 일부를 손에 넣었다. 이 목록은 고(故) 가타부치 다쿠(片淵琢)[2]가 소장하고 있던 것으로, 약 1,500권에 이르는 서명이 정리되어있다. 이 목록은 쉽게 구할 수 없는 것이다. 그렇기에 본 모임에서 회원 및 뜻을 함께 하는 이들에게 나누어 주기 위하여 인쇄에 부친 것이 이 책이다. ……또한 이 책에는 본고와 함께 다른 서명 목록이 2부 있다. 하나는 목록 15개를 배열해서 적은 것, 또 하나는 목록 250개 하나하나의 권수를 밝힌 것으로 권말에 "주인 밀양 모씨"라고 적혀있다. 아마 밀양 모씨의 서고 장서목록으로, 책 중에 유판(有板)과 머리말이 있는 것은 밀양에 판목이 있을 것이다. ……모두 부록으로 책 말미에 추가한다.(소인)

---

1 부 쇼타로(1862~1921) : 나가사키현 출신. 1882년 조선공사관의원 통역관으로 출사. 미국에서 서기관으로 근무한 경험이 있으며 통감부 시절에는 서기관 및 비서관을 역임했다. 1910년 총독부 설치 후에는 인사국장 및 중추원 서기관장을 겸임. 1915년에 이왕직 서기관으로 임명되었으며 1917년에는 이왕직 차관으로 승진했다.

2 가타부치 다쿠(1859~1907) : 사가현 출신. 도쿄에 자활연학회(自活硏學會)를 설립하여 배움에 뜻이 있어도 배우지 못하는 이들을 원조했다. 노동자신용조합을 만들고 러시아어학교의 설립에 진력하는 등, 사회사업가로 활동. 동양교육개진회 창설 멤버다(『황성신문』, 1905.5.26).

〈목차〉

제목
소인(小引)
사기부(史記部)
전조어제부(前朝御製部)
열성어제부(列聖御製部)
어정제서부(御定諸書部)
경의부(經義部)
전장부(典章部)
잡찬부(雜纂部)
역서부(曆書部)
지지부(地誌部)
병서부(兵書部)
자학부(字學部)
의서부(醫書部)
농서부(農書部)
불가부(佛家部)
제가문집부(諸家文集部)
방류집부(傍流集部)
규수집부(閨秀集部)
석자부(釋子部)
소설부(小說部)
부록(附錄)

2) 제실도서목록帝室図書目録

저자	–	출판년월	1909년 11월
판형	국판	페이지 수	387쪽
발행처	경성 궁내부 규장각도서과	소장처	–

본과 소관의 제실도서는 규장각, 춘방(春坊), 집옥재(集玉齋) 및 북한산

행궁(北漢山行宮)에 있던 서책 대략 10만 책 정도를 수집하여 사고(四庫)의 법에 따라 이를 종류별로 정돈하고 순서에 따라 가안 목록을 편집한 것이다. 또한 좀먹고 훼손된 것은 이를 수선하였고 결본은 이를 보족(補足)하여 목록의 완제(完製)를 기했다.(예언 역(例言譯))

〈목차〉

제목	제목	제목	제목
「국조판지부(國朝版之部)」			
[경부(經部)]	[사부(史部)]	[자부(子部)]	[집부(集部)]
역류(易類)	정사류(正史類)	유가류(儒家類)	초사류(楚詞類)
서류(書類)	편년류(編年類)	병가류(兵家類)	별집류(別集類)
시류(詩類)	기사본말류(紀事本末類)	법가류(法家類)	총집류(總集類)
예류(禮類)	별사류(別史類)	농가류(農家類)	시문평류(詩文評類)
춘추류(春秋類)	잡사류(雜史類)	천문산법류(天文算法類)	사전류(詞典類)
효경류(孝經類)	조명주의류(詔命奏議類)	술수류(術數類)	
오경(五經)	전기류(傳記類)	예술류(藝術類)	
총의류(總義類)	지리류(地理類)	보록류(譜錄類)	
사서류(四書類)	정서류(政書類)	잡가류(雜家類)	
악류(樂類)	사평류(史評類)	유서류(類書類)	
소학류(小學類)		소설가류(小說家類)	
		석가류(釋家類)	
		도가류(道家類)	
「당판지부(唐版之部)」			
[경부(經部)]	[사부(史部)]	[자부(子部)]	[집부(集部)]
역류(易類)	정사류(正史類)	유가류(儒家類)	별집류(別集類)

제목	제목	제목	제목
서류(書類)	편년류(編年類)	병가류(兵家類)	총집류(總集類)
시류(詩類)	기사본말류(紀事本末類)	법가류(法家類)	시문류(詩文類)
예류(禮類)	별사류(別史類)	농가류(農家類)	사전류(詞典類)
춘추류(春秋類)	잡사류(雜史類)	의가류(醫家類)	
효경류(孝經類)	조명주의류(詔命奏議類)	천문산법류(天文算法類)	
오경총의류(五經總義類)	전기류(傳記類)	술수류(術數類)	
사서류(四書類)	초사류(鈔史類)	예술류(藝術類)	
악류(樂類)	재기류(載記類)	보록류(譜錄類)	
소학류(小學類)	시령류(時令類)	잡가류(雜家類)	
	지리류(地理類)	유서류(類書類)	
	직관류(職官類)	소설가류(小說家類)	
	정서류(政書類)	석가류(釋家類)	
	사평류(史評類)	도가류(道家類)	
	일록류(日錄類)		

3) 탁지부인쇄물목록度支部印刷物目録

저자	-	출판년월	1910년 12월
판형	46판	페이지 수	23쪽
발행처	경성 조선총독부 탁지부	소장처	舊藏

이 책은 1905년부터 1910년까지 탁지부에서 간행된 인쇄물 목록이다. 11개 종류로 분류하여 수록되었다.

〈목차〉

류	제목	류	제목	류	제목	류	제목
제1류	법규	제4류	금융	제7류	건축	제10류	잡서(雜書)

류	제목	류	제목	류	제목	류	제목
제2류	재정	제5류	산업	제8류	통계	제11류	구문서(歐文書)
제3류	세무	제6류	통상	제9류	정기간행물		

4) 조선서적목록朝鮮書籍目録

저자	가나자와 쇼자부로(金沢庄三郎)	출판년월	1911년 3월
판형	국판	페이지 수	78쪽
발행처	저자	소장처	架藏

이 책은 저자[3]의 사가私家한정판이다. 판권장은 없고 간행년도 표기는 저자가 쓴 권두 서문을 따랐다.

조선의 서적목록 중에 가장 잘 정리된 것은 파리 동양어학교가 출판한 모리스 쿠랑(Maurice Courant)의 『한국 서지(Bibliographie Coréenne)』(1895~1901)다. 총 4권 1600쪽에 달하는 대저(大著)로 무려 3800부의 고금 도서에 해설을 달았다. ……조선 연구가 무엇보다도 필요한 오늘날에 서적목록을 편찬하는 일도 적절한 사업이나, 사정상 우리의 희망을 쉽게 반영하지 못했다. 그리하여 내 힘이 닿는 범위에서 최선을 다하고자 소장하고 있는 조선 책의 서목(書目)만을 여기에 편성하여 사판(私版)으로 출판한다.(서문)

3 가나자와 쇼자부로(1872~1967) : 오사카 출신, 메이지~쇼와시대의 언어학자 · 국어학자. 조선어를 중심으로 동양어를 연구했고『일선동조론』에서 일본어와 조선어는 같은 계열임을 주장했다. 또한 일본의 국어사전『사림(辞林)』,『광사림』을 편집했다.

저자는 문학박사 · 언어학자로 『광사림広辭林』의 편자로 알려져 있다. 1872년 5월 도쿄에서 태어나 1896년에 도쿄제국대학 문과대학을 졸업, 1898년에 유학생 신분으로 한국에 건너갔다. 1901년에 돌아왔으며 다음해인 1902년 일한양국어의 비교연구를 논제로 학위를 받고 도쿄제국대학 강사가 되었다. 도쿄외국어학교의 교수로 있다가 1917년에 사임하고 고쿠가쿠인대학國學院大學 교수가 되었다. 만년에는 쓰루미鶴見여자대학 교수로 재직했으며 1967년 6월 2일에 세상을 떠났다. 향년 92세. 저서로는 이 책 외에도 『일본문법신론日本文法新論』을 비롯하여 유명한 『광사림』, 『일한양국어동계론日韓両国語同系論』(1910년 1월), 『일어유해日語類解』(1912년 3월), 『일선고대지명연구日鮮古代地名の研究』(1912년 6월, 286번 항목 참조), 『일선동조론日鮮同祖論』(1929년 4월) 등이 있다. 또한 가나자와 박사 환갑 기념회가 간행한 『탁족암장서濯足庵蔵書』 61종이 있음을 부기해둔다.

〈목차〉

제목
사류(史類)
지지류(地誌類)
언어류(言語類)
문집류(文集類)
종교류(宗教類)
총서류(叢書類)
잡서류(雜書類)

5) 조선고서목록朝鮮古書目録

저자	샤쿠오 슌조	출판년월	1911년 10월
판형	국판	페이지 수	145쪽
발행처	경성 조선고서간행회	소장처	架藏

샤쿠오 슌조釋尾春芿는 오카야마현 출신으로 동양대학을 졸업하고 1900년에 한국으로 건너갔으며 각지에서 학교 교원을 역임했다. 호는 동방東邦. 1908년 월간잡지 『조선급만주朝鮮及滿洲』를 간행하면서 동시에 조선고서의 번각을 계획하여 『조선군서대계朝鮮群書大系』 137책을 간행했다. 대계본大系本에 관해서는 46번 항목을 참조. 『최신 조선지지最新朝鮮地誌』 3책(1918년, 292번 항목을 참조).

> 이 책은 쿠랑의 조선서적해제, 문헌비고, 해동역사 등의 문예고(文藝考) 등을 중심으로 총독부의 도서목록, 이왕가(李王家)의 도서목록, 외국어학교경성지부가 발행한 한적목록, 그 외 시데하라(幣原), 가나자와(金沢), 마에마(前間), 아사미(浅見), 가와이(河合) 등 여러 사람의 장서목록을 참조하여, 판본과 사본(寫本) 구분 없이 정확하다고 여겨지는 것을 모아서 편집한 것이다. 이 책에 실려 있는 약 3천부의 서적은 대부분 현존하는 것이나 그 중에는 절본인 것도 있다. ……이 책의 재료수집 및 편집에 관해서는 무라타 쓰토무(村田懋)에게 많은 도움을 받았다. 또한 이미 타계한 대가 아사미 린타로(浅見倫太郎) 씨의 지도 및 가와이 히로타미(河合弘民) 씨의 가르침을 받고 편집한 것이다.(범례)

〈목차〉

제목	
총서(總敍)(아사미 린타로) 제1 조선 책의 외형과 체재 제2 조선 책의 언어와 문자 제3 조선 책의 사상과 학술	
제1	경적유가지부(經籍儒家之部)
제2	역사지리기타지부(歷史地理其他之部)
제3	제도전장기타지부(制度典章其他之部)
제4	제자백가기타지부(諸子百家其他之部)
제5	문장시가기타지부(文章詩家其他之部)
	각국 사람의 조선에 관한 신구(新舊)저서

6) 조선예문지朝鮮藝文志

저자	–	출판년월	1912년 4월
판형	국판	페이지 수	122쪽
발행처	경성 조선총독부	소장처	架藏

이 책은 조선총독부 유지(有志)들의 독서회에서 열렸던 강연의 초본이다. 쿠랑 씨의 서적목록 서론을 원본으로 삼고 있으며, 일반인의 참고가 될 만한 점이 적지 않아 인쇄하여 등사를 대신했다. 원본 4책은 마치 장부처럼 넓고 크기에 번쇄(煩瑣)하여 서론을 중심으로 인쇄했고, 서론에 인용되어 있는 서목번호는 괄호 안에 숫자를 기입하여 원본 검색의 편의를 기했다. 본서의 목차, 오두(鼇頭) 및 괄호 안의 문자는 모두 강연자의 보정에 따른 것이다.(범례)

〈목차〉

장	제목	장	제목	장	제목
서례(序例)		제6장	사자(寫字), 사경(寫經), 진사본(珍寫本)	제5장	예의 및 육전
제1장	원서 저작의 내역	제7장	도해, 의궤본(儀軌本), 도입본(圖入本)	제6장	역사
제2장	조선 책의 소재	(제2부) 조선 책의 언어와 문자		제7장	과학적 사상의 결핍
제3장	원서 속집(續集)의 내역	제1장	한자	제8장	실용적 학술의 존재
제4장	원서의 참고서목	제2장	이토(吏吐) 문자	제9장	속문학
제5장	고서 수집의 곤란	제3장	반절(反切), 즉 언문	결론	
(제1부) 조선책의 외적 관찰		제4장	조선에 있어서의 한어의 영향	(부록)	
제1장	조선의 종이(책지)	(제3부) 조선의 종교 · 학술		미춘가(米春歌) 역	
제2장	목판 인쇄	제1장	불교	토축가(土築歌) 역	
제3장	활자 인쇄	제2장	도교	춘면곡가(春眠曲歌) 역	
제4장	와판(瓦版)	제3장	유교	화왕기(花王記) 역	
제5장	각종 인본(印本)의 종별	제4장	한문학		

7) 조선총독부 도서목록朝鮮総督府図書目録

저자	–	출판년월	1913년 1월
판형	국판	페이지 수	646쪽
발행처	경성 조선총독부	소장처	일본 국회도서관

이 목록은 조선총독부 소장 도서목록으로 조선고서(참사관실 전용 구 규장각도서) 1만7천850책을 포함한 제1책을 간행한 것이다. 그 후 1920년부터 조선고서를 제외하고 새로 추가된 도서를 포함하여 3년마다 간행했다. 즉 1924년, 1927년, 1930년, 1933년, 1936년, 1938년, 1941년, 1944년에 간행되었다. "1책 목록은 1912년 12월 말일 현재 조선총독부 소장도서 전부를 수록한 것"(범례)이며, 본편 247쪽, 고서 290쪽, 양서 99쪽으로 이루어져 있

다. 그 목차는 다음과 같다.

〈목차〉

제목	
1	화한서(和漢書)
2	조선서
3	구(舊) 한국정부(건양(建陽) 원년 이후) 간행서
4	구 통감부 및 조선총독부 간행서
5	구 통감부 조선총독부 소속 관청 간행서
6	조선고서(참사관실 전용)
외국 도서, 영서(英書), 독서(獨書), 불서(佛書), 영불독 이외의 양서(露, 伊, 羅)	

8) 조선도서해제朝鮮図書解題

저자	–	출판년월	1915년 3월 (1919년 3월 증보)
판형	46배(倍)판, 증보	페이지 수	352쪽(708쪽)
발행처	경성 조선총독부	소장처	일본 국회도서관

이 책은 조선총독부가 소장한 조선도서(구 규장각도서) 중에서 중요한 것을 경經, 사史, 자子, 집集 4부로 나누어 해설을 더한 것이다. 1919년에 증보(708쪽)를 보태어 인쇄했다. 증보판에는 50음 색인 외에도 왕호표王號表, 편저자의 성별표姓別表를 싣고 도서번호와 사진판(24점)을 추가했다.

이 책은 그 후 1932년 8월에 조선통신사朝鮮通信社의 발행이 허락되면서 A5판, 578쪽의 축책판縮冊版이 발매되었다. 또한 최근에 명저간행회가 복각판을 출판했다.

〈목차〉

제목	제목	제목	제목
[경부(經部)]	[사부(史部)]	[자부(子部)]	[집부(集部)]
역류(易類)	정사류(正史類)	유가류(儒家類)	별집류(別集類)
서류(書類)	편년류(編年類)	도가류(道家類)	총집류(總集類)
시류(詩類)	기사류(紀事類)	석가류(釋家類)	제평류(題評類)
춘추류(春秋類)	별지류(別紙類)	병가류(兵家類)	사전류(詞典類
대학류(大學類)	야승류(野乘類)	농가류(農家類)	공령류(功令類)
중용류(中庸類)	정법류(政法類)	의가류(醫家類)	
논어류(論語類)	기록류(記錄類)	천문류(天文類)	
맹자류(孟子類),	지리류(地理類)	방술류(方術類)	
별경류(別經類)	금석류(金石類)	역학류(譯學類)	
총경류(總經類)	전기류(傳記類)	유서류(類書類)	
자서류(字書類)	계보류(系譜類)	수록류(隨錄類)	
	연표류(年表類)	예술류(藝術類)	
		소설류(小說類)	

9) 오사카부립도서관 한본목록大阪府立図書館 韓本目録

—증가화한서목록增加和漢書目録 제8책 별편

저자	—	출판년월	1917년 2월
판형	46배판	페이지 수	32쪽
발행처	오사카부립도서관	소장처	일본 국회도서관

본편은 1916년도 말 현재 오사카부립도서관이 소장하고 있는 한본(韓本) 1천부 및 5천210책을 수록하여 분류, 편집한 것을 추가하여 화한도서목록 제8집 별편으로 간행한 것이다.(범례)

분류 설목說目은 대략 사고四庫의 법을 따랐으며, 수록한 5천80권은 사토로쿠세키佐藤六石[4]가 수집한 것이라고 한다.

〈목차〉

제목
경부(부(附) 소학)
사부
자부
집부

10) 조선총독부 고도서목록朝鮮総督府古図書目録

저자	–	출판년월	1921년 10월
판형	46배판	페이지 수	316쪽
발행처	경성 조선총독부	소장처	일본 국회도서관

구 한국왕실이 습장襲藏하던 문고를 '규장각도서'라 부르는데 조선총독부가 보관하다가 1930년 10월 경성제국대학 부속도서관으로 이관되었다. 동 대학은 후일 채록에서 빠진 것과 탈락된 것을 조사하여 『조선총독부 고도서목록보유朝鮮総督府古図書目録補遺』(1934년 9월, 46배판, 59쪽)를 편찬, 간행했다. 해제본은 총독부가 보관하던 시절에 작성된 목록이다. 분류는 사고四庫의 사분법을 따랐다.

4 사토 로쿠세키(1864~1927) : 니가타현 출신. 1882년 『니가타일일신문(新潟日日新聞)』 편집장을 맡았다. 1884년 도쿄로 옮겨 황전강구소(皇典講究所)에서 공부했으며, 1890년 모리 가이난(森槐南)이 주재하는 시단 「성사(星社)」에 참여했다. 한국통감 이토 히로부미의 추천으로 이왕가 고문을 맡았다.

조선도서와 지나(支那)도서의 구분은 편저자가 조선인인지 지나인인지에 따라 정했으며, 편저자의 성명(姓名)이 기재되지 않은 경우에는 책의 내용에 따라서 구별했다. 목록 편성은 부류에 따라 나누었고 부류의 명칭은 조선 재래의 용례를 따라 도서명, 권수, 책수, 편저자명, 편저 날짜, 판종 및 도서번호를 기입했다.(권두)

〈목차〉

제목	제목
「조선도서지부(朝鮮圖書之部)」	「지나도서지부(支那圖書之部)」
경부	경부
사부	사부
자부	자부
집부	집부

2. 논설 · 강연

11) 오카모토 류노스케 논책岡本柳之助論策 부 소전附小伝

저자	이다 긴타로 編	출판년월	1898년 1월
판형	국판	페이지 수	206쪽
발행처	도쿄 무진풍월서옥 (無盡風月書屋)	소장처	架藏

오카모토 군[5]은 구(舊) 와카야마 번사(藩士)로서 일신을 군적에서 세웠다. 어릴 적부터 재민(才敏)하여 16세에 이미 번의 포병장(砲兵頭)을 지냈다. 에도부에서 사족(士族)포대와 졸족(卒族)포대를 총괄하면서 프랑스식으로 개혁했다. 번으로 돌아간 뒤에는 포병연대장으로서 포대를 조직하고 개혁하여 공적을 올렸다. ……또한 오카모토 군은 그저 흔한 한 명의 무사가 아니었다. 군사 이외에도 활안(活眼), 활완(活腕)에서 큰 공을 올렸고, 특히 조선 개혁에 많은 힘을 쏟았다.(편저)

이 책의 편자 이다 긴타로井田錦太郎의 호는 역헌易軒이며 도쿄 사람이다.

---

5 오카모토 류노스케(1852～1912) : 와카야마번사의 차남으로 에도 출신이다. 막말기 막부의 포병연습소에서 공부했다. 서남전쟁 때 참모로 종군. 1876년에 육군 정치가 구로다 기요타카(黒田清隆)를 따라 조선에 간 적이 있으며, 다케바시 사건(1878년)으로 낭인이 된 후에도 조선 문제에 관여했다. 김옥균의 망명을 도왔으며 을미사변을 주도했다. 1912년 상하이의 객사에서 병으로 숨졌다.

〈목차〉

제목		제목	
제1	일련종(日蓮宗) 관장, 각파 관장에게 보내는 서(書)	제7	조선국 국태공 섭정을 그만두고 전권공사 이노우에 가오루(井上馨)[6]에게 내정 개혁을 위탁할 때 국태공에게 올린 서
제2	정부가 불교 각 종파에 보내는 불교 진작안(振作案)	제8	운현궁 조선 내각대신 집회결의 요령
제3	동양정책	제9	대원군 입궐시말 및 훈련대 기뇨안군무(起鬧安軍務) 대신(大臣)보고
제4	홋카이도 의용병 설립건의	제10	동방의 심세(審勢)
제5	홋카이도 의용병 설치건의 참고서	오카모토 류노스케 소전	
제6	조선국 국태공에게 올리는 서		

12) 조선협회회보朝鮮協会会報

저자	–	출판년월	1902년 7월(제1회) 1905년 4월(제10회)
판형	46배판	페이지 수	각 회 50쪽 내외
발행처	도쿄 조선협회	소장처	일본 국회도서관

조선협회는 1902년 3월 시마즈 다다나리島津忠済와 시부사와 에이치渋沢栄一를 각각 회장과 부회장으로 추대하고 도쿄에서 창립되었다. 설립 취의서에는 다음과 같은 내용이 적혀있다.

조선은……우리가 이를 계발하고 부축함에 있어서 아직까지 아무런 결

6 이노우에 가오루(1836~1915) : 야마구치현 출신, 메이지시대 정치인. 1863년 이토 히로부미 등과 영국에 다녀왔으며 개국도막파(開國倒幕派)로 활동했다. 신정부의 대장성 차관을 지냈으며, 실업계로 진출하여 현 미쓰이물산(三井物産)의 전신인 선수(先収)회사를 설립했다. 제1차 이토 내각에서 외무상을 지냈다.

실을 보지 못하고 있다. 생각건대 바다 건너 사정에 밝지 못하고, 조선의 형편을 조사하고 보도함이 부족하여 세상에 전하지 못함은 그 임무를 다할 기관이 갖추어져 있지 못하기 때문이다. 이 어찌 통석할 일이 아니겠느냐. 선린의 호의를 다하고 그들과 우리의 공익을 증보하는 일에 힘을 쏟아야한다. 이러한 기관의 역할을 담당할 조선협회를 설립하는 일은 실로 오늘날의 급무이자 반드시 필요한 일이다.(설립 취의서)

기관지 『조선협회회보』는 제1회를 1902년 7월에 간행했고, 1905년 4월에 제10회를 발간했다. 제10회를 끝으로 종간했고 동아동문회東亞同文會에 합류하면서 발전적 해소를 이루었다.

〈목차〉(『제2회』 이후 목차는 생략)

제목
『제1회』
한국 화폐문제 조사자료
한국 화폐의 연혁
한국 백동화(白銅貨)의 유래 및 남발(濫發)된 사정
본회 기사
설립취의서 및 제 규칙
임원 및 회원 씨명

13) 한국연구회 담화록韓国研究会 談話録 제1호~제4호

저자	–	출판년월	1902년 7월 ~1905년 7월
판형	국판	페이지 수	매회 100쪽 내외
발행처	경성 한국연구회	소장처	架藏

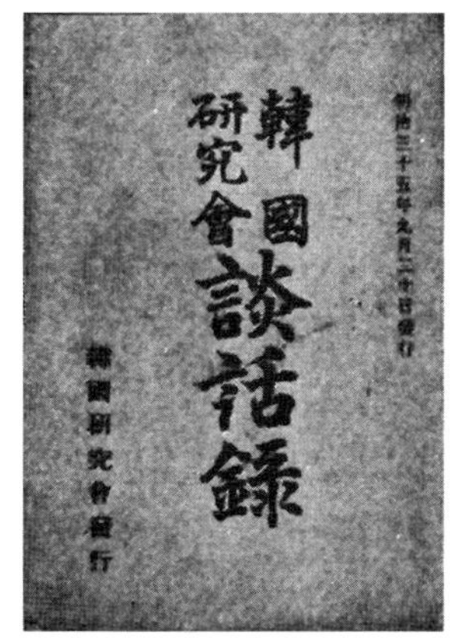

1902년 1월 경성에서 '한국연구회'가 발족했다. 이 모임은 당시 재在경성학자 그룹을 중심으로 경부철도의 오에 다쿠大江卓, 다케우치 쓰나竹内綱, 시데하라 다이라幣原坦[7] 등이 계획하였고, 회원에는 고쿠부 쇼타로, 아유카이 후사노신鮎貝房之進,[8] 마에마 교사쿠前間恭作, 시오카와 이치타로塩川一太郎, 나카지마 다카키치中島多嘉吉 등이 참여했다. 월례 연구회를 열었으며 그 기록을 『한국연구회 담화록』으로 간행했다. 제1호를 1902년 9월에 발행했고, 제2호를 1903년 5월, 제3호를 1903년 11월, 제4호를 1905년 7월에 각각 발행했다. 『담화록』은 제4호를 끝으로 종간된 것 같다. 각 호의 내용은 다음과 같다.

7 시데하라 다이라(1870~1953) : 오사카 출신의 메이지~쇼와시대의 교육자이자 관료. 도쿄고등사범학교 교수, 문부성 시학관 겸 도쿄제국대학 교수, 히로시마고등사범학교 교장 등을 거쳐 1928년부터 타이베이제국대학 초대 총장을 역임했다.

8 아유카이 후사노신(1864~1946) : 미야기 출신으로 도쿄외국어학교 조선어과에서 수학했다. 졸업 후 조선의 일본인 학교에서 근무하였으며 이후 총독부 박물관 협의원 등을 지냈다. 『잡고(雜攷)』를 제9집까지 출간했으며 특히 조선의 지명에 관한 다양한 연구를 남겼다.

〈내용〉

제목	제목
『제1호』	『제3호』
한국과 외국의 관계 (시오카와 이치타로)	정한군 경성점령론 (시데하라 다이라)
효종의 북벌 책략은 어떠한 사정에 의해서 일어났는가 (시데하라 다이라)	경부간 왕복 여행담 (다나카 지로(田中次郎))
도량형	관우묘 (시데하라 다이라)
한국 통화 및 도량형 (아유카이 후사노신)	한국의 샤먼교 습속 (아유카이 후사노신)
조선유통전(朝鮮儒統傳) (시데하라 다이라)	경성 탑동의 고탑(古塔)에 관한 제 기록에 관하여 (시데하라 다이라)
회보	『제4호』
(부록) 팔역지(八域誌)	전라도 농업에 관하여 (나카니시 죠이치(中西讓一))
『제2호』	경성의 상업 일반 (아유카이 후사노신)
조선유통전(승전(承前)) (시데하라 다이라)	교정 교린수지(校訂交隣須知) 신간 (시데하라 다이라)
조약지계(條約地界) 외 토지사용에 대하여 (나카지마 다카키치)	경성 한인생활의 정태 (아유카이 후사노신)
효종의 북벌 책략은 어떠한 사정에 의해서 일어났는가(승전(承前)) (시데하라 다이라)	동학당에 대하여 (아유카이 후사노신)
두만강 연안 (고야마 미쓰토시(小山光利))	기자(箕子)가 평양에 왔는지의 여부에 관하여 (시데하라 다이라)
수원 기행 (시데하라 다이라)	갑오 이전 청한의 교제 (아유카이 후사노신)
한문학 (아유카이 후사노신)	한인교육 소감 (와타세 쓰네요시(渡瀨常吉[9]))
(부록) 팔역지(전승완(前承完))	

9 와타세 쓰네요시(1867~1944) : 구마모토현 출신의 메이지~쇼와시대 전기의 목사. 도쿠토미 소호(德富蘇峰)의 오에(大江) 의숙에서 공부했고 기독교에 입신했다. 1910년 일본조합기독교회로부터 전도를 위해 조선에 파견되었다. 한때 신도가 2만 명까지 늘어났으나 독립운동이 열기를 띠면서 쇠퇴에 접어들었고, 결국 조선전도부는 폐지되었다.

14) 한반도韓半島(제1년 3책, 제2년 3책)

저자	–	출판년월	1903년 11월 1906년 6월
판형	국판	페이지 수	매 책 200쪽 내외
발행처	경성 한반도사	소장처	架藏

경성에서 발간된 종합문화잡지로서 자적헌自適軒의 주인인 하세가와 긴지로長谷川金次郎가 편집했다. 분량은 매 책 200쪽 내외였으며 조선에 사는 문인 및 학자의 논고 등을 실었다. 발행처는 경성 명동의 한반도사.

1903년 11월에 창간, 1904년 1월에 제2호, 1904년 3월에 제3호를 발간하면서 제1년 3책을 간행했다. 1905년은 1년 동안 휴간했으며 1906년 3월 제2년 제1호를 재간했다. 1906년 5월 제2년 제2호를, 1906년 6월 제2년 제3호를 발간했다. 전체 6책으로 종간한 듯하다. 각 책의 구성은 다음과 같다.

〈목차〉

제목	제목
논설	실업
사전지리(史傳地理)	교통
인정풍속	근사요록(近事要錄)
문학	회보 등
소설잡조(小說雜俎)	

15) 도한시찰의 대요渡韓視察ノ大要

저자	이노우에 가쿠고로	출판년월	1904년 6월
판형	국판	페이지 수	25쪽
발행처	도쿄 상업회의소	소장처	架藏

이노우에 가쿠고로井上角五郎[10]는 1904년 5월 경부철도회사 용무로 한반도에 건너갔다. 이 책은 도쿄상업회의소에서 시찰한 내용을 필기한 것이다.

정치가였던 이노우에 가쿠고로는 1882년 게이오의숙慶應義塾을 졸업한 후, 후쿠자와 유키치福沢諭吉의 권유로 그 해 12월에 한반도로 건너갔다. 경성에 박문국을 세우고『한성순보』및『한성주보』신문을 발행했다. 그의 주저『한성지잔몽漢城之残夢』(1887년 4월, 87번 항목 참조)은 갑신정변을 기록한 것으로 유명하다.

〈목차〉

제목
동양은행 창설에 관해
한국 폐제(幣制)개혁에 관해
한국의 토지를 안전하게 소유하는 것에 관해
한국 경찰제도 개량에 관해
어업권 확장에 관해
대한(對韓)방침에 관해
만주경영에 관해
일지대요(日誌大要)

10 이노우에 가쿠고로(1860~1938) : 히로시마 출신의 메이지~쇼와시대의 실업가 · 정치가. 후쿠자와 유키치의 추천으로 1882년 조선정부 고문이 되었다. 1883년『한성순보』창간에 협력했으며 1884년 갑신정변에도 관여했다. 1893년 중의원 의원(당선 14회)에 당선되었다. 홋카이도탄광철도 전무, 일본제강소 회장 등을 역임했다.

16) 고지양존故紙羊存 제1편~제7편(7책)

저자	이노우에 가쿠고로	출판년월	1907년 4월 ~1911년 9월
판형	국판	페이지 수	각 책 150쪽 내외
발행처	도쿄 저자	소장처	架藏

이 책은 탁원琢園 이노우에 가쿠고로가 개인적으로 출간한 문집이다. 저자는 정치가였으며 정우회 계열 요인으로 활약했다. 별명은 해갑장군蟹甲將軍이었다. 주저 『한성지잔몽』(1887년 4월, 87번 항목 참조) 외에도 조선에서 최초로 신문발간을 계획한 인물로 알려져 있다. 강연 문집으로 『의회해산의견(이노우에 가쿠고로 군 연설필기)』(1892), 『도한시찰의 대요』(1904년, 15번 항목 참조), 『김옥균 군에 대하여』(1879), 중앙조선협회 간행 『후쿠자와 선생의 조선경영과 현대조선의 문화에 대하여』(1934) 등이 있다. 자세한 내용은 87번 항목을 참조.

이 책은 이노우에 가쿠고로의 제자 야마구치 시로山口四郎가 편찬한 것인데, 제3편 이후로는 이노우에가 직접 편찬한 것 같다. 제1편 서문에서 야마구치는 다음과 같이 말한다.

> 고지양존은 이노우에 가쿠고로 씨의 문장 및 연설 일부를 모은 것이다. ……이노우에 씨에게 몇 번이나 출판을 청한 끝에 승낙을 얻었고, 곧장 편집을 시작하여 먼저 본편을 출판하게 되었다. 고지양존이라는 제목은 고삭희양(告朔餼羊)을 의미하는 바, 이노우에 씨가 직접 붙인 제목이다.(소서)

이 책은 1907년 4월부터 1911년까지 약 4년에 걸쳐 불규칙적으로 간행되었다. 제7편 이후로는 간행여부를 확인할 수 없다. 아마 제7편으로 종간된 듯하다. 제5편은 구하지 못했다.

〈목차〉

제목	제목	제목
『제1편』	『제2편』	『제3편』
도한의 목적	일본제강소 창립의 경과	실업가의 책무
한성지잔몽	국유철도 경영 의견	도영(渡英) 일기
김옥균	철도국유의 정신과 운수기관 시설	시베리아에서 보낸 11일
조선개혁 의견	현행 협정세율 폐지 의견	영국인 사노블(サーノーブル)
가쓰라(桂) 총리대신 방문기	도한시찰의 대요	샌프란시스코(桑港) 소감
전후 경영과 지조증세	홋카이도의 식림사업	제강사업 계약의 대요
경제 의견	호로나이(幌内) 탄광에서의 연설	다카시마 가에몬 군
목하(目下)의 실업	기업계와 투기꾼	몬덴 시게나가(門田重長) 선생[11]
전후 경영의 정신	국가를 위함이지 일신을 위함이 아니오	제강 업과 나의 소신
아메노미야 게지로(雨宮敬次郎)	자모(慈母)의 훈회(訓誨)	조선유람일지
다카시마 가에몬(高島嘉右衛門)	한성지잔몽 서언	
탄광 기선(汽船) 사업	장빈제언(張嬪題言)	
해외이주		
나의 여생		
『제4편』	『제6편』	『제7편』
저축 장려에 관한 의견	이노우에 순회문고 설립의 취의	시세의 변천과 적극주의의 필요성을 논하다
일본제강소 신년 훈시	(부록) 이노우에 순회문고 설립 의탁 건	조선만주여행담
팔일회(八日會) 연설	이노우에 순회문고 의탁 건 회답서	조선의 수출세를 폐지할 것
정화원(浄華院) 석묘덕대자(釋妙德大姉)	갑신사변 전후	후쿠자와 선생의 편지와 그 교훈
언제나 기자에게 했던 말	후쿠자와 선생의 수기를 읽다	후쿠자와 선생의 편지 두어 통
철도정책에 대한 의견	(부록) 후쿠자와 선생 수기 경성변란 시말	제국의회
샌프란시스코에서의 하루	후쿠자와 선생과 조선경영에	

제목	제목	제목
	관하여	
북미 이민론 서(序)	고토(後藤) 백작의 교훈	
유바리(夕張) 지질보문(地質報文) 서(序)	후쿠자와 선생의 훈계	
오쿠라(大蔵) 대신의 연설에 관하여	불은(佛恩)에 감사함	
육삼구락부(六三俱樂部)의 기사	후쿠자와 선생의 공로	
『제5편』	탄광 기선회사 사원에게 고시(告示)한 연설	
(목차 없음)	사사카와(笹川) 군 모당(母堂) 수하(壽賀) 연석에서	
	한성주보 발행격문	
	금노비세역설(禁奴婢世役設)	

17) 조선강연朝鮮講演 제1집

저자	오무라 도모노조 編	출판년월	1910년 9월
판형	46판	페이지 수	438쪽
발행처	경성 조선일보사	소장처	도쿄경제대학

편자 오무라 도모노조大村友之丞[12]는 기자, 조선신문 기자, 경성거류민단 의원을 거쳐 경성상업회의소 서기장을 역임한바 있다.

---

11 몬덴 시게나가(1831~1915) : 도쿄 출신의 한학자. 18세에 에도학문소에서 문학 조교를 맡았고, 24세 때 후쿠야마번교 성지관(誠之館, 1855년 개교)의 문학 교수가 되었다. 1872년 폐번(廢藩)과 함께 퇴관. 이후 히로시마현 공립 후쿠야마 사범학교 교원을 시작으로 같은 기관에서 약 50년간 한문, 수신, 습자 교육을 담당했다. 막부 말기에는 학문소에서 한학을 배웠고, 폐번치현(廢藩置縣) 후에는 근대적인 공교육 기관에서 한문 교원으로 활동했다.

12 오무라 도모노조(1871~?) : 시마네현 출신. 청일전쟁 종군 후 오사카 매일 신문 기자로 활동하다가 1910년에 조선연구회 조직에 참여했다. 1912년 8월부터 조선신문 객원으로 활동했고, 1913년부터는 경성거류민단의원, 경성일본인상업회의소 서기장으로 활동했다.

동호(同好) 제군과 함께 다년간 연마를 쌓은 전문적인 대가들이 조선의 실상을 본격적으로 연구하기 위해 하기(夏期) 강연회를 개최했다. ……이 책은 당시의 강연을 필기(다니오카 다쓰지(谷岡達治) 속기)한 내용을 중심으로 두세 명의 전문가 강연을 더한 것이다.(서언)

〈목차〉

18) 조선위훈록朝鮮偉勳録

저자	고레쓰네 하루야	출판년월	1911년 9월
판형	국판	페이지 수	112쪽
발행처	경성 문림당(文林堂)	소장처	시카타문고

저자 고레쓰네 하루야此経春也는 경성언론계에서 활약했다. 호는 악양岳陽.

이 책은 예전에 한국계발록이라는 제목으로 초안을 잡은 것으로, 글자를 고치고 두세 군데 개작을 더하여 병합 1주년에 맞추어 출판하게 되었다.

---

13 가이즈 미쓰오(1853~?) : 시즈오카현 출신. 누마즈병학교(沼津兵学校) 제1기생. 1874년 육군 소위, 1877년 경성 시찰, 1878년 조선전문 참모관으로 조선 팔도를 조사했다. 러일전쟁 때 평양 병점부 사령관으로 임명되었고 그 후 압록강 목재조사, 경의선 속성 공사 등에 관여했으며 철도국 촉탁으로 근무했다. 합병 후에는 용산민단회 의장으로 추대되었다.

14 오다 쇼고(1871~1953) : 미에현 출신. 도쿄제국대학 사학과 졸업 후 사범학교와 제1고 교수 등을 거쳤고 대한제국의 초빙을 받아 조선에 건너왔다. 조선총독부 중추원 편찬과장 등을 지냈다. 경성제국대학 교수, 조선사편수회 위원을 지냈으며 『조선사대계(朝鮮史大系)』, 『조선소사(朝鮮小史)』, 『조선도자사문헌고(朝鮮陶磁史文献考)』 등의 저작이 있다.

15 스즈키 시즈카(1874~1933) : 도쿄 출신. 도쿄제국대학 법과대학을 졸업하고 대장성 서기관을 거쳐서 조선총독부 탁지부 사세국장(司税局長), 탁지부 장관, 임시토지조사국장, 조선은행 부총재를 역임했다.

16 기쿠치 겐조(1870~1953) : 구마모토현 출신. 조선통신사 사장, 이왕직편찬위원 등을 역임했다.

17 다카하시 도루(1878~1967) : 니가타현 출신으로 도쿄제국대학 한문과 졸업 후 규슈일보 주필로 활동했다. 1903년 대한제국의 초빙을 받아 『한어문전』 등을 썼다. 조선총독부의 촉탁으로 보통학교용언문철자법 제정 위원으로 활동했으며, 이후 시학관 등을 거쳐 경성제국대학 교수로 조선어문학을 담당했다.

18 히라와타리 마코토(1880~?) : 미야기현 출신. 1905년 도쿄제국대학 법과대학을 졸업하고 평양경무장(警務長), 통감부 이사관, 총독부 서기관을 역임했다. 그 후 변호사로 활동했다.

19 정운복(1870~1920) : 황해도 평산 출생. 오사카상업학교 졸업. 1897년 이지용을 따라 영국에 유학했고 1899년에 귀국했다. 이지용의 도당으로 지목되어 4년간 유배 생활을 겪었다. 1904년에 사면되었고 1906년 경성일보 언문란 주필, 제국신문 주재, 서북학회 회장을 거쳐서 1913년 매일신보 주필을 맡았다.

20 후지카와 리자부로(1879~?) : 에히메현 출신. 1903년 도쿄제국대학 법과대학 졸업 후 대한제국 정부재정고문, 조선총독부 서기관, 탁지부 세무과장 등을 역임했다.

……이 책을 쓰면서 고다마(児玉) 백작의 지적을 받고 여러 곳을 삭제했다.(예언)

〈목차〉

장	제목
	서언
제1장	일한사적(日韓史蹟)의 대관(大觀)
제2장	통감정치의 성적
제3장	후지공(藤公)의 횡사(薨死)와 한국
제4장	한민(韓民)합방 제의
제5장	데라우치 총독의 임무
제6장	병합 조서를 널리 알림(併合大詔の渙發)
제7장	총독정치의 발전
제8장	조선 국사(國士)의 공적
제9장	제국 국민의 천직
제10장	조선 민족의 각오
제11장	조선 병합의 위훈

19) 연구회 강연집研究会講演集

저자	총독부연구회 編	출판년월	1913년 8월
판형	국판	페이지 수	160쪽
발행처	경성 조선총독부내 연구회	소장처	舊藏

조선총독부 회계과의 몇몇 직원들이 1911년 6월부터 퇴근 후에 함께 공부하기 시작한 것이 연구회의 계기가 되었다. 이후 규약을 정하고 "법률 및 제반 학술을 연구"하는 연구조직이 되었다. 회장은 당시 정무총감 고다마 히데오児玉秀雄가 맡았으며, 수시로 강사를 불러서 연구를 이어갔다.

이 강연집은 1912년 12월 경성호텔에서 개최한 제1회 강연집이다.

〈목차〉

제목
(책 첫머리) 역원 강사 사진
회장 인사
종교자가 본 도덕의 근원(기타노 겐포(北野元峯))
물가 고저의 원인과 인물(人物)의 가격 (이스미 주조(亥角中藏))
결핵유전설(모리야스 렌키치(森安連吉))
일본외사에 나타난 역사지리 (히로타 나오사부로)
조선의 사회계급(이마무라 도모)
조선 가옥제도(가와이 히로타미)
문자에 관하여(아라나미 헤이지로(荒浪平治郎))
조선의 혼인 습관 (오다 간지로(小田幹治郎))
입증의 책임(기도 헤이이치(喜頭兵一))
조선의 분묘와 법률(구도 다다스케(工藤忠輔))
우편 전신 및 전화의 개념과 그 연혁 (야노 요시지로(矢野義二郎))
조선어 연구에 관하여(신조 아리사다(新庄順貞))
회보

20) 조선에 관한 동아경제조사국보고朝鮮ニ関スル東亜経済調査局報告

저자	–	출판년월	1913년 11월
판형	국판	페이지 수	374쪽
발행처	경성 조선총독부	소장처	架藏

이 책은 오늘날 경제학 권위자로 명성 높은 위드필드 박사가 동양경제 중

에서 조선반도에 관해 논한 관점을 종합하여 동아경제조사국에서 번역한 것이다. 박사는 작년부터 올해까지 수십 일간 조선 내지를 다니면서 우리의 시설 경영을 세세하게 조사했고, 이를 토대로 책을 저술했다. ……직접적인 이해관계도 없고 은혜나 원한과 같은 사심도 없는 박사의 관점을 타산지석으로 삼기 위해서 인쇄하고 합권하여 참고로 제시한다.(권두)

이 책은 '비밀'로 취급되어 관계 방면에 유포되었다.

〈목차〉

제목		제목		제목	
1	독일 식민지의 교육제도	8	조선에 있어서 토지 겸병(兼倂) 방지 수단	15	조선 거류민단 폐지
2	관료주의란 무엇인가	9	조선 시장규칙 및 시장 수수료에 관하여	16	조선 도 행정에 자치제를 시행할 것인가 말 것인가
3	정당의 관료적 기관	10	조선 각 도의 국고 보조금 하부(下付)에 관하여	17	조선에서 외국 기업가에게 철도 건설 허가를 줄 것인가 말 것인가
4	매장 비용 절감책	11	조선의 행정구획 변경에 관하여	18	조선 소작농민의 부업 장려
5	독일 황제 하인리히 전하와 일본 재정 및 경제	12	조선의 시정에 관하여	19	조선 소작제도의 개선에 관하여
6	조선의 교통문제	13	면을 폐지해야 하는가, 동을 폐지해야 하는가		
7	조선의 공업 진흥책	14	조선 경편철도(輕便鐵道) 추보(追補)		

21) 조선朝鮮 「제1집」

편자	아오야기 쓰나타로 編	출판년월	1913년 11월
판형	국판	페이지 수	338쪽
발행처	경성 조선연구회	소장처	일본 국회도서관

이 책은 아오야기 쓰나타로青柳綱太郎[21]가 주재하는 조선연구회의 3주년을 기념하여 여러 사람의 논문을 모아서 출판한 것이다. 두 달 후인 12월에 재판이 나왔다. 재판의 편자는 아오야기가 아닌 조선연구회다. 편자 아오야기 쓰나타로에 관해서는 47번 항목을 참조.

〈목차〉

제목	제목	제목
「전편」	조선의 속요(俗謠) (우스다 잔운(薄田斬雲))	경제 군사 두 방면에서 본 반도(다케코시 요사부로(竹越與三郎))
권두사 (아오야기 쓰나타로)	자연스레 타고난 조선인의 성정(아유카이 후사노신)	조선의 산업 (마쓰이 핫켄(松井柏軒)
왜구사론(倭寇史論) (아오야기 쓰나타로)	조선의 이언(俚諺)·수칙(數則)(다카하시 도루)	국경에서 나가는 선인을 통치하라 (난부 로안(南部露庵))
조선의 존양(尊攘)주의 (요시다 도고(吉田東伍))	고대 일선화친의 사실(史實) (미카미 산지(三上參次)[22])	반도는 국방상 유일한 장벽 (오자키 유키오(尾崎行雄))
성관(盛觀)을 이룬 이조초대의 문명 (호소이 하지메((細井肇))	고려 악(樂)의 전래에 관하여 (쓰다 소키치(津田左右吉)[23])	선인 동화의 요제 (오쿠마 시게노부(大隈重信))
조선의 사절과 도쿠가와 이에미쓰(기무라 고토하(木村琴花))	조선고서 연구의 취미(하기노 요시유키)	조선인의 교화 (와타세 쓰네요시)
과거 세계에 떨친 반도의 문명 (후쿠모토 니치난(福本日南))	경주잡기(기쿠치 겐조)	조선반도와 국방 방침 (柏村生)

---

21 아오야기 쓰나타로(1877~1932) : 사가현 출신. 도쿄전문학교(현 와세다대학)를 졸업하고 1905년 한국재무고문부 재무관을 지냈으며 1907~1909년에는 한국 궁내부에서 이조사 편찬에 종사했다. 1912년에 조선연구회를 주재하고, 1917년 주간 『경성신문』을 발간했다.

22 미카미 산지(1865~1939) : 효고현 출신. 1889년 제국대학 화(和)문학과를 졸업하고 동 사료

제목	제목	제목
일선동족의 사적증좌 (야마지 아이잔(山路愛山))	「후편」	데라우치 총독에게 보내는 글(아오야기 쓰나타로)
헤이안 시대와 반도의 습속 (하기노 요시유키(萩野由之))	조선과 대만 (모리야 고노스케(守屋此助))	
대마도와 조선 간의 중요 조약(시데하라 다이라)	조선과 만주(샤쿠오 슌조)	

22) 조선회고록朝鮮回顧錄

저자	나카이 기타로	출판년월	1915년 3월
판형	국판	페이지 수	295쪽
발행처	도쿄 당업(糖業)연구회출판부	소장처	일본 국회도서관

저자 나카이 기타로中井喜太郎는 야마구치현 출신으로 시오타니 로타塩谷老田의 가숙에서 한학을 배웠다. 호는 금성錦城. 1882년 대학 예비문에 입교했고, 1889년 요미우리신문사에 들어가 편집장 주필을 맡았다. 1900년 고노에 아쓰마로近衛篤麿가 중심적 역할을 맡았던 국민동맹회에 입사하여 간사를 맡았고, 이 무렵부터 대외문제에 관심을 가졌다. 1902년 조선협회를 조직하여 조선 각지를 돌아다니며 유세활동을 펼쳤다. 후에 경성일본거류민단장, 한성신보 사장을 역임했다. 1908년에는 함경북도 서기관을 맡았으나 1910년 병합 때 관직을 그만두고 대지연합회對支聯合會에 들어가 동아문제에 줄곧 헌신했다. 1924년 4월 25일 60세에 병사했다. 저서로

편찬관을 거쳐서 1899년에 도쿄제국대학 교수로 부임했다. 사학과에서 국사학과를 분리, 독립시키는데 힘썼다. 다이쇼시대에 『메이지천황기』를 편찬했고 사학회 창설에 기여했다.

23 쓰다 소키치(1873~1961) : 만철 조사부에서 일했으며 주로 조선과 만주의 역사를 담당했다. 『고사기(古事記)』와 『일본서기(日本書紀)』의 신화에 객관성이 결여되었음을 지적하여 필화를 겪었다.

『남양담南洋談』, 『무용서無用の書』 등이 있다.

〈목차〉

권	제목
제1권	만유(漫遊)의 권
제2권	시찰의 권
제3권	전쟁의 권
제4권	공리(公吏)의 권 상
제5권	공리의 권 하
제6권	탐험의 권
제7권	관리(官吏)의 권

23) 신조선新朝鮮

저자	아오야기 쓰나타로	출판년월	1916년 5월
판형	국판	페이지 수	284쪽
발행처	경성 조선연구회	소장처	架藏

이 책은 난메이南冥 아오야기 쓰나타로가 주재한 조선연구회에서 5주년 기념으로 출판한 것으로 여러 사람들에게 조선에 관한 의견을 구한 것이다(아오야기에 관해서는 47번 항목을 참조).

우리의 신조선을 편찬하고자 취의를 알리고 여러 사람에게 원고를 청탁했다. 다망함에도 불구하고 넓은 마음으로 우리의 요구를 받아들이고 친절하게 원고를 보내주었다. 우리는 일언반구도 멋대로 개삭하지 않았다. 여기 1편을 편찬한다.(전서(前書))

〈목차〉

제목	제목
신조선 이전을 적다(아오야기 쓰나타로)	일선동종동근론(日鮮同宗同根論) (시마다 사부로(島田三郎))
위대한 제국의 사명(오쿠마 시게노부)	황무지 개간과 토공병제(土工兵制) (오기 엔키치大木遠吉)
대일본주의를 논하여 재선청년에게 경고하다 (아오야기 쓰나타로)	세계적 산물(다가와 다이키치로(田川大吉郎))
동화정책의 근본정책론 (고토 신페이(後藤新平))	조선농정 근본정책론(요코이 도키요시(横井時敬))
조선왕의 국외중립과 국방동맹(기쿠치 겐조)	조선의 외국선교사(야마가타 이소오(山県五十雄))
수도를 경성으로 옮기자(호소이 하지메)	반도문명과 가마쿠라시대(후쿠모토 니치난)
금말(金末)의 괴걸(怪傑) 선만노(鮮萬奴)[24] (무라타 시게마로(村田懋麿))	조선 및 만주의 경제적 통일 (미즈고시 리요(水越理庸))
조선의 팽창(니나가와 아라타(蜷川新))	그 무렵의 공사관(하야카와 데쓰지(早川鉄治))
조선척식사업의 장래(도미타 고지로(富田幸次郎))	조선의 지금과 옛날(고마쓰 미도리(小松緑))
조선개발의 요의(아다치 겐조(安達謙蔵))	정몽주의 서간에 관하여(아사미 린타로)
조선통치의 근본방침(이노우에 마사지(井上雅二))	현재의 경성(오무라 도모노조)
조선에는 평민의 역사가 없으니 (미야케 세츠레이(三宅雪嶺))	과거의 조선과 현재의 지나(支那)(기쿠치 겐조)
대방군(帶方郡)은 일본 문명의 발상지 (야마지 아이잔)	총독정치를 비난하는 논자의 오해를 바로잡다 (오가키 다케오(大垣丈夫))
불교 진흥에 힘써라 (메가타 다네타로(目賀田種太郎))	신조선의 광업(마키야마 고조(牧山耕蔵))
교육칙어와 신부선민(新附鮮民) (오쓰 준이치로(大津淳一郎))	관세정책의 오류(아오야기 쓰나타로)
동척식민사업의 성적 (이노우에 고사이(井上孝哉))	신조선 이후를 적다(샤쿠오 슌조)
구미열강의 식민정책과 비교하여 우리 총독정치를 평하다 (나카쇼지 렌(仲小路廉))	

24 1215년 본국 금나라를 떠나 라오양(遼陽)을 본거지로 대진국(大眞國)을 세운 포선만노(蒲鮮

24) 선만의 경영鮮満の経営

저자	호소이 하지메	출판년월	1921년 12월
판형	국판	페이지 수	823쪽
발행처	도쿄 자유토구사(自由討究社)	소장처	일본 국회도서관

저자는 호소이 하지메로 호는 후애吼涯다. 도쿄 아사히신문 기자로 활동하다 일한전보통신사에 입사했고 반도의 언론계에서 활약했다. 1921년 자유토구사를 만들었으며 『통속조선문고』(49번 항목), 『선만총서』(50번 항목 참조)의 간행을 시작으로 『현대 한성의 풍운과 명사』(1910년, 209번 항목 참조), 『조선문화사론』(1911년, 144번 항목 참조), 『정쟁政争과 당폐党弊』(1914), 『벌족죄악사閥族罪悪史』(1919), 『지나를 보며』(1919), 『조선문제의 귀추』(1925년, 29번 항목), 『국태공의 눈빛国太公の眦』(1929), 『여왕민비女王閔妃』(1931) 등의 저서가 있다. 훗날 도쿄로 옮겨가 국책구락부 대표로 활약하다가 1934년 10월 19일 사망했다.

〈목차〉

제목		제목		제목	
(상편 사실 및 그 비평)		제8	재 상하이 참칭(僭稱)정부의 내용	제16	조선 내지의 결사분파
제1	동화정책의 찬반 및 그 가능성	제9	러시아 영토의 불량선인	제17	조선의 치안과 민심의 추향
제2	대책의 추이와 사이토 총독의 신시정	(제10 없음)		(중편 통치책론)	
제3	3월소요(騷擾)의 근본원인	제11	만주 신부(新附)의 제매(弟妹)	(하편 참고자료)	
제4	국민성의 유래	제12	만주의 불량선인	이조사림의 당화(党禍)	

萬奴)를 말한다. 1233년에 멸망.

제목		제목		제목
제5	조선인의 심성	제13	재외선농(在外鮮農)과 수전사업	시천교와 천도교
제6	독립론의 근본적 유망(謬妄)	제14	지나의 주요 도시에서의 선인의 동정	조선의 치안
제7	3월소요의 회고	제15	미국 및 하와이에서의 선인의 동정	

25) 조선문화의 연구朝鮮文化の研究

저자	요코이 세이신(横井誠心)	출판년월	1922년 6월
판형	국판	페이지 수	144쪽
발행처	도쿄 불교조선협회	소장처	일본 국회도서관

불교조선협회는 설립 이후 다양한 노력을 해 왔다. 강습회와 전람회를 열고 강연회, 연구회, 혹은 간담회를 개최하여 내지와 조선의 접촉을 꾀했다. 막대한 희생을 치르면서 인사상담부를 설치하고 재경선인의 계도를 위해 노력해 온 것도 이러한 목적을 달성하기 위해서였다. 『조선문화의 연구』는 매우 미약한 책이지만 구태여 본서를 발행한 우리의 작은 뜻을 헤아려 준다면 편자가 기대한 이상의 기쁨일 것이다.(서)

〈목차〉

제목
조선의 역사적 관찰 (구로이타 가쓰미(黒板勝美))
조선의 인문지리 (시가 시게타카(志賀重昂))
조선에서 내선인의 범죄에 관하여 (데라다 세이이치(寺田精一))
조선의 무(巫)에 관하여(도리이 류조(鳥居竜蔵)[25])

제목
식민정책에 관하여(에기 다스쿠(江木翼))
조선사정(기타노 겐포)
대선소감(對鮮所感)(시오 벤쿄(椎尾弁匡))
재일유학생에 관하여(고토 아사타로(後藤朝太郎))
교화사에서 본 조선불교(시오 벤쿄)
조선고대 불교문화와 예술(오노 겐묘(小野玄妙))

26) 현조선의 연구現朝鮮の研究 제1권

저자	아베 신노스케(阿部辰之助)	출판년월	1922년 7월
판형	국판	페이지 수	1785쪽
발행처	경성 대륙조사회	소장처	舊藏

저자는 대륙조사회를 주재하고 있으며 『대륙의 경성』(1918), 『신찬일선태고사新撰日鮮太古史』(1928) 등을 집필한바 있다.

> 저자는 지난날 경성조사회를 세우고 『대륙의 경성』을 출판했다. 이제 대륙조사회로 이름을 바꾸고 조선, 만몽, 시베리아 각지 사정의 연구와 선전에 종사하고자 이 책을 간행하는 바이다.(발간의 말)

〈목차〉

편	제목
제1편	일본 조선 초대(初代)의 관계
제2편	조선에 관한 각종 상황

25 도리이 류조(1870~1953) : 도쿠시마 출신으로 근대 일본의 인류학과 고고학의 선구자적 인물이다. 요동반도를 시작으로 대만과 중국 시베리아와 동남아 각지를 조사하였으며, 병합 이후 조선총독부의 위촉을 받아 조선의 유적을 조사했다.

편	제목
제3편	조선 연안의 각지 및 오지의 상태
제4편	조선 철도 연선(沿線) 각부의 상태
(각 장은 생략)	

27) 조선의 생활과 문화朝鮮の生活と文化

저자	무라타 시게마로(村田懋麿)	출판년월	1924년 7월
판형	국판	페이지 수	348쪽
발행처	도쿄 목백서원(目白書院)	소장처	일본 국회도서관

저자는 1907년 도쿄제국대학 정치과를 졸업하고 바로 만철에 입사하여 각 과장을 역임했다. 1934년 2월 만주일일신문 사장에 부임했다. 이 책은 저자가 수차례 조선을 여행하고 쓴 견문을 모은 것이다.

〈목차〉

제목	제목	제목
「문화비판에서 통치정책으로」	하류	「인적조건」
문화비판의 계점(契点)	해류	민족사상
화이혼성(華夷混成)의 문명	삼림	민족성 및 민족정신
조선불온의 화인(禍因)	광물	사회조직
통치정책의 대강	식물	생활상태
고등정략의 요체 (高等政略の要諦)	동물	경제상태
「지적조건(地的條件)」 지방적 구분	「사적조건(史的條件)」	(지도 및 사진판 등 15점)
기후	호칭의 유래	
지질	역사의 경개(梗概)	

28) 조선론朝鮮論

저자	가와시마 세지로(川島清治郎)	출판년월	1924년 11월
판형	국판	페이지 수	63쪽
발행처	도쿄 대일본사	소장처	架藏

저자는 기후시岐阜市에서 태어났다. 호는 백리굴주인百里窟主人이며 도쿄 전문학교를 졸업했다. 이육신보사二六新報社의 해군기자로서 해군 연구에 뜻을 두고 대일본국방의회 및 해군협회를 설립했다. 또한 『대일본』을 창간하고 주필을 맡았다. 저서에는 『국방해군론』(1911), 『해상의 일본』(1914), 『화폐폐지론』(1919), 『일미 일전론日米一戦論』(1921), 『조선론』(1924), 『세계의 공중로空中路』(1928) 등이 있다. 1929년 1월 20일 54세로 사망. 긴 여행에 나선 적은 없었고 1924년 5월 조선을 여행한 것이 전부였다.

> 나는 올해 5월에 우연히 조선을 볼 수 있는 기회를 얻었는데, 조선에 관해 소개하거나 논의하는 기존의 책들에 대해 커다란 위화감을 느꼈기에 이 책을 쓰게 되었다. ……행여 이 작은 책이 일선의 관계를 우려하는 서로에게 조금이라도 힌트를 줄 수 있다면 실로 기대 외의 영광일 것이다.(서언)

〈목차〉

제목		제목		제목	
1	입선(入鮮) 첫 느낌	10	다시 독립을 입에 올리지 말 지어다	19	지방자치를 허용하라
2	두 번째 의문	11	오직 산업개발	20	사이토 총독의 인격정치
3	빈약한 구 왕국	12	공영정책을 취하라	21	직업적 정치를 물리치다
4	총독정치의 노력	13	송모충(松毛蟲)의 퇴치법	22	독립이라는 글자
5	벌거숭이 산 결국 녹화되지 못하고	14	조선인의 생활개선	23	조선인의 조국

제목		제목		제목	
6	더군다나 붉은 흙을 어찌하랴	15	온돌폐지론	24	불령선인의 단속
7	토양문제의 해결	16	식민지(殖民地) 취급의 불가	25	진해 경영과 함흥철도
8	국력의 한도	17	조선인의 불평	26	조선화폐를 폐지하라
9	독립론의 허망	18	국어문제	27	문화연구회를 열자

29) 조선문제의 귀추朝鮮問題の帰趨

저자	호소이 하지메	출판년월	1925년 1월 (동년 10월 재판)
판형	46판	페이지 수	120쪽
발행처	도쿄 아세아문화연맹본부	소장처	舊藏

이 책은 저자가 내선문제에 관해 조선 각지에서 강연한 내용을 기록한 것으로, 주로 남선 지방에서 행한 강연을 필기한 것이다. 저자 호소이에 관해서는 24번 항목을 참조.

〈목차〉

제목
둔중성(鈍重性)과 격정성
내선인의 큰 사명

30) 내선문제에 대한 조선인의 목소리内鮮問題に対する朝鮮人の声

ㅡ조사자료 제12집

저자	ㅡ	출판년월	1925년 11월
판형	국판	페이지 수	148쪽
발행처	경성 조선총독부 관방문서과	소장처	시카타문고

융화문제를 중심으로 조선인의 목소리를 수록한 '기밀' 자료다. 촉탁 무라야마 지준村山智順이 조사했다.

〈목차〉

장	제목
제1장	조선인 시민의 내선융화관
제2장	융화에 대한 지방 선인(鮮人)의 목소리
제3장	언론 기관에 드러난 내선인관
제4장	조선인의 눈에 비친 조선

31) 반도를 일순하고半島を一巡して

저자	이노우에 준노스케(井上準之助) 述	출판년월	1925년 12월
판형	46판	페이지 수	36쪽
발행처	경성 조선총독부 관방문서과	소장처	시카타문고

이 책은 1925년 5월 초순에 한 달간 조선 각지를 순찰한 귀족원 의원 이노우에 준노스케(井上準之助) 씨가 신문지상에 공표한 내용과 도쿄, 오사카, 경성에서 강연한 의견의 대요를 기술한 것이다. ……집무 및 일반에 참고하기 위해 이노우에 씨의 승낙을 얻은 후 인쇄하여 널리 나누어 보도록 했다.(첫머리)

〈목차〉

제목
반도를 일순하며
조선시찰담
조선의 현 상황에 대하여
조선에 대한 국민의 책무
인구증가에 수반하는 제 문제

3. 잡필

32) 로서아 · 조선 · 지나 신신적모포露西亜朝鮮支那 新々赤毛布

저자	오사다 슈토(長田秋濤)	출판년월	1904년 3월
판형	국판	페이지 수	214쪽
발행처	도쿄 문록당서점(文祿堂書店)	소장처	架藏

저자는 소설가 오사다 주이치長田忠一로 호는 추도취소당秋濤酔掃堂이다. 제2고등중학교를 졸업하고 캠브리지대학에서 정치법률학을 공부했다. 그 후 파리로 옮겨서 몇 년간 체류했다. 귀국한 후에는 이토 히로부미 수행원으로 다시 외유. 당시 문단인 중에서도 주로 겐유샤硯友社[26] 일파의 사람들과 교류했다. 문필에 능했고 특히 번역 문예에 뛰어났다. 『조국』, 『왕관王冠』, 『쓰바키히메椿姫』 등이 대표적인 번역서로 알려져 있다. 그 외에도 탐험담 등을 기록한 저작이 있다. 본서의 자매편으로 양행기담洋行奇談 『신적모포新赤毛布』가 있다. 본서는 전편을 131편으로 나누었는데 여기에는 조선에 관한 목차만 뽑아서 기재한다.

〈목차〉

제목
한어 속의 외국어
한인과 원숭이
조선인의 느긋한 성질

26 겐유샤 : 1885년 2월 당시 도쿄대학 예비문 학생들이 중심이 되어 결성된 문학단체. 일본 최초의 순문학잡지 『아라다문고(我楽多文庫)』를 창간했다.

제목
재한서양인의 조선화(朝鮮化)
센바 히사노스케(千葉久之助)
나카타 지로(中田侍郎)의 전리품
스즈키 덴간(鈴木天眼)의 경문(御經文)
조선 최고의 가마
이노우에 후지미쓰(井上藤三)의 공로
혼마 규스케의 속답(速答)
밀항 부녀자의 횡탈(橫奪) 등

33) 요보기ヨボ記

저자	우스다 잔운	출판년월	1908년 6월
판형	46판	페이지 수	306쪽
발행처	경성 일한서방(日韓書房)	소장처	架藏

저자는 우스다 데케薄田貞敬로 호는 잔운斬雲이다. 경성일보 기자로 『암흑의 조선』(34번 항목 참조), 『조선만화』(35번 항목 참조) 등의 저작을 남겼다.

> 이 책은 내가 경성에서 일 년 간 조선생활을 하면서 관찰한 내용을 기록한 것이다. 조선은 어떤 곳인지 조선인은 어떤 생활을 하는지 등, 이처럼 살아 있는 조선을 소개하는 일은 구체적인 묘사를 중시하는 문학의 영분(領分)에 속할 것이다. 회화와 사진은 이를 보조한다.(권두)

책의 곳곳에 도리고에 세이시鳥越静岐의 삽화가 들어가 있다.

〈목차〉

제목
노모국(老耄國)
남산등림(南山登臨)
봉아(鳳兒)
요짱(葉ちゃん)의 귀국
나의 조선 정월
경성의 일년
경성잡기
도한
이런저런 한국 이야기

34) 암흑의 조선暗黒なる朝鮮

저자	우스다 잔운	출판년월	1908년 10월
판형	46판	페이지 수	267쪽
발행처	경성 일한서방	소장처	架藏

저자 우스다 잔운(데케)은 경성일보 기자다. 위 33번 항목 참조.

이 책은 조선의 어두운 곳에 대해 그저 성냥 하나로 불을 밝혀본 것에 지나지 않는다. 만약 횃불을 밝히려면 이 책의 각 항목에 대해 각각 천 쪽씩 써야 할 것이다.(서)

〈목차〉

제목
요괴 귀신
무녀

제목
병사자의 기도
용신제
조선의 의사
조선의 연극(芝居)
조선인의 신문사
양반의 생활
하민의 생활 등 26항목
조선총화(叢話)로서의 야담 27항목
조선의 가요
조선인의 하이쿠(俳句) 등

35) 조선만화朝鮮漫画

저자	우스다 잔운 도리고에 세이시	출판년월	1909년 1월
판형	46판	페이지 수	152쪽
발행처	경성 일한서방	소장처	架藏

경성일보 기자 우스다 잔운(데케)이 쓰고 도리고에 세이시가 삽화를 그렸다. 조선인의 생활을 만화로 표현한 것이다.

〈목차〉

제목	제목	제목	제목
대신(大臣) 행렬	갈보집(蝎甫屋)	제기 차기	한인의 떡 찧기
온돌에서 독거	단단히 지었소	엽전 던지기(銭擲)	우동집
하이칼라 기생	무덤 앞에서 통곡	신선로(神仙炉)	구운 밤
소 잡는 칼(牛刀)	무덤 근처의 석상	엿장수(飴売)	떡집 등 총 49편
연날리기(紙鳶揚)	조선 장기(將棋)	가게 앞의 소머리뼈	

36) 일한합방 미래내몽日韓合邦未来乃夢

저자	이토 긴게쓰	출판년월	1910년 4월
판형	국판	페이지 수	202쪽
발행처	도쿄 삼교서원(三教書院)	소장처	架藏

저자 이토 긴게쓰伊藤銀月[27]는 메이지의 문인이며 본명은 긴지銀二다. 저서로 『최신동경번창기最新東京繁昌記』(1903), 『백자문수百字文粋』(1906), 『삼십구년 성요전三十九年星妖伝』(1906), 『이토 히로부미 공伊藤博文公』(1909), 『인정관적 메이지사人情観的明治史』(1912), 『일본경어사日本警語史』(1918), 『인정관적 일본사人情観的日本史』, 『일본풍경신론日本風景新論』, 『일본승사적日本勝史蹟』, 『근대삼국비밀사近代三国秘密史』 등이 있다.

저자를 힐책하려거든 일단 이 책을 손에 들고 한번 읽어 보기를 바란다. 이는 흥미위주의 책인가? 필요한 책인가? 저자의 꿈인가? 일본과 일본인을 지배하는 운명인가? 이는 제군에게 보여주려는 꿈인가? 청한다. 다 읽고 나서 판단하라.(서)

〈목차〉

제목	제목	제목
70년만의 귀국	인종문제	위대한 황제
신시대의 정치가	새 공원과 새 공장	신일본인의 아버지

27 이토 긴게쓰(1871~1944) : 아키타현 출신. 『요로즈조보(万朝報)』기자로 활동했으며 반근대적 취향을 지닌 독특한 문장가로 알려져 있다. 문명비평『시적 도쿄(詩的東京)』, 장편소설『미적 소사회(美的小社会)』 등이 있으며, 그 외에도 기행문, 인물논평, 역사 등 다양한 주제의 서적을 집필했다.

제목	제목	제목
향량궁보구왕(香良宮保久王)	비행선의 경성행	신시대의 결혼
미청(米清)전쟁	일본인과 조선인의 동화	
문명류의 소진장의(文明流の蘇秦張儀)	최신식 전쟁	

37) 경성잡필京城雜筆

저자	야마가타 이소오(山県五十雄)	출판년월	1911년 10월
판형	수진(袖珍)판	페이지 수	282쪽(영문51쪽)
발행처	도쿄 내외출판협회	소장처	架藏

야마가타 이소오[28]는 경성의 영자신문 『서울프레스』 주필이다.

> 3년 쯤 전에 『요로즈조보(万朝報)』에서 『서울프레스』로 옮겼는데, 이후 집필한 글만 족히 수 만자에 달할 것이다. 이를 모아서 경성 재주 3년을 기념하는 소책자를 간행한다.(서언)

일본어는 『경성일보』에, 영문은 『서울프레스』에 실린 것이다. 일본어 44편, 영문 8편. 여기에는 조선 관련 목차만 싣는다.

28 야마가타 이소오(1869~1959) : 시가현 출신의 저널리스트. 『요로즈초보』의 영문란을 담당하면서 주필을 맡았다. 1923년 영자신문 『헤럴드 오브 아시아』 주필을 맡았고 외무성 촉탁으로 공문서의 영어 번역에 종사했다. 저서에 『영문학연구』가 있다.

〈목차〉

제목	제목
최근에 온 사람들의 경성관	최초로 조선에 온 서양인
도쿄와 경성	조선 내지 여행의 경험
조선에서 성공하려면 조선인을 사랑하라	어떻게 하면 조선을 근본적으로 구제할 수 있을까
조선의 식수일(植樹日)	(영문 목차)
조선의 조종법(釣鐘法)과 지나의 가교법(架橋法)	우리들의 조선관
한영자전과 일선어(日鮮語) 사전	조선에 정착한 일본인
외인이 본 일선인(日鮮人)의 관계	조선의 일본인 교사
조선인의 건방짐은 일본인의 성공	

38) 조선의 냄새朝鮮の匂い

저자	와다 텐민(和田天民)	출판년월	1921년 1월
판형	국판 반절	페이지 수	426쪽
발행처	경성 우쓰보야서점 (ウツボヤ書店)	소장처	架藏

저자는 법학박사 와다 이치로和田一郎이며 호는 텐민天民이다. 니가타新潟현 출신. 1906년 도쿄제국대학 법과대학을 졸업하고, 1910년 임시토지조사국 서기관으로서 조선의 토지조사사업에 종사했다. 『토지제도지세제도 조사보고서土地制度地税制度調査報告書』를 작성했는데 이 보고서는 학위논문이 되었다.(1920)

조선의 냄새는 『금융과 경제』의 의뢰를 받아 '바쁜 와중에도 한가로이' 매호 게재한 만필을 중심으로 편집한 것으로, 올 가을에 아내를 잃은 비애를 위로하고자 여기에 수편을 더하여 간행하게 되었다. ……만필은 가급

적 나의 직무와 전문 연구에서 벗어난 내용으로 꾸미고자 하였다.(말머리)

〈목차〉

제목	제목
아리랑	천도교
묘지와 화장장(火葬場)	조선의 바둑
아라이 하쿠세키(新井白石)와 조선국사	이순신 전집을 읽다 등 101항목 수록 (이하 상세 목록 생략)
동차록(東槎錄)	

책의 도처에 구보타 덴난久保田天南[29]의 삽화가 들어가 있다.

39) 조선을 보는 법朝鮮のみかた

저자	경성공립보통학교장회 編	출판년월	1921년 6월
판형	—	페이지 수	—
발행처	경성 나카타 다쓰조(中田立三)	소장처	도쿄경제대학

직무상 일상생활에서 조선인과 접촉하는 일이 많은 우리는 진실한 이해와 깊은 동정을 느낍니다. ……부내 공립보통학교장회에서 내선인의 친선융화를 위하여 연구하고 조사한 내용이 이 소편을 이루었습니다. ……권말의 부록은 본 모임에서 조사연구한 내용으로서 본편의 의의를 이해하는데 편의를 주고자 첨부한 것입니다.(서언)

29 구보타 덴난(1875～미상) : 고치현 출신. 본명은 료코(良行). 조선에서 남화원(南画院)을 설립했다. 토양미술회(土陽美術会) 회원.

〈목차〉

장	제목	장	제목	장	제목	장	제목
제1장	가족제도	제1장	유희	제6장	연중행사	제11장	미신
제2장	유교주의	제2장	가족	제7장	관혼상제	제12장	범죄
제3장	일상생활	제3장	예법	제8장	경제		
제4장	결론	제4장	사회	제9장	관청		
부록		제5장	의식주	제10장	종교		

40) 조선의 모습朝鮮の俤

저자	니시무라 신타로	출판년월	1923년 6월
판형	46판	페이지 수	189쪽
발행처	경성 조선경찰협회	소장처	시카타문고

저자는 조선총독부 통역관인 니시무라 신타로西村真太郎다. 이 책의 성립에 관해 당시 경무과장이었던 구니토모 나오카네国友尚謙가 서문을 남겼다.

> 최근 동료 니시무라 군이 아직 세상에 알려지지 않은 반도의 풍물을 알려주는 숨겨진 열쇠를 찾아냈다. 널리 재조 경찰관들에게 소개하기 위해 이에 관한 책을 쉽고 적절히 썼으며, 경찰협회에서 출판하여 『조선의 모습』이라는 제목을 달았다.(서)

〈목차〉

제목	제목
사회	여자
사교	문예

제목	제목
생활	동식물
가정	천문지리
관혼상제	잡록

41) 조선의 실정朝鮮の実情

저자	사사키 쇼타(佐々木正太)	출판년월	1924년 5월
판형	46판	페이지 수	210쪽
발행처	경성 제국지방행정학회	소장처	시카타문고

저자는 1903년 도쿄제국대학 정치과를 졸업하고 1907년 한반도로 건너갔다. 한국정부 재무고문부, 통감부 서기관, 통감부 재정감사관 등을 거쳐 전라도 재무부장, 동 내무부장 등을 역임했다.

> 내가 조선에서 18년 동안 생활하면서 경험한 일을 그대로 서술하거나 비평, 논설한 것에 지나지 않는다. ……그러나 긴 세월의 경험과 감상은 나의 고유한 산물로서, 번안 혹은 전재(轉載)한 것들과 그 취지를 달리함은 스스로 믿어 의심치 않는 바이다.(자서)

〈목차〉

제목	
1	나와 조선
2	1907년 정월 무렵의 경성
그 외 89 항목 (이하 상세 목록 생략)	

42) 재선 4년 유반在鮮四年有半

저자	마루야마 쓰루키치(丸山鶴吉)	출판년월	1924년 8월
판형	46판	페이지 수	474쪽
발행처	도쿄 송산방(松山房)	소장처	시카타문고

저자가 경무국장으로 조선에서 근무했던 1919년 8월부터 1924년 봄까지의 기간 동안 조선경찰협회 기관지 『경무휘보警務彙報』에 게재한 논설과 수상隨想을 수록한 것이다.

행여 너그러운 독자가 있어서 통독(通讀)을 아끼지 않는다면 우선 조선 경찰의 추이의 일단(一端)을 살펴보았으면 하고, 또한 조선의 실정 및 경과를 판단하는 자료로서 그 가치를 알아주길 바란다.(자서)

〈목차〉

제목		제목		제목	
(갑)		10	경찰과 사회 구제	(을)	
1	조선통치책에 대해 요시노(吉野) 박사에게 질문하다	11	민중과 경찰 간의 이해를 구하며	1	고(故) 우라베 마사이치(卜部正一) 형을 생각하며
2	조선통치와 현재의 추세	12	경찰에서 불도로	2	건전한 상식론
3	최근 사회사업의 추세	13	민중 처우는 친절공손, 강제조치는 필요주의를 제창한다	3	고바야시(小林) 사무관을 보내며
4	태평양회의와 조선 문제	14	국경 경비에 관하여	4	여름날은 길고
5	전후의 2대 사조(思潮)와 공정한 사조의 비판	15	조선의 치안에 관하여	5	눈으로 뒤덮인 시베리아와 북만(北滿)을 여행하며
6	우리의 각오를 표명한다	16	조선 현재의 병폐	6	경무 단편(1)
7	러시아 과격파와 그 그림자	17	시사(時事) 잡감	7	경무 단편(2)

제목		제목		제목	
8	세계사조와 우리나라의 지위	18	조선의 실정을 설파하고 그 이해를 구하다	8	감격의 여행
9	취임을 맞이하여	19	조선인에게 진정한 종교심을 심고 싶다	9	경무 단편(3)

43) 조선을 직시하며朝鮮を直視して

저자	가메오카 에이키치	출판년월	1924년 12월
판형	46판	페이지 수	300쪽
발행처	경성 조선급조선인사(朝鮮及朝鮮人社)	소장처	舊藏

저자 가메오카 에이키치亀岡栄吉는 경성일일신문사 편집장이다.

조선에 있으면서 10년 동안 조선 문제를 관찰한 결정(結晶)이자 결론이다. 권말에 수록한 '국경사정'은 올 여름에 새로이 시찰한 내용을 『경성일일신문』에 게재한 것이다.(자서)

다른 저서로 『사계의 조선四季の朝鮮』(1926년, 45번 항목 참조)이 있다.

〈목차〉

제목
조선을 직시하며 외 46편
국경사정(국경으로/강안(江岸) 이백리의 여행/국경을 시찰하며)

44) 조선에 보내는 서간朝鮮への書簡

저자	김학수(金學秀)	출판년월	1925년 6월
판형	46판	페이지 수	116쪽
발행처	경성 대동진문사 (大東晋文社)	소장처	舊藏

이 소책자에 실린 글들은 모두 신문에 한 번 발표한 내용입니다. 「경성대학 예과 교수 방문기」와 「어둠 속에 움직이는 무리」는 『오사카매일신문』에 발표한 신문기사입니다. 「흙으로 돌아가다를 읽고」와 「라테노프(Rathenow)의 신사상」, 「조선에 보내는 서간」은 제 사상의 일단을 드러내는 글로서 경성신문에 발표한 것입니다.(서)

〈목차〉

제목
경성대학 예과 교수 방문기
흙으로 돌아가다를 읽고
어둠 속에 움직이는 무리
라테노프의 신사상
조선에 보내는 서간

45) 사계의 조선四季の朝鮮

저자	가메오카 에이키치	출판년월	1926년 10월
판형	36판	페이지 수	260쪽
발행처	경성 조선척식자료조사회	소장처	도쿄경제대학

저자는 경성일일신문 편집장이다. 다른 저작으로서 『조선을 직시하

며』(43번 항목 참조)가 있다.

이 책이 갖는 특별한 장점은……각각의 명승구적을 감상하는데 제일 좋은 계절을 제시하고, 여기에 고사나 전설 또는 사실(史實)을 더하여 여행자가 참고할 수 있도록 도움을 주는 점에 있다.(첫머리에)

〈목차〉

제목	제목	제목	제목
(봄 편)	고도(古都)의 산수	(겨울 편)	(철도 안내)
꽃구경 유산(遊山)	(가을 편)	온천	국유철도
(여름 편)	등산	수렵	조선철도
폭포	버섯 따기	썰매타기	경남철도
섬 구경	밤 줍기	스키	

4. 총서

46) 조선군서대계朝鮮群書大系

저자	–	출판년월	1909년 2월 ~1917년 6월
판형	국판	페이지 수	각 권 500쪽 내외
발행처	경성 조선고서간행회	소장처	시카타문고

흔히 조선고서간행회본으로 불리며 샤쿠오 슌조가 주재하고 편찬한 총서다. 샤쿠오는 오카야마현 출신으로 동양대학을 졸업하고 1900년에 한반도로 건너왔다. 각지에서 학교 교원을 역임하고 1908년 월간지 『조선급만주』를 창간하는 한편, 조선고서의 번각을 기획하고 본 대계를 간행했다. 호는 처음에는 욱방旭邦, 후에 동방東邦으로 고쳤다.

총서의 부차편副次篇인 『조선고서목록』(1911년, 5번 항목 참조) 이외에 『최신조선지지最新朝鮮地誌』(3책, 292번 항목 참조)가 있다.

이 총서는 1909년부터 1916년 사이에 정正, 속續, 속속續續, 별집別集이 전 4기 83책으로 간행되었다. 각각의 서목은 다음과 같다.

〈목차〉

집	제목
(제1기 [正], 1909~1911년, 24책)	
제1집	삼국사기(김부식), 1909년, 1책
제2집 제4집~제12집 제14집 제16집 제18집	대동야승(제1~제13), 1910년, 13책

집	제목
제3집	조선미술대관, 1910년, 1책
제13집	팔역지(이중환)/사군지(유득공)/군현연혁표/경도잡지(유득공), 1910년, 1책
제15집	발해고(유득공)/북여요선(김노규)/북새기략(홍양호), 1911년, 1책
제17집	중경지(김이재)/강화부지(江華府志)/고려고도징(한재렴)/고려도경(서긍), 1911년, 1책
제19집	파한집(이인로)/보한집(최자)/익재집(이제현)/필언각비(정약용) /동인시화(서거정), 1책
제20집 제23집	해동역사(한치연), 1911년, 4책
제24집	용비어천가(권제 등 편), 1911년, 1책
(제2기 [續], 1911～1913년, 28책)	
속 제1집	기년아람(이만운 편), 1911년, 1책
속 제2집	문헌촬요(정원용 편), 1911년, 1책
제3집～제5집	동국통감(서거정 등 편), 1912년, 3책
제7집～제10집	신증동국여지승람(노사신 등 편), 1912년, 5책
제11집～제16집	연려실기술 · 별집(이긍익), 1912～1913년, 9책
제17집	통문관지(김경문 편), 1913년, 1책
제18집	대전회통(조두순 등 편), 1913년, 1책
제19집	연려실기술 · 별집(이긍익), 1913년, 4책
제22집～제23집	동국이상국집(이규보), 1913년, 2책
제24집	신조선급신만주(조선잡지본편), 1913년, 1책
(제3기 [續續], 1913～1916년, 24책)	
속속 제1집	징비록(유성룡), 1913년, 1책
속속 제2집	해동명신록(김육), 1914년, 1책
제3집～제6집	해행총재, 1914년, 4책
제7집	가재연행록(김창업), 1914년, 1책
제8집～제14집	동문선(서거정 등 편), 1914년, 7책
제15집～제18집	동사강목(안정복), 1915년, 4책
제19집～제20집	성호사설유선(안정복), 1915년, 2책
제21집～제22집	지봉유설(이수광), 1915년, 2책
제23집	동환록(윤정기), 1915년, 1책
제24집	삼은집, 1집
(제4기 [別集], 1915～1916년, 7책)	

집	제목
별집 제1집~제4집	퇴계집(이황), 1915~1916년, 4책
별집 제5집	삼봉집(정도전), 1916년, 1책
별집 제6집	중정남한지(홍경모), 1916년, 1책
별집 제7집	흠정만주원류고(아계 등 편), 1916년, 1책

47) 조선연구회 고서진서간행朝鮮研究会古書珍書刊行

저자	아오야기 쓰나타로 編	출판년월	1911년~1918년
판형	국판	페이지 수	각 권 400쪽
발행처	조선연구회	소장처	일본 국회도서관

조선연구회는 아오야기 쓰나타로가 주간, 하기노 요시유키, 요시다 도고, 다카하시 도루, 아유카이 후사노신, 미카미 산지, 오다 쇼고, 시데하라 다이라 등 학자 20여 명이 평의원을 맡아 1911년부터 1918년까지 전 3기 56책의 총서를 편간했다. 이 총서는 흔히 조선연구회본으로 불린다. 주간 아오야기 쓰나타로는 사가佐賀 사람으로 도쿄철학관東京哲学館[30]에서 공부한 뒤, 1901년 9월 『오사카매일신문』의 통신원으로 한반도로 건너왔다. 나주 및 진도에서 우체국장을 역임하고 1909년 한국정부 재정고문부의 재무관이 되었으며, 그 후 궁내부에 들어가 도서기록에 종사했다. 저서로 『한국농사안내』(1904)를 비롯하여 스무 권이 넘는 많은 책이 있다.

30 철학관 : 이노우에 엔료(井上円了)가 1887년에 세운 사립학교. 현 도요대학(東洋大学)의 전신이다.

〈목차〉

집	제목
(제1기, 1911~1912년, 10책)	
제1집	각간선생실기/간양록(강항)/동경잡기(민주면), 1911년 1월, 1책
제2집 제3집 제5집	목민심서(정약용), 3책
제4집	장릉지(권화 · 박경여 편)/평양통지(윤유), 1911년 1월, 1책
제6~8집	경세유표(정약용), 3책
제9집	조선야담집, 1912년 1월, 1책
제10집	선인이 기록한 풍태합[31](도요토미 히데요시의 경칭) 정한전기(鮮人の記せる豊太閤征韓戰記)(유성룡 저, 아오야기 쓰나타로 역), 1912년 12월, 1책
(제2기, 1914~1916년, 23책)	
제1집	원문 화역 대조 사씨남정기 · 구운몽(김춘택), 1914년 3월, 1책
제2집~제3집	원문 화역 대조 삼국사기(김부식), 2책
제4집~제5집	소화외사(상 · 하)(오경원), 1914년 8월, 2책
제6집	조선박물지[원제목 : 산림경제](정약용), 1914년 10월, 1책
제7집~제12집	원문 화역 대조 동국통감(1~6)(이용원 등 편), 6책
제13집	원문 화역 대조 해유록(신유한), 1915년 5월, 1책
제14집	원문 화역 대조 삼국유사(일연), 1915년 6월, 1책
제15집	원문 화역 대조 모하당집부 · 모하당사론(김충선), 1915년 7월, 1책
제16집	원문 화역 대조 한당유사(박태석), 1915년 8월, 1책
제17집	원문 화역 대조 조선외구사[원제목: 동국병감](문종명), 1915년 9월, 1책
제18집~제19집	원문 화역 대조 대한강역고(정약용 · 장지연 등), 1915년 10월, 2책
제20집~제21집	연암외집[열하일기](박지원), 1916년 1월, 1책
제22집~제24집	여사제강(상 · 중 · 하)(유계), 1916년, 3책
(제3기, 1916~1917년, 23책)	
제25집~제26집	원문 화역 대조 청야만집(상 · 하), 1916년 7 · 8월, 2책
제27집~제28집	원문 화역 대조 이순신전집(상 · 하), 1916년 9 · 10월, 2책
제29집~제31집	원문 화역 대조 지봉유설(이수광), 1916년 11 · 12월, 3책
제32집	원문 화역 대조 원조비사주(이문전), 1917년 2월, 1책
제33집~제37집	원문 화역 대조 국조보감(이용원 등 편), 1917년 3 · 7월, 5책
제38집~제47집	원문 화역 대조 증보문헌비고(홍문관), 1917년 9월~1918년 10월, 10책

48) 조선총서朝鮮叢書

저자	최남선 編	출판년월	1911년~1915년
판형	국판 화장(和裝)	페이지 수	각 책 100쪽 내외
발행처	경성 광문회	소장처	일본 국회도서관

흔히 광문회본 혹은 최남선본으로 불리며 최남선이 주재, 편찬한 총서다. 1911년부터 1915년까지 5년간 18종을 펴냈으나, 그 중에는 결국 간행되지 못한 것도 있다. 수록된 책 제목은 다음과 같다.

〈목차〉

권	제목
1	도리표(道里表) 1책
2	택리지(이중환) 1책
3	동국병감(문종명 편) 1책
4	대동운부군옥(권문해 편) 3책
5	경세유표(정약용) 2책
6	해동역사(한치윤) 3책
7	해동역사속(한진서) 2책
8	상서보전(홍석주) 1책
9	기보(碁譜) 1책
10	동국세시기(홍석모)/열양세시기(김매순)/ 경도잡지(유득공) 1책
11	열하일기(박지원) 1책
12	임충민공실기(정조명편(正祖命編)) 1책
13	중경지(김이재 편) 1책
14	동국통감(서거정 등 선) 1책
15	삼국사기(김부식) 2책
16	해동속소학(백재형) 1책
17	해동명장전(홍양호) 1책
18	산경표(사본) 1책

31 풍태합 : 도요토미 히데요시의 경칭.

49) 통속조선문고通俗朝鮮文庫 제1집~제12집(12책)

저자	호소이 하지메 編	출판년월	1921년 3월~1922년 5월
판형	46판	페이지 수	각 권 200쪽 내외
발행처	경성 자유토구사	소장처	일본 국회도서관

편자 호소이 하지메는 언론인으로 도쿄매일신문 기자였으나 사임하고 남북지나支那를 유람하고 돌아오는 길에 조선을 견문한 일을 계기로 조선 문제 연구에 뜻을 품었다. 일한전보통신사에 들어가 조선언론계에서 활약했다. 1921년 자유토구사를 세웠고 『통속조선문고』 및 『선만총서』(1922년, 50번 항목 참조)를 간행했다. 많은 단행본 및 저서가 있으며 『현대 한성의 풍운과 명사』(1910년, 209번 항목 참조), 『조선문화사론』(1911년, 144번 항목 참조), 『선만의 경영』(1921년, 24번 항목 참조), 『조선문학걸작집』(1924), 『국태공의 눈초리』(1929), 『여왕민비』(1931) 등 수십 권의 편저가 있다. 『통속조선문고』는 자유토구사의 별편 『선만총서』와 같은 형식의 총서로서 조선의 고전을 언문일치체로 고쳐 적은 것이다. 12집까지 순차적으로 간행되었으며 각 권의 내용은 다음과 같다.

〈목차〉

집	제목	집	제목
제1집	목민심서(호소이 하지메 역), 1921년 3월, 1책	제7집	홍길동전 (시라이시 아츠시(白石重) 역), 1921년 10월, 1책
제2집	장릉지(호소이 하지메 역), 1921년 4월, 1책	제8집	팔역지(시미즈 겐키치 역)/추풍감별곡(조경하 역), 1922년 2월, 2책

집	제목	집	제목
제3집	명당사화(明堂士禍)의 검토/구몽기(호소이 하지메, 나가노 도라타로(長野虎太郎) 편), 1921년 5월, 1책	제9집	심양일기 (오사와 다츠지로(大沢竜二郎) 역)/심청전(조경하 역), 1922년 2월, 1책
제4집	조선세시기(이마무라 도모 역주)/광한루기 (시마나카 유조(島中雄三) 역술), 1921년 6월, 1책	제10집	아언각비(호소이 하지메 역)/장화홍련전(조경하 역), 1922년 4월, 1책
제5집	징비록 (나가노 나오히코(長野直彦) 역)/남훈태평가, 1921년 7월, 1집	제11집	대아유기(호소이 하지메), 1922년 4월, 1책
제6집	병자일기 (시미즈 겐키치(清水鍵吉) 역술), 1921년 9월, 1책	제12집	이조의 문신(李朝の文臣) (호소이 하지메 편)/각종 조선평론 (기쿠치 겐조), 1922년 5월, 1책

50) 선만총서鮮滿叢書 제1권~제11권(11책)

저자	호소이 하지메 編	출판년월	1922년 7월 ~1922년 8월
판형	46판	페이지 수	각 권 200쪽 내외
발행처	경성 자유토구사	소장처	일본 국회도서관

자유토구사의 『통속조선문고』(49번 항목 참조)와 같은 형식의 총서다. 조선의 고전을 언문일치체로 고쳐 쓴 것으로 11집까지 순차적으로 간행되었다. 각 권의 내용은 다음과 같다.

〈목차〉

권	제목
제1권	서언(호소이 하지메)/해유록(상)/연의 각(燕の脚)(정재민)/각종 조선평론(기쿠치 겐조)/조선의 취미(각 찬조 회원), 1922년 7월, 260쪽

권	제목
제2권	해유록 번역을 마치며(호소이 하지메)/해유록(하)(호소이 하지메 초역)/봉황금(상)(노승갑 역)/대동유기(대성루산인(對星樓山人))/조선취미(찬조회원 각씨), 1922년 8월, 264쪽
제3권	시천교의 취지(호소이 하지메)/시천교의 취지 · 동경정의(호소이 하지메 주해)/봉황금(하)(노승갑 역), 1922년 9월, 258쪽
제4권	슬픈 나라(山地白雲 유고) [발매금지], 1922년 10월, 401쪽
제5권	동경정의(호소이 하지메 역해)/조선문제강연집, 1922년 11월, 209쪽
제6권	삼국유사(히라이와 유스케(平岩佑介) 초역), 1923년 2월, 328쪽
제7권	정감록(호소이 하지메 편저), 1923년 2월, 202쪽
제8권	주영편(상)(시미즈 겐키치 역)/숙향전(시미즈 겐키치 역), 1923년 3월, 161쪽
제9권	조선의 교육(유게 고타로(弓削幸太郎) 역), 1923년 5월, 310쪽
제10권	파수록(히라이와 유스케 초역) [발매금지], 1923년 6월, 102쪽
제11권	주영편(하)(시미즈 겐키치 초역)/운영전(호소이 하지메 역술), 1923년 8월, 197쪽

제4권 「슬픈 나라」 및 제10권 「파수록」은 경무당국에 의해 발매금지되었다.

二
철학 · 종교

51) 풍속불교 조선대론風俗仏教 朝鮮対論

저자	가토 분쿄	출판년월	1894년 10월
판형	46판	페이지 수	56쪽
발행처	교토 무라카미서사(村上書肆)	소장처	일본 국회도서관

저자 가토 분쿄加藤文教는 교토 후쿠치야마福知山 상조사常照寺의 주지승이다. 1894년 3월에 조선불교를 시찰하기 위해 한반도로 건너갔고, 1900년 『한국개교론』(52번 항목 참조)을 저술했다.

> 한반도에 건너가 교무 이외 남는 시간에 내지를 여행하고 풍속과 인정, 사원과 승려의 상황을 관찰했는데, 귀로 듣고 눈으로 본 모든 것들로부터 많은 것을 느꼈다. 그 중에서도 특히 우리 불교와 같은 것은 그저 역사상 오래된 불교국이라는 이름만 남아있을 뿐, 그 실체에 관해서는 전혀 볼만한 것이 없었다. ……지금 이곳 국민들은 사방에서 봉기를 일으키고 있으며, 혁명의 의사들을 쏟아내려고 하는바……평소의 감개를 금할 길 없기에 이 책을 쓴다.(자서)

〈목차〉

제목
총론
불교 전래
종교 · 미술 · 학술
포교 시책, 사원 승려
중고(中古)의 불교
불교 쇠미(衰微)의 원인
이씨 즉위 후의 불교와 승려

제목
대조선 불교 구조책

52) 한국개교론韓国開教論

저자	가토 분쿄	출판년월	1900년 5월
판형	46판	페이지 수	68쪽
발행처	교토 저자	소장처	일본 국회도서관

저자는 교토 후쿠치야마에 있는 상조사의 주지승으로 1894년 3월에 조선불교를 시찰하기 위해 한반도로 건너왔다. 저서로는 앞서 소개한 『풍속불교 조선대론』(1894년, 51번 항목 참조)이 있다.

정치가는 시정 방침에 기초하여 국가 백년의 대계를 논하고 상업가는 일한 무역의 장래를 위하여 통상의 발달을 꾀한다. 그밖에도 교육이나 의술 등 각자가 느끼고 보는 부분에 따라 한국을 개진하는 방책에 관하여 논하고 있는데, 우리 종교가들은 아직까지도 그러한 교책을 논한 바가 없다. 승려들이 수년간 한국에서 포교를 하고 있으나 부족한 부분이 많다. 미미하지만 지난 수년간의 포교 경력에 비추어 포교의 급무 및 방법, 그리고 실행이 필요한 항목을 논하는 책을 세상에 내놓아 천하 동지들에게 호소하는 바이다.(자서)

〈목차〉

장	제목	장	제목	장	제목
서론		제2장	일한 교의(交誼)를 두텁게 하는 일	제4장	경성에 대교회당을 설치할 것
(제1편 한국의 불교)		제3장	근본적으로 독립을 부식(扶植)하는 일	제5장	출판 사업을 일으킬 것
제1장	불교의 전래	제4장	풍속, 인정을 탐견(探見)하는 일	제6장	의식(儀式)에 관한 규정을 조직할 것
제2장	포교의 시책, 사원과 승려	제5장	동포 거류민 포교의 필요	(부록)	
제3장	종파본존과 학술	(제3편 포교의 방법)		제1장	원종(垣鐘)대사와의 문답필기
제4장	불교 쇠미의 원인	제1장	학교를 세우고 포교사를 양성할 것	제2장	박세환(朴世喚) 씨와의 대화
(제2편 포교의 급무)		제2장	내지에 교회 지부를 설치할 것	제3장	시사논문 셋
제1장	기독교에 대한 방어책	제3장	일한 사이 유학생을 파견할 것	제4장	내지 탐견 여행일지

53) 정토종 한국개교지淨土宗韓国開教誌 제1집

저자	기타카와 고산(北川弘三)	출판년월	1903년 8월
판형	국판	페이지 수	94쪽
발행처	도쿄 정토종전도회	소장처	舊藏

이 책은 지난번에 친구인 구로타 신도(黒田真洞)가 나에게 서문을 부탁하면서 한국 개교(開教)의 역사를 집필하여 기증해보라고 하기에, 개교원(開教院)을 비롯하여 각 교회소(教會所)의 사실을 빠짐없이 수집하여 기록해본 것이다. ……각 편의 서언이 일치하지 않는 것은 각 지방 개교사(開教使)의 교보(教報), 혹은 사언(私言)을 그대로 싣거나 간추려서 실었기 때문이다.(범례)

이 책「제2집」이하의 발행에 관해서는 분명치 않다.

〈목차〉

편	제목
제1편	경성 개교원
제2편	부산에 개교한 교회소
제3편	인천 교회소
제4편	개성학당(開城學堂)
제5편	평양 교회소
제6편	마산 교회소
(사진 수 점)	

54) 조선의 종교朝鮮の宗教

저자	쓰루야 가이류(鶴谷誠隆)	출판년월	1908년 6월
판형	46판	페이지 수	136쪽
발행처	도쿄 종교연구회	소장처	일본 국회도서관

책 권두에 미치시게 신쿄道重信教가 서문을 남겼다.

종래 한국에 관한 각종 저서가 적지 않으나 종교에 관한 것이 없어서 매우 유감스럽다. 전(前) 정토종 개교사 쓰루야 가이류는 견식이 밝은 자로서, 십여 년 전 한어연구를 위해 단신으로 그 땅에 건너가 다년간 한민의 교화에 힘을 쏟았다. 그렇게 예전부터 모아온 소재를 적절히 배치하고『조선의 종교』라는 제목을 달아서 책으로 엮었다. 한국 개도(開導)에 힘을 쏟는 이들에게 도움이 되길 바란다.(서)

〈목차〉

장	제목
제1장	불교
제2장	유교
제3장	기도교(祈禱教)
제4장	신도
제5장	복점교(卜占教)
제6장	신사(神詞)
제7장	신종교

55) 만한순양록滿韓巡錫録

저자	다나카 레이칸(田中霊鑑), 오쿠무라 도린(奥村洞麟) 共編	출판년월	1910년 3월
판형	국판	페이지 수	106쪽
발행처	오사카 고노 구라지(香野蔵治)	소장처	架藏

선문(禪門)의 석덕(碩德) 히오키 모쿠센(日置黙仙) 노사(老師)가 만한의 들판을 순양할 때 우리도 참가했다. 이때 잠깐씩 틈을 내서 눈에 닿는 것과 감흥을 몇 가지 기록한 것이 바로 이 책이다. 다만 길과 산, 물의 모습을 적거나 풍물과 경치를 그리는 것에 그다지 힘을 쏟지 않은 것은 나름의 다른 뜻이 있었기 때문이다. 세상의 다른 여러 기행문과 동일시하지 않기를 바란다.(소인)

〈목차〉

제목	제목	제목
신바시(新橋)에서 우지나항(宇品港)까지	아아, 수산보(首山堡)여	초하구(草河口)에서 봉황성(鳳凰城)으로
현해탄에서의 휘호(揮毫)	랴오양의 조제	남산의 조제
뤼순에 닿다	랴오양에서 펑텐으로	구운성(九運城) 및 구의주(舊義州)
폐진선(閉塵船)을 애도하며	펑텐 주석(駐錫)	안동현의 조제
포대(砲臺)에 오르다	펑텐에서 톄링으로	청한(淸韓)의 국경
백옥산(白玉山)의 조제(弔祭)	기원절의 룽서우산(龍首山)	평양의 조제
남산의 전장 김천에서 득리사(得利寺)로	톄링에서 창투로	경성과 인천
복주하(復州河)를 건너다	지옥림과 묵구대(墨溝臺)	경성에서 부산으로
대석교(大石橋)의 조제	연타이에서 푸순으로	부산
잉커우(營口)에서 탕강자(湯崗子)로	조(趙) 펑텐장군과 회견	부산에서의 마지막 하루
탕강자에서 랴오양으로	펑텐에서 번시후(本溪湖)로	히로시마로 돌아오다

56) 해인사 대장경판 조사보고서海印寺大藏經版調査報告書

저자	–	출판년월	1910년 5월
판형	국판	페이지 수	203쪽
발행처	경성 한국정부 궁내부	소장처	架藏

이 책은 궁내부 사무관 무라야마 류키치村山竜佶가 조사하고 궁내부 대신 민병석閔丙奭에게 제출한 보고서이다.

전라남도 무주군 적상산성 사고(史庫) 조사를 시작하면서 경상북도 합천군 가야산 해인사에 소장된 대장경판의 상태를 조사하라는 명을 받았다. 이에 아래 각 항목으로 나누어 그 상태를 기술했다(각 항목은 목차에 제시한다). (권두)

〈목차〉

	제목		제목
1	해인사의 위치	7	대장경판의 상태
2	해인사의 건축물	8	대장경의 인쇄 (부록 아오키 요시마쓰(青木由松) 장경 인쇄의 전말)
3	해인사의 관리	9	대장경판 조조(彫造)연대고
4	해인사의 재산 (부록 회계)	10	대장경판에 대한 의견
5	해인사의 승려 (부록 해명학교)		(평면도, 약식도 등 6점)
6	장경각의 구조		

57) 일한합방과 니치렌 성인日韓合邦と日蓮聖人 – 토요강단土曜講壇 제1권

저자	시미즈 료잔	출판년월	1910년 10월
판형	46판	페이지 수	60쪽
발행처	나고야 유일불교단 (唯一佛教團)	소장처	舊藏

이 책은 유일불교단 본부 단장인 시미즈 료잔清水梁山이 매주 토요일에 강연한 내용을 기록한 책이다.

〈목차〉

제목
일한합방과 니치렌 성인
(평론) 성(聖) 니치렌의 연구
천변지요(天變地夭)
(교회개보) 내지, 조선, 외국부 및 잡보
사회기사
본단(本團) 기사
기타 보고

58) 조선사찰사료朝鮮寺剎史料 상 · 하권(2책)

저자	내무부지방국 編	출판년월	1911년 3월
판형	국판	페이지 수	통권 1,044쪽
발행처	경성 조선총독부 내무부	소장처	시카타문고

조선의 사찰은 그 상당수가 신라 · 고구려 · 백제 삼국시대부터 고려시대에 걸쳐 건립되었으며, 당시의 인심을 감화하고 정치를 비보(裨補)해 온 역사를 지님에도 불구하고, 종래 그 사적(史籍)을 갖추지 못함은 일찍이 식자들이 유감스러워한 부분이었다. 이 책은 바로 그 빠진 부분을 보충하는 한편 일본 사찰의 역사를 연구할 자료로서 채집한 것이다. 이 책은 경우에 따라 조선고대미술에 관한 설명서 역할도 할 것이다. ……1910년 8월부터 재료를 수집하기 시작했으며, 1911년 3월까지 수집한 것을 심사하여 이를 인쇄 · 편집했다.(범례)

〈목차〉

제목	제목	제목
경기도 부(部)	경상북도 부	평안북도 부
충청북도 부	경상남도 부	황해도 부
충청남도 부	강원도 부	함경북도 부
전라남도 부	평안남도 부	함경남도 부

59) 조선종교사朝鮮宗教史

저자	아오야기 쓰나타로	출판년월	1911년 4월
판형	국판	페이지 수	185쪽
발행처	경성 조선연구회	소장처	시카타문고

저자의 약력에 관해서는 47번 항목 참조.

조선종교사를 편찬하고 싶어도 우선 곤란한 점은 재료가 부족하다는 사실이다. 종교에 관한 조선의 사적이 흩어지고 상실된 것은 하루 이틀 일이 아니다. 그래서 종교사를 쓰는 것은 전문가들에게도 여전히 어려운 일이다. 하물며 종교에 관해서는 문외한인 내가 굳이 이 일에 뛰어들었으니, 맹인이 뱀을 두려워하지 않는다는 비난을 받아 마땅하리라. 다만 나는 세간의 학자가 이 책을 꾸짖고 완전한 종교사를 펴낼 것을 기대하면서 먼저 시작했을 뿐, 그들을 이끌겠다는 생각은 없다.(예언 권두)

〈목차〉

60) 조선불교통사朝鮮仏教通史 상 · 중 · 하편(3책)

저자	이능화	출판년월	1918년 3월
판형	국판	페이지 수	1,248쪽
발행처	경성 신문관	소장처	일본 국회도서관

저자는 조선 경기도 괴산군 출신으로 구 한국시대 외국어학교 교관, 동교 교장 직을 거쳤으며, 조선사편수회 위원과 촉탁을 역임했다. 호는 무능거사無能居士, 상현거사尙玄居士이며 저서에 『조선여속고朝鮮女俗考』(1927년 6월), 『조선해어화사朝鮮解語花史』(1927년 10월), 『조선기독교급외교사朝鮮基督教及外交史』(1928년 12월) 등이 있다.

〈목차〉

제목	제목	제목	제목
「상편」	고려시대	사암탑상(寺庵塔像) 및 건명 세목	조선 선종(禪宗) 임제적파(臨濟嫡派)
불화시처(佛化時處)	조선시대	「중편」	「하편」
고구려시대	조선총독부 시대	삼보원류(三寶源流)	이백품현(二百品顯)
백제시대	조선사찰, 선교(禪教) 양종파 30본사 및 그 소속 말사	인지연원라려류파(印支淵源羅麗流派)	인명 세목 하편
신라시대	인명 세목	특서(特書) 임제종의 연원	사암탑상 및 건명 세목

이 책은 강목법綱目法에 따라 축년별로 그 요령을 적기하고 비고, 참고를 붙였다. 한문체로 기술되었다.

61) 천도교와 시천교天道教と侍天教

저자	와타나베 아키라	출판년월	1919년 11월
판형	국판	페이지 수	53쪽
발행처	경성 오사카야고서점(大阪屋号書店)	소장처	架藏

이 책은 당시 총독부 학무국장 와타나베 아키라渡辺彰 씨의 강연 취지를 간행한 것이다.

올해 4월 말 동료 유지 제군의 희망에 응하여 구두로 강연했을 때 쓴 것에 불과하기에 세상에 내놓을 만한 것이 못된다. 그런데 구두 강연이 의외로 널리 알려져서 최근 여러 사람들이 그 내용을 읽어보기를 원한다고 한다. 그리하여 등사 및 초록의 수고를 줄이기 위해 이를 인쇄하고 간행하는 데…….(소서)

〈목차〉

장	제목	장	제목
서언		제5장	분파의 경로
제1장	입교의 유래	제6장	분파의 결과
제2장	교의의 요령	제7장	현금의 실상
제3장	전교의 계통	제8장	서술의 총결
제4장	분파의 단서		

62) 조선종교사에 나타나는 신앙의 특색朝鮮宗教史に現はれたる信仰の特色

저자	다카하시 도루 述	출판년월	1920년 12월
판형	국판	페이지 수	36쪽
발행처	경성 조선총독부	소장처	도쿄경제대학

이 책은 전 경성대학 교수이자 문학박사인 다카하시 도루가 집필한 것이다. 다카하시는 니가타 출신이며 1902년 도쿄제국대학 지나철학과를

졸업하고 1905년 2월 한국정부의 초빙을 받아 한성고등학교 학감 및 대구고등보통학교 교장 등을 역임했다. 1919년 문학박사 학위를 취득하고 조선총독부 시학관, 경성법학전문학교 교수를 거쳐 1926년 경성제국대학이 개설되자 조선어문학 제1강좌를 담당하였다. 전후에는 1950년 5월 덴리天理대학 교수가 되어 나카야마 쇼젠中山正善 등과 함께 조선학회를 설립하고 부회장을 맡았다. 1967년 서거. 저서로는 『한어문전韓語文典』(1909), 『조선물어집 부 이언朝鮮の物語集附俚諺』(1910), 『조선의 이언 부 물어朝鮮の俚諺附物語』(1914), 『이조불교李朝仏教』(1929) 등을 비롯하여 다수의 조선학 관련 논고가 있다.

〈목차〉

제목	
서언	
1	삼국시대부터 신라까지 불교사의 대관
2	고려시기 불교사의 대관
3	고려의 도교 및 이조 불교의 대관

63) 조선통치와 기독교朝鮮統治と基督教

저자	나카라이 기요시	출판년월	1921년 1월 (1923년 3월 4판)
판형	국판	페이지 수	65쪽
발행처	경성 조선총독부	소장처	架藏

이 책은 총독부 학무국 나카라이 기요시半井清[1]가 집필한 것이다.

조선 기독교의 이폐(利弊)를 논평하거나 역사적 고증을 설명하는 것은 이 책의 목적이 아니다. 조선통치의 표리와 깊은 관련을 가지는 기독교 발달의 경로에 대해 사실에 입각하여 묘사하는 것을 주안으로 삼았다. 가급적 개인적 의견을 기술하기 보다는 사실을 제공함으로써 독자의 비판을 얻기 위해 노력했다.(머리말)

〈목차〉

제목	
제1	병합 전의 기독교
제2	병합 후의 기독교
제3	총독부의 제도 개정과 기독교
제4	조선 기독교의 실상
부록	신앙 감회/아리요시 정무총감/전선(全鮮) 선교사연합 대회에서의 연설/미즈노 전 정무총감 「재선(在鮮) 외국 선교사에게 바란다」/시바타 학무국장 담화/전선 선교사 연합 대회 진정서
	(사진 7점)

64) 조선의 종교朝鮮の宗教

저자	요시카와 분타로(吉川文太郎)	출판년월	1921년 9월
판형	국판	페이지 수	440쪽
발행처	조선인쇄주식회사	소장처	舊藏

이 책의 목적은 각 종교의 현재 상황을 소개하는 것이다. 재료를 수집해

1 나카라이 기요시(1888~1982) : 오카야마현 출신. 구제 제1고등학교, 도쿄제국대학 법률학과를 졸업하고 문관 고등시험에 합격, 오사카 내무부 등을 거쳐 1919년 조선총독부 학무국 종교과장에 취임했다. 1931년 사가현 지사 등 각 현의 지사를 역임하고 1959년 이후 요코하마 시장을 두 차례 역임했다.

서 적절히 배열한 부분이 많고, 영문, 조선문 등을 의역하여 전재한 부분도 많다. 그러므로 이 책은 저서라기보다는 편서나 역서라 칭할 수 있겠다. (범례)

〈목차〉

장	제목
제1장	서론
제2장	조선불교
제3장	천주공교(天主公教)
제4장	프로테스탄트 교회
제5장	내지인의 제 종교
제6장	종교유사단체
제7장	소요사건의 진상
제8장	결론
(부록)	

65) 조선문묘급승무유현朝鮮文廟及陞廡儒賢

—부 조선유학연표 조선유학연원보附朝鮮儒学年表朝鮮儒学淵源譜

저자	오다 쇼고, 어윤적 共著	출판년월	1924년 3월
판형	국판	페이지 수	127쪽
발행처	경성 조선사학회	소장처	시카타문고

조선 문묘의 유래 및 현상, 선철종향(先哲從享)의 사실을 밝히고 조선유학의 발달과 학통의 연원을 세상에 간명히 주지시키는 일이 본회의 사명임을 간절히 느낀다. 다행히도 본회 회장 오다 쇼고 씨가 조선 문묘 및 승무유현을 저술하고, 조선총독부 중추원 참의 어윤적 씨도 편찬에 관여하여 조

선유학연표, 조선유학연원보를 간행하게 되었다. 양자 모두 매우 적절히 그 목적을 달성했다고 생각되는 바, 십팔유현(十八儒賢)의 시문과 합하여 판목을 새기기로 하고, 또한 유묵(遺墨)을 수집하여 조영을 만들어서 여기에 작은 책자를 완성하게 되었다.(서)

〈목차〉

제목		제목	
1	문묘 및 승무 선현 유묵 사진	6	반궁도(泮宮圖), 문묘향사도, 문묘향사 열립일람표
2	중요 문서	7	승무십팔유현 시문
3	서문	8	조선유학연표
4	조선문묘 및 승무유현	9	조선유학연원보
5	위와 같음(한역)	10	부록(경학원규정)

66) 지방문묘일람地方文廟一覽

저자	–	출판년월	1924년 9월
판형	국판	페이지 수	68쪽
발행처	경성 조선총독부 학무국	소장처	架藏

조선 각지에 건립되어있는 공자묘를 조사하여 총독부 학무국이 일람으로 정리한 것이다.

〈목차〉

제목	
1	각 도 문묘 숫자
2	문묘명 및 소재지
3	1924년도 향교재산 세입세출예산

	제목
4	주요 문묘(각 도별로 문묘 5개 내외)의 유림 그 외
5	이들 문묘의 연혁

三
역사 · 지지

1. 역사

67) 정한평론征韓評論

저자	사다 하쿠보 裒輯	출판년월	1875년 3월
판형	국판 화장	페이지 수	19엽
발행처	충분의방루장판 (忠芬義芳樓藏版)	소장처	架藏

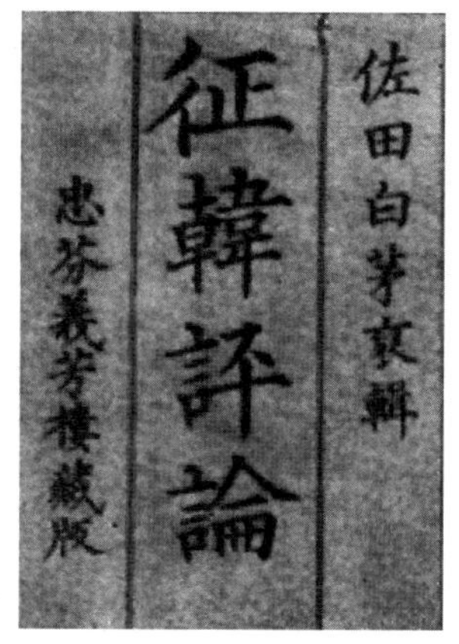

저자는 사다 하쿠보佐田白茅. 이름은 다다히로直寬, 모토이치로素一郎이며 호는 한방閒放이다. 구舊 구루메久留米번의 유신儒臣으로 일찍부터 존왕양이尊王攘夷설을 제창했다. 보신전쟁戊辰戰争[1]에서는 정동총독征東總督의 참모를 맡았으며 메이지유신 이후에는 태정관으로 외교사무에 종사했다. 견한사절遣韓使節로 모리야마 시게루森山茂 등과 부산에 건너가 화친수호和親修好를 절충했으나 이루어지지 않았다. 1870년 3월 정한의 뜻을 굳히고 태정관에 건백서를 제출했다. 그 후 조정에 정한론이 대두하게 되었으나, 1873년 논쟁이 벌어져 사이고 다카모리西鄕隆盛 등이 사임하게 되었고 사다도 관직에서 물러났다. 이후 사다는 세상을 개탄하며 사람들과의 교제를 끊은 채 집필활동을 통해 불만을 달랬다. 대래사大來舎를 설립하고 잡지 『메이지시문明治詩文』을 주재했으며, 전기傳記잡지 『명예신지

1 1868년 신정부와 구 막부군 사이에서 약 16개월간 벌어진 전쟁을 말한다.

名誉新紙』를 간행했다. 1907년 10월 도쿄 아사쿠사 금용산 아래 와촌의 우거寓居에서 76세의 나이로 세상을 떠났다. 생전에 스스로 '정한 수창자 사다 하쿠보의 묘征韓首唱者佐田白茅墓'라는 묘비를 적어서 보제사菩提寺와 하시바쵸橋場町의 총천사総泉寺에 세웠다. 저서로 『조선문견록朝鮮聞見録』(1875), 『정체평론政体評論』(1875), 『가라후토 평론樺太評論』(1875), 『극론개화極論開化』(1875), 『근세문체近世文体』(1875), 『정한론의 구 몽담征韓論の旧夢談』(1903년, 118번 항목 참조) 등이 있다.

『정한평론』은 제목에서 알 수 있듯이 정한론에 관한 세론을 편찬한 것으로서, 자신의 비평을 한문으로 적어 머리말에 실어두었다. 이 책은 『메이지문화전집』 제22권 「잡사편」에도 수록되어 있다.

〈목차〉

제목	제목
사다 하쿠보의 설	가타야마 나오요시(片山直義)의 설
요코야마 세타로(横山正太郎)의 설	실성명(失姓名)의 설
다나카 세추(田中正中)의 설	가와카미 슌사이(川上春斎)의 설
미나모토 사쿠라(源佐久良)의 설	발(跋)
사가 북조본영(佐賀北組本営)의 설	

68) 계몽조선사략啓蒙朝鮮史略 전7권(7책)

저자	스가와라 다쓰키치(菅原龍吉) 編	출판년월	1875년 6월
판형	국판 화장	페이지 수	각 권 50엽
발행처	도쿄 기타바타케 모헤(北畠茂兵衛)	소장처	시카타문고

이 책은 오직 조선국의 고금 연혁 및 치란(治亂)의 사실을 일독하기 편하게 만든 것이다. 처음부터 끝까지 편년체로 적었으며, 번거로운 문장이 되지 않도록 개인적 의견을 넣지 않았다. 책의 제목을 계몽조선사략으로 정한 것은 아동의 계몽에 편의를 주기 위해서다.(범례)

〈목차〉

권	제목
1	시조 단군부터 삼한까지
2	삼한기부터 신라 망국까지
3	고려 태조 신성왕부터 인종 공효왕까지
4	고려 의종 장왕부터 원종 순효왕까지
5	고려 충렬왕부터 충정왕까지
6	고려 공민왕
7	신우 원년부터

69) 조선군기朝鮮軍記

저자	다다 나오쓰나(多田直繩) 編	출판년월	1875년 10월
판형	국판 화장	페이지 수	37엽
발행처	도쿄 홍문사(弘文社)	소장처	架藏

이 책은 1875년 강화사변에 관한 기사記事를 소재로 삼은 이야기로서, 삽화 4점과 조선국 전도 한권을 포함하고 있다. 저자는 그 외에도 『일본지나담판시말日本支那談判始末』이라는 책을 지은 적이 있다.

70) 조선신론朝鮮新論

저자	후소 간(総生寛) 編	출판년월	1876년 1월
판형	국판 화장	페이지 수	32쪽
발행처	도쿄 만게각(萬笈閣)	소장처	架藏

저자의 이력은 확실치 않으나,[2] 호는 우도인右道人이며 저서로는 『조선사건』(1876년, 72번 항목 참조), 『평론신설』(1874), 『근세연대기』(1875), 『신찬백인일수新撰百人一首』(1873), 『도쿄번창신시東京繁昌新詩』(1875), 『동서양경시지東西両京市誌』(1885), 『지구의교수地球儀教授』(1875) 등이 있다. 책의 부록으로 색을 꼼꼼하게 칠한 「측량조선여지전도測量朝鮮輿地全圖」가 실려 있다. 목차는 없지만 편의상 내용을 간추려 적으면 다음과 같다.

〈목차〉

제목
일한 통교사
풍공(豊公)의 역
메이지 초년 조선과의 교섭
강화사변과 여론
일본 조선 평론 「헤럴드(ヘラルト)」 사와다(沢田) 씨 역

2 후소 간(1841～1894) : 가즈사노구니(上総国, 현 동해지방) 출신. 가나가키 로분(仮名垣魯文)의 친구였으며, 그의 뒤를 이어서 세계여행기를 익살스럽게 그려낸 『서양도중 히자쿠리게(西洋道中膝栗毛)』 12～15편을 집필했다. 메이지기에 널리 읽힌 풍자 잡지 『마루마루진문(団団珍聞)』을 이끌기도 했다. 그 외에도 『천변만화 세계대연극 일막신(千変万化世界大演劇一幕噺)』 등의 저작을 남겼으며, 광시(狂詩)를 적기도 했다.

제목
사가현 미조가미 다다토모(溝上忠友)의 논(論)
도치기(栃木)현 스즈키 간코(鈴木幹興)의 논

71) 조선 유씨 징비록대역朝鮮柳氏懲毖録対訳(전 4책 중 1)

저자	오사나이 료타로(長内良太郎), 스즈키 미노루(鈴木実) 訳	출판년월	1876년 2월
판형	46판 화장	페이지 수	25정
발행처	도쿄 함영사(含英舍)	소장처	일본 국회도서관

『징비록』의 일본어 번역이 전 4책으로 간행되었다고 하나 현재 확인할 수 있는 것은 1책뿐이다. 『징비록』의 번역을 시도한 것은 이 책이 일본최초로 보이지만, 계속 간행되었는지의 여부는 분명치 않다.

원 저자는 유성룡이고 자는 이견而見, 호는 서애西厓다. 선조 임진왜란 때 상국相國의 중임을 맡아 전고를 겪었다. 관직에서 물러난 후 당시의 경험을 징비록으로 간행했다. 책의 제목은 시경의 "미리 경계하여 후환을 조심한다"는 구절에서 따왔다고 한다. 널리 유포되어 일본에도 전해졌으며 1695년 교토의 야마토야이헤大和屋伊兵衛에서 중각(4권) 4책으로 개판한 적이 있다.

이 대역본의 저본은 분명하지 않다. 또한 번역자 오사나이와 스즈키 두 사람의 이력도 확실치 않다. 권두에 '가네마츠 세쿄 선생 열람兼松石居先生閲'이라고 적혀있으며, 예언에 다음과 같은 기록이 있다.

이 책은 풍태합(豊太閤)의 정한에 관하여 조선 사람이 기재한 것으로, 그

들 내지의 모습을 아는데 편의를 주고자 지금 대역하여 세상에 내놓는 바이다.(예언)

일본의 징비록 번각, 역출 등에 관해서는 94번 항목을 참조.

72) 조선사건朝鮮事件 초편初編

저자	후소 간	출판년월	1876년 3월
판형	국판 화장	페이지 수	15엽
발행처	도쿄 모토무라 분자부로서림 (本村文三郎書林)	소장처	架藏

저자의 호는 우도인右道人이며 저서에 『조선신론』(1876년, 70번 항목 참조)이 있다. 이 책은 1875년 9월 강화도 사건 및 특명전권 변리대신 구로다 기요타카黒田清隆, 이노우에 가오루井上馨 등의 교섭에 관해 기술한 것이다. 조선공략에 대해 "부유富有는 병략의 으뜸이다. 나라를 부강하게 하는 술책에 관해서 나는 따로 생각한 바가 있으나 여기서는 다루지 않고 다음 책에서 논하겠다"(말미)라고 적혀 있지만 초편 이하의 간행 여부는 확실치 않다.

73) 조선응접기사朝鮮応接紀事

저자	소가 소하치로	출판년월	1876년 6월
판형	국판 화장	페이지 수	32정
발행처	도쿄 연수당(延寿堂)	소장처	架藏

소가 소하치로蘇我總八郎는 나가사키현 출신의 신문기자로 『도쿄자유신문』, 『가나요미신문かなよみ新聞』 등의 편집장을 지냈다. 이 책은 1876년의 개국교섭 기사와 일선수호조규 해설, 같은 해 6월 조선사절 내조의 경과를 기록하고 있으며, 강화연무당江華鍊武堂의 조약체결도, 조선신사信使 행렬도 3점을 싣고 있다. 권말에는 1590년부터 1876년까지 19회에 걸쳐 내조한 신사의 전말을 연차별로 기록하고 있다.

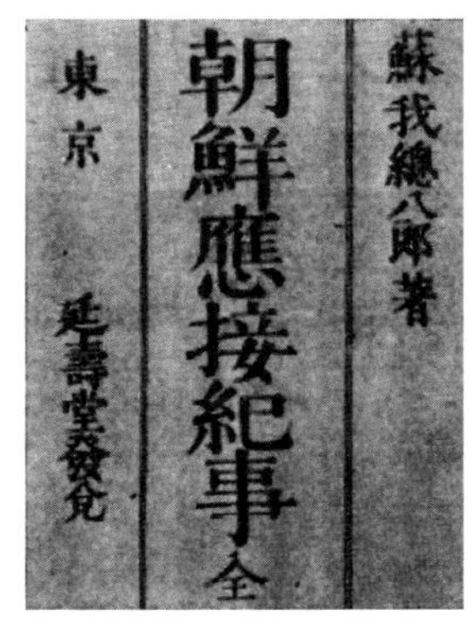

〈내용〉

제목
강화도 포격사건
일선수호조규
1590년 이래 19회의 신사 내조 기사

74) 기요마사 조선기淸正朝鮮記

저자	호키야마 가게오 校	출판년월	1881년 5월
판형	국판 화장	페이지 수	34정
발행처	도쿄 고서보존서옥 (古書保存書屋)	소장처	架藏

교정자 호키야마 가게오甫喜山景雄는 도쿄 출신이며 호는 동릉東陵이다. 도쿄일일신문 편집장을 지냈다. 고전 복각판 『아자간아총서我自刊我叢書』

수십 권을 간행했다. 저서로는 『계림습엽鷄林拾葉』(78번 항목 참조), 『통속지나사정』, 『일용초지日用草紙』 등이 있다. 1884년 4월 4일 사망.

이 책은 아사쿠사 문고본인데 서체와 종이의 질로 보아 간에이(寛永) 전후의 고사본이 확실하다. 작자의 이름은 적혀있지 않으나 문장을 보면 공(公)이 부하에게 시켜서 쓴 것임을 알 수 있기에 이에 비추어 과거의 사실을 추정해볼 수 있다. 원본 95점을 축소하여 활판으로 찍어냈기에 마음이 내키지 않는 글자도 많지만 대체적인 틀을 유지하고자 했다. 陣과 陳 같은 오기도 그대로 두고 고치지 않았다.(말미)

〈목차〉

제목
가토 가즈에노카미 기요마사(加藤主計頭清正) 고려진동(高麗陳働)의 책 목록
(부) 고도 발향의 일
(부) 기요마사 도하(都河)를 건넌 일
(부) 왕을 잡기 위해 기요마사와 유키나가가 두 길로 나누어 진격한 일
(부) 나베시마의 이견을 받아들이지 않고 내부로 진격하여 왕을 붙잡은 일
(부) 미야타 헤이시치가 무략을 통해 입성하여 왕을 잡은 일
(부) 그 중 이름난 성(城) 하나를 기요마사가 직접 무너트린 일
(부) 같은 곳에서 고토 니로(後藤二郎)라는 통사를 잡은 일
(부) 세루도우스쿠도키(せるどうすくどき)의 일
(부) 지나온 성에 일본세력을 둔 일
(부) 고려의 고도 남대문 합전의 일
(부) 나베시마의 이견에 관한 일

75) 조선처분찬론朝鮮処分纂論 – 부 폭동전말附暴動顚末 제1 · 2편(2책)

저자	후쿠조 고마타로 編	출판년월	1882년 8월
판형	46판	페이지 수	각 편 50쪽 내외
발행처	도쿄 춘향당(椿香堂), 문성당(文盛堂)	소장처	架藏

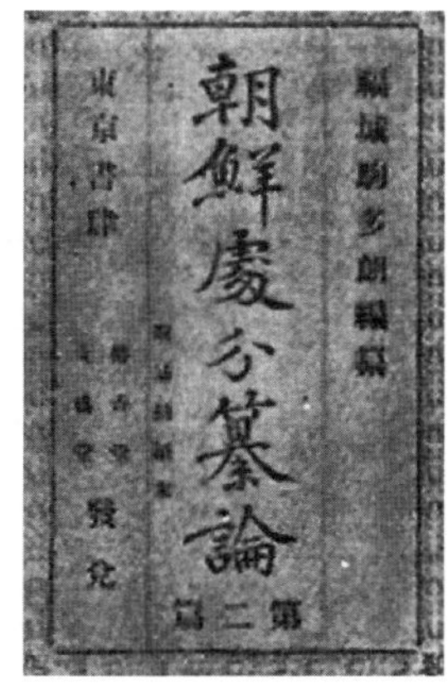

편찬자 후쿠조 고마타로福城駒太朗의 호는 매주楳洲이고 이바라키현 사족이다. 이 책 외에도 『조선국세도朝鮮国細図』(1882)를 펴냈으며 『광시선狂詩選』, 『국회론』 등의 저서가 있다. 이 책은 1882년 정변에 관한 시사 논집을 모은 것으로서, 주로 『시사신보時事新報』 사설 및 사변 기사를 수록했다. 페이지 위쪽에 조선연혁, 사변 전의 내치, 외교 및 사변일지를 적어두었다. 황원篁園 세키자와 세키関沢政軌가 쓴 서문에 다음과 같은 내용이 있다.

> 계림의 폭도가 몰래 우리 공사관을 침입하니 공사 등이 도망갔다. 그 처분에 관해 여기저기서 시끄럽게 논하면서 개전을 주장하거나 구화(媾和)를 논변한다. 이런 때 세상을 걱정하는 선비들은 그 이해득실을 강구하지 않을 수 없으니……매주(楳洲) 후쿠조 군이 조선처분찬론을 펴내어 조선의 정세를 알리고 그 이해(利害)를 밝힌다…….(세키자와 서문)

〈목차〉

제목
조선의 사변

제목
조선의 변보
조선 경성의 변
정한론
조선 정략
조선 쇄양가(鎖攘家)의 난
조선변보(부록 조선국세도 1점)

76) 메이지15년 사변관계 출판물明治十五年事変関係出版物

저자	–	출판년월	1882년 8월~동년 10월
판형	–	페이지 수	–
발행처	도쿄 · 오사카	소장처	架藏

1882년 7월 23일 경성에서 일어난 조선사변은 당시 일본의 조야를 자극했으며 이에 관한 많은 보도가 쏟아졌다. 신문 · 잡지를 시작으로 니시키에錦繪, 지도, 에조시繪草子 등 셀 수 없을 정도였다. 고 미야타케 가이고쓰宮武外骨 옹에 의하면 "당시의 그 소동을 니시키에로 그린 것이 30여종 있으며, 단행본도 계속해서 나와서 전부 합치면 60종 내외의 출판물이 나올 정도로 유행이었다"(『서물전망』 제2권 4호)고 한다. 미야타케는 니시키에 외에도 당시 유행하던 출판물에 관해서도 언급하고 있다. 니시키에에 관해서는 졸고 「메이지 시대의 '니시키에'로 보는 조선문제明治時代の「錦絵」にみる朝鮮問題」(『작신학원여자단기대학기요作新学院女子短期大学紀要』 4, 1977년 11월)를 참조.

참고로 최근 간행된 조선사변 관련 서적으로 미야타케 가이고쓰 편, 『임오계림사변』(1932년 7월), 다케다 가쓰조武田勝藏 저, 『메이지15년 조선사변과 하나부사 공사明治十五年朝鮮事変と花房公使』(1929월 10일) 등이 있다.

〈메이지 15년 사변 관계 출판물 목록〉

	제목		제목
1	조선이견, 4책 고바야시 기요치카(小林清親)	19	조선전보록 사토 산지로
2	조선이견, 3책 오카모토 고게쓰(岡本湖月)	20	조선변동기, 4책 미야타 이스케(宮田伊助)
3	조선이보상견, 2책 미즈고시 구메키치(水越粂吉)	21	조선변사략보 하라 다다시게(原忠重)
4	조선 가나요미 급보(1보~5보), 5책 사노 다이지로(佐野鯛次郎)	22	조선변보 하야시 기치조(林吉蔵)
5	조선기문(삽화 포함) 이케베 도조(池部東三)	23	조선변보 2책 와타나베 요시타카(渡辺義方)
6	조선기문(삽화 포함) 미나토야 서점(湊屋書店)	24	조선변보적요지 무라야마 산쥬로(村山三十郎)
7	조선근정 우사기야 마코토(兎屋誠)	25	조선변보전신록 후쿠오 후사키치(福尾房吉)(오사카)
8	일본 조선 대변화 자유당(自由堂)	26	조선변보록(삽화 포함)(제1~14호), 14책 와타나베 요시타카
9	조선사정 가토 도미사부로(加藤富三郎)(오사카)	27	조선변보록 4책, 마쓰무라 시게키(松村重樹)(오카야마)
10	조선사건(전보), 8책 미즈타니 신파치(水谷新八)	28	조선폭동기 선우당주인(先憂堂主人)
11	조선사건 신문자인 사토 산지로(佐藤三次郎)	29	조선폭동기(전보) 마스세 마사토시(楠瀬正利)
12	조선실보록 나가오 가게시게(長尾景重)	30	조선폭동실기, 4책 오카다 료사쿠(岡田良策)
13	조선사변상보 나이토 히사토(内藤久人)	31	조선폭동전기(삽화 포함), 제1호 기쿠치 요시미쓰(菊池義光) 명집당(明輯堂)
14	조선상사, 2책 후지니시 나오조(藤西直三)	32	조선폭동 일일경황 와타키서점
15	조선소변록 후지와라 데이치로(藤原貞一郎)	33	조선폭동록 저역당(著訳堂)
16	조선전신록 히로네 시센(広根至宣)(오사카)	34	조선난민습격시말, 3책 야마모토 겐(山本憲)(오카야마)
17	조선전신외보 와타키서점(綿喜書店)	35	조선논집 선전구화, 2책 미네시마 신타로(峰島晋太郎)
18	조선전보록 기무라 분자부로(木村文三郎)	36	한홍대화금(韓紅大和錦)(약술), 1책 요시카와 슌토(芳川春濤)

77) 조선사건 신문자인朝鮮事件 新聞字引

저자	사토 산지로 編	출판년월	1882년 8월
판형	화장 동각 · 국반(菊半)절판	페이지 수	55정
발행처	도쿄 도쿄서림	소장처	일본 국회도서관

표제 두주頭註에 '조선사건'이라고 적혀 있다. 1882년 7월 경성에서 일어난 조선사건 직후에 출판된 책으로 사건과 직접 관계있는 개별 명사, 지명, 인명 등을 수록했을 뿐만 아니라 당시 신문 기사에 나타난 시국 용어, 성어成語 등을 해설한 용어사전이다. 편자 사토 산지로는 화공 겸 출판자로 도록 『조선전보록朝鮮電報録』(1882년, 76번 항목의 목록 참조) 등을 펴낸 바 있다.

[내용] 가령 '도독都督 ソウタイシヤウ', '휘하麾下 ハタモト' 같은 시국용어를 이로하いろは[3] 순으로 배열하고 있다.

78) 계림습엽鶏林拾葉 상 · 중 · 하(3책)

저자	하나와 호키이치 편, 호키야마 가게오 번각	출판년월	1883년 8월
판형	국판 화장	페이지 수	각 권 20엽 내외
발행처	도쿄 고서보존서옥	소장처	架藏

이 책은 하나와 호키이치塙保己一[4]가 펴낸 일한교섭사료 『계림습엽』을

3 이로하(いろは) : 일본어 문자 배열 방식의 하나.
4 하나와 호키이치(1746~1821) : 무사시국(武蔵國, 현 사이타마현) 출신 에도기의 국학자로 5

호키야마 가게오가 자가自家 총서로 번각한 것이다.

책의 원전은 명기되어 있지 않으나 1819년 하야시 데우林鈋槿宇가 쓴 간행기 『계림습엽』 8권(비슈영락야 도자이로판尾州永楽屋東西郎版)이 출판된바 있다. 호키야마가 간행한 교정본 『기요마사 조선기』(1881)에 대해서는 74번 항목 참조.

79) 조선경성사변시말서朝鮮京城事変始末書; 이노우에 특파전권대사 복명서井上特派全權大使復命書; 이노우에 특파전권대사 복명서 부속서류井上特派全權大使復命書附属書類

저자	–	출판년월	1885년 1월
판형	삼종 모두 46판	페이지 수	36쪽/26쪽/88쪽
발행처	–	소장처	架藏

1884년 12월 4일 우정국 개국을 축하하는 날 밤 경성에서 벌어졌던 쿠데타는 '경성사변', '갑신의 변', '김옥균의 난'으로 불린다. 본서는 이 사변의 시말에 대해 관변에서 제출한 보고서다. 시말서, 복명서, 동 부속서류로 전부 3책이다. 이 3책은 동시에 인쇄, 간행되어 관계 방면에 유포된 것으로 추측된다. 복명서 및 동 부속서류는 표지에 '비秘' 주인朱印이 찍혀 있다. 다케조에竹添 공사[5]가 사건의 처리를 어떻게 하였는지 엿볼 수 있는

세 때 앓은 위장병으로 7세 무렵에 시력을 잃었다. 목초를 냄새로 구분했으며 기억력이 매우 좋았다고 알려진다. 학문에 뜻을 품고 15세 무렵 에도로 올라와 아메토미 스가이치(雨富須賀一) 검교(検校) 문하로 들어가서 학문을 시작했다. 1783년에 검교가 되었으며 1793년 막부 직할의 화학강담소(和學講談所)를 세워서 회독을 하면서 『군서류종(群書類従)』, 『사료(史料)』 등을 편찬했다.

중요한 문서다.

『경성사변시말서』는 후에 『일본외교문서』 제17권에 실렸으며, 『복명서』와 『부속서류』 제18권에 함께 수록되었다. 이유는 확실치 않으나 복명서 두 책은 모두 '히라가나'로 고쳐져 있다. 또한 이 3책은 『메이지문화전집』 제6권 「외교편」에도 수록되어 있다.

이 사변에 관해서는 후쿠자와 유키치의 『경성변란시말京城変乱始末』(이노우에 가쿠고로 편, 16번 항목 『고지양존』의 목록 참조), 이노우에 가쿠고로의 『한성지잔몽』(87번 항목 참조), 구즈 겐타쿠葛生玄暭[6]의 『김옥균』(1916년, 215번 항목 참조) 등 다양한 회고록이 남아있다.

한편 경성주차부대의 움직임을 중심으로 사변을 기록한 『경성사변명세서』(82번 항목 참조)가 있다.

80) 조선사변상보록朝鮮事変詳報録

저자	–	출판년월	1885년 2월
판형	46판	페이지 수	36쪽
발행처	도쿄 청보당(淸寶堂)	소장처	架藏

이 책은 이른바 경성사변, 즉 1884년 12월 4일 경성에서 벌어진 쿠데타에

5 다케조에 신이치로(竹添進一郎, 1842~1917) : 구마모토 출신. 막부 말기 유신시대에 구마모토번사로 번의 명령에 따라 국사로 분주히 활동했다. 메이지정부에서는 대장성, 외무성에서 근무했다. 1880년 톈진영사로 부임했고, 2년 후 조선국 변리공사로서 조선 개화파를 지원하면서 갑신정변에 깊이 관여했다. 정변의 사후처리 이후 이듬해 사임했다.

6 구즈 도스케(葛生東介, 1862~1926) : 지바현 출신. 호는 겐타쿠(玄暭). 메이지~다이쇼시대의 국가주의자. 『동해신문(東海新聞)』의 주필. 자유민권운동을 지지했으며 1901년에 흑룡회를 창립했다. 이후 대일본국방의회 및 해군 협회 설립에 관여했다.

관한 신문 보도기사를 집록하고 여기에 그림을 첨가하여 출판한 것이다.

이 책은 중국에 도착한 이노우에 대사가 지난달에 경성사변을 겪었던 것과 관련하여 보도된 기사들을 모은 것이다.(권두)

81) 조선군기朝鮮軍記

저자	–	출판년월	1885년 11월
판형	46판	페이지 수	375쪽
발행처	도쿄 노무라 긴타로(野村銀太郎) 판	소장처	架藏

풍공豊公의 조선군기로서 판권장에는 편집인 불상이라 적혀있다. 권두에 쓰루미네 가이세[7]鶴峯海西의 어부漁夫 진仁이 다음과 같은 서문을 남겼다.

친구 기쿠치(菊池春日楼)가 조선정벌기를 펴내고 나에게 제언을 구했는데, 나는 이 책을 적어 건네주었다. 독자는 선한 것은 선한 대로, 악한 것은 악한 대로 여러 가지를 배워서 도움으로 삼길 바란다.(가에이 계축 봄(嘉永癸丑之春))

책 곳곳에 '월경月耕' 및 '홍방弘方'의 삽화를 배열하였으며, 전체 375쪽

7 쓰루미네 시게노부(鶴峰戊申, 1788~1859) : 호는 가이세(海西)다. 분고(豊後, 현 오이타현) 출신으로 신관의 아들로 태어나서 17세에 교토에 유학하여 국학을 배웠다. 고훈을 공부하는 한편 지동설에 접한 것을 계기로 서양과학에도 심취했다. 저서로 『징고구리(徵古究理)』, 『구리혹문(究理或問)』, 네덜란드 언어를 기준으로 일본어를 9품 9격으로 분류한 『어학신서(語学新書)』(1831년) 등이 있다.

애 이르는 대저다.

82) 경성사변명세서京城事変明細書

저자	–	출판년월	1885년 11월
판형	국소판 화장	페이지 수	30엽
발행처	–	소장처	–

이 책은 1884년 12월 경성에서 일어난 경성사변의 명세서로 화장 28엽 및 「조선국왕성지도朝鮮国王城之図」, 「부언」으로 이루어져있다. 내용은 앞서 게재한 『조선경성사변시말서』(제79 참조)와 대동소이하며 사변 관계자가 편집한 것으로 추정된다. 권두에 다음과 같은 기술이 보인다. "이 책은 1884년 조선의 경성사변을 겪은 이들에게 그 사실을 상세히 알리고 각자가 기념하도록 쓰였다." 편자의 이름 및 간행년도가 빠져 있으나 필자 가장본架藏本의 권말에 '존자유거사存自由居士'라는 서명이 적혀있고 그 아래에 발문이 있다.

> 경성사변에 관한 신문기사 내용 중에는 실제와 모순된 부분이 많다고 들었다. 그러므로 나는 예전에 안도(安藤) 씨에게 사변을 상세하게 적어서 세상에 널리 알리고, 공중의 오신(誤信)을 바로 잡자고 권유한 적이 있다. 안도 씨는 곧장 나의 의견을 받아들였고 당시 한국에 있던 많은 이들과 논의하여 이 책을 간행하여 나에게 보내주었다.(1886년 2월 8일)

위 발문에 보이는 '안도 씨'라는 사람이 실제 편집을 맡은 듯하다. 당시 주재부대 제3소대장 안도 이즈미安藤巖水[8] 소위로 추측된다. 특히 앞서 게재한 『조선경성사변시말서』가 관계 당국자의 외교적 시말서인 것에 비해서, 이 『명세서』는 주차군의 움직임을 중심으로 기술되었다는 점이 주의를 끈다. 목차는 없으나 내용은 다음과 같다.

〈내용〉

제목	제목	제목
주재부대 명부	제3소대 전투경황	조선국왕성지도
사변명세서	제4소대 전투경황	부언
제1소대 전투경황	대기(留守)중대 경황	
제2소대 전투경황	다케조에 공사 일행 인천피난 경황	

83) 근세 조선정감近世朝鮮政鑑 상권

저자	박제형	출판년월	1886년 7월
판형	국판	페이지 수	44엽
발행처	도쿄 중앙당(中央堂)	소장처	舊藏

이 책은 대원군의 시정과 그 전후의 조선의 정정政情을 논한 것으로 당초 상·하 두 권으로 예정되었으나 하권은 간행되지 못했다. 저자 박제형의 자는 이순而純이고 개화파의 요인으로서 갑신정변 직후에 희생되었다. 이수연李樹延의 서문에 "죄를 얻는 것을 두려워하지 않고"라는 문장에서

8 안도 이즈미(1864~1935) : 고치현 출신의 무사이자 육군군인. 1883년 육군사관학교를 졸업하고 육군보병소위가 되었다.

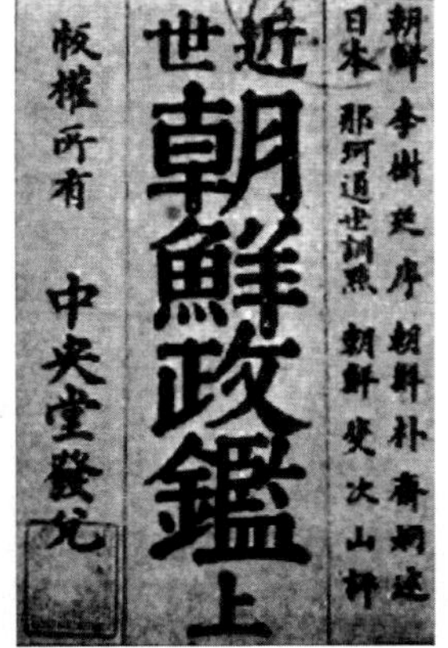

알 수 있듯이, 수구·개화 양파의 투쟁이 한창일 때 이 책을 쓴 것은 당시 조선의 정치적 상황에서 상당한 용기가 필요했던 일이었음을 상상할 수 있다.

참고로 『조선정감』에 관한 연구 중에 저자 박제형과 배차산이라는 이름이 모두 가명이라는 사실을 고증한 것이 있다(이광린, 「한국정감을 둘러싼 약간의 문제」, 『한국개화사연구』 수록, 히라키 마코토平木実 역, 『조선학보』 제59집, 1971년 4월). 이 책의 일본판 서문은 이수연(도쿄외국어학교 초빙 교사, 『조선일본 선린어화朝鮮日本善隣語話』의 저자)이었고, 배차산이 「야사 씨 왈野史氏曰」이라는 평론을 추가했으며 나카 미치요那珂通世[9] 박사가 전문 훈독을 달았다.

아래에 이수연이 쓴 서문을 일본어로 축약·발췌한다.

일본인 미야카와(宮川) 씨[편자 역 : 宮川保全, 이 책의 출판자]가 조선정감 두 권을 나에게 보내어 변언(辯言)을 청했다. 이를 읽어보니 박이순이 논하고 배차산이 평한 책이었는데, 보고 들은 이야기를 옮겨 적은 것으로 사체(史體)가 아니었다. 내용을 보니 집정대신의 행적이 매우 상세하게 적혀있었다. ……필시 이순이 상자에 꼭꼭 감춰두었던 글일 것이다. 이것이

9 나카 미치요(1851～1908) : 모리오카 출신. 메이지유신 이후 후쿠자와 유키치의 서생으로 들어가 게이오의숙 별과를 졸업하고 사범학교에서 교원생활을 했다. 도쿄여자사범학교 교장, 구제 제1고교 및 도쿄고등사범학교 교수를 하면서 일본·중국·조선의 고대사를 실증적으로 비교·연구한 『일본상고연대고(日本上古年代考)』를 통해 진무천황 즉위기원의 작위성을 지적했다. 그 외에 『지나통사(支那通史)』 등의 저술이 있다.

어찌하여 미야카와 씨의 손에 들어가게 되었을까? 차산의 비평 또한 읽을 만하다. ……개항 이후 외교의 범위가 넓어졌는데, 외국신문이 전하는 우리나라 일의 아홉은 거짓이고 사실은 하나이니 도무지 하나하나 변명할 수가 없다. 이제야 이 책이 나와서 우리나라의 내부 사정을 모르는 자들에게 이전의 잘못된 소문들을 제대로 알릴 수 있게 되었다. 그리하여 그 중 국가의 하자를 논박하여 고칠 수 있는 자가 나온다면 이는 이순의 공적이다. 그런데 이순 또한 의연하게 말로서 죄를 얻음을 두려워하지 아니하여 이 책을 세상에 내놓은 것이니, 이는 서국 신문기자들의 방식을 따른 것인가.(이수연 서)

이 책은 목차가 없으나 편의상 내용을 적기해 두겠다.

〈목차〉

제목	제목
왕위계통 분쟁(야사 씨 평주(野史氏評註))	프랑스함대 대동강에서 불타다
김족(金族)과 대원군(야사씨 평주)	프랑스함대 재차 인천에 오다
대원군 우익이 되다	능묘발굴 사건
왕궁건조를 이유로 민재를 징집하다	서교를 더욱 엄금하다 (야사씨 평주)
홍종삼 등의 순교와 천주교도 박해	신궁으로 이거하다
인재등용을 최초로 시행하다(야사 씨 평주)	대원군 참서에 망설이다
대원군 김족을 중상(中傷)하다	서원을 탄압하다
민족(閔族)과의 관계	세제(稅制)를 개혁하다
병인년에 미함(米艦)이 인천에 오다	삼반의 예복 및 기제(妓制)를 고치다
병비를 크게 고치다	대원군의 성격

84) 회본조선군기絵本朝鮮軍記

저자	–	출판년월	1886년 12월
판형	46판	페이지 수	209쪽
발행처	도쿄 이토 도메키치(伊東留吉) 판	소장처	架藏

이 책은 앞서 게재한 책(81번 항목 참조)과 같은 풍공의 조선군기로서 내용도 대동소이하다. 권두에 일월당 주인이라고 기재된 서문이 있을 뿐이고 편저자의 이름은 적혀있지 않다. 책 곳곳에 삽화를 배치했으며 가격은 70전이다.

85) 회본조선군기絵本朝鮮軍記

저자	사가노 마스타로(嵯峨野增太郎) 편	출판년월	1886년 10월
판형	46판	페이지 수	298쪽
발행처	도쿄 일월당(日月堂)	소장처	架藏

제목 그대로 태합太閤군기의 그림 이야기다. 권두에 가쓰시카 마사히사葛飾正久[10]가 그린 판화 6점과 함께 곳곳에 삽화가 실려 있다.

10 가쓰시카 마사히사(葛飾正久, 생몰년 불명) : 알려진 바가 적으나 에도 사람으로 메이지시대 세속 화가로 전해진다. 당시 비단 쪼가리나 책 등에 삽화를 그린 것으로 알려진다.

86) 회여록会余録 제1집~제15집

저자	–	출판년월	1888년 8월 ~1893년 3월
판형	46판 화장	페이지 수	매 집 30엽 내외
발행처	도쿄 아세아협회	소장처	–

아세아협회는 스에히로 시게야스末広重恭,[11] 니레 다카유키仁礼敬之 등이 설립한 단체로 『회여록』은 그 기관지다. 규격은 가로 20㎝, 세로 13㎝로 모두 한문체다. 각 집의 표지에 편자경계敬啓라는 표기 아래 다음과 같은 문장이 있다.

> 본 회여록은 한문을 전용하여 집록한 것으로 아시아 각국 고금의 일사, 유견, 민정, 풍속, 시문, 잡설을 수시로 상재(上梓)할 것이다. 회원이 아닌 사람들에게도 널리 견문되기를 절실히 바란다. 제언(諸彦)들이 진귀한 것이나 새로운 것을 모아 보내준다면 몹시 도움이 될 것이다.(편자경계)

이 책은 제15집(1893년 3월)까지 현존이 확인된다. 이후의 간행은 확실치 않다. 『회여록』은 1977년 12월 개명서원에서 복간되었다.

11 스에히로 시게야스(1849~1896) : 에히메현 출신으로 번교 명륜관에서 주자학을 배웠으며 메이지유신 이후 상경하여 교토의 가스가 센안(春日潜庵)에게 양명학을 배웠다. 자유민권운동을 계기로 반정부측 언론가로 활동했으며 1875년에 도쿄아케보노신문(東京曙新聞)의 편집장, 조야신문(朝野新聞)의 편집장 등을 맡았다. 1880년대 이후에는 계몽연설, 정담연설을 행했으며 국회설치안을 계기로 '독립당'을 결성했다.

〈목차〉

제목	제목	제목
(제1집)	곽 이백 반명임본 고석(考釋)	보(報) 명국 칙사의 조
중국번 신도비 (부(附) 석판초상)	노송당행록	각서 참고
홍선대원군전 (부 석판초상)	회여창수	회여창수
(제2집)	(제7집)	(제11집)
오쿠보공가전(大久保公家傳) (부 석판초상)	임해군(臨海君) 사장(謝狀) 사진석판	구장춘 서유기
제호문 충공문	몽창국사 비명	유욱(劉郁) 서사기(西使記)
(제3집)	강정기 발	회여창수
야마다 나가마사(山田長政) 실기 (부 석판 초상 및 전함도기)	일지교제 개략	(제12집)
(제4집)	(제8집)	맹사도(猛士圖) 사진 석판
명사격(明使檄) 히데요시	임칙서 묵적 사진석판	하마다 야효에(浜田弥兵衛)
사진석판 김충보 소전	임칙서 사략	포하난인(捕荷蘭人)
수토잡집(水土雜輯)	서정(西征)일기	(제13집)
(제5집)	(제9집)	시베리아철도 설계 휘보
고구려 고(古)비문 / 사진석판 고구려 고비 출토기	증 전사 겸제노사 귀일성도서 (贈專使謙齊老師歸日城圖序) 사진석판	(제14집)
고구려 고비고	(제10집)	니카라과(尼喀拉加) 운하공사 휘보
고구려 고비석문	명주(明主) 봉(封) 히데요시 문(文)	(제15집)
(제6집)	양국 화평조건	사서역기
곽(虢) 이백 반명임본(盤銘臨本) 사진석판	대명 일본화평조건	고창행기

87) 한성지잔몽漢城之殘夢

저자	이노우에 가쿠고로	출판년월	1891년 10월
판형	국판	페이지 수	107쪽
발행처	도쿄 춘양당(春陽堂)	소장처	架藏

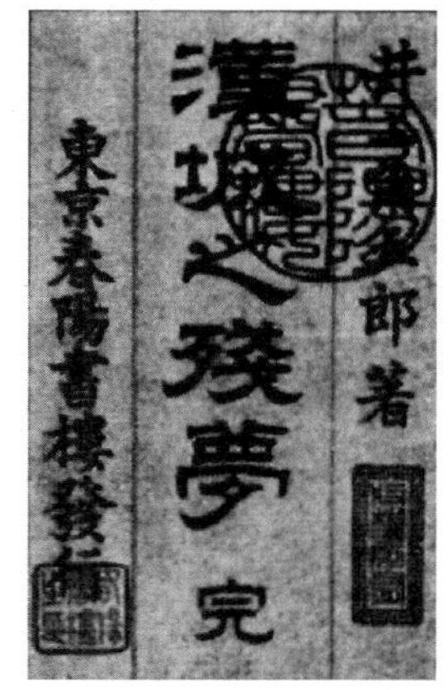

저자 이노우에 가쿠고로의 호는 탁원이며 후쿠야마福山번 사람으로 정유회의 중요 인물로 활약했다. 1882년 게이오의숙을 졸업하고 그해 12월 조선으로 건너가 1883년 조선정부의 고문이 되었으며 박문국을 창설했다. 당시 그의 나이는 25세였다. 일찍이 후쿠자와 유키치의 뜻에 따라 1883년 11월 『한성순보』를 창설했으나 1884년 경성변란을 맞아 일단 귀국했다. 1886년에 다시 한국으로 건너가 조선 최초의 신문으로 알려진 『한성주보』를 간행했다. 이후 관직에서 물러나 이민계획을 세웠으며, 미국에서 반년을 지내고 다시 조선으로 건너왔다. 1887년 언론의 화를 입어 투옥되었다가 1888년 헌법 발포에 따른 특사로 출옥했다. 1890년 중의원 의원에 당선되어 수차례 정계에서 활약했으며, 후에 홋카이도 척식사업 및 탄광회사 경영 등 실업방면에서도 중임을 맡았다. 이노우에의 전기로 『이노우에 가쿠고로 군 약전井上角五郎君略伝』(1919년, 216번 항목 참조), 곤도 기치오近藤吉雄 편, 『이노우에 가쿠고로 선생전井上角五郎先生伝』(1943)이 있다.

> 나는 조선에서 4년간 지내면서 종종 우리나라의 정략 때문에 겸연쩍어지는 경우가 있었다. 이후 나는 미국 식민을 기획했으나 이루지 못한 채 투옥되었고 운 좋게 석방되었다. 동분서주하면서 바쁘게 시무를 논의하느라 다른 일을 할 겨를이 없던 차에 겨우 며칠의 틈을 얻었기에 이 기사를 엮는다. 당시 기록은 벌써 흩어져서 재료로 삼을 수 있는 것이 거의 없으며, 오로지 기억에 의지하여 붓을 들다보니 한두 가지 오류는 피할 수 없을 것이다. 그

러나 독자들이 글자의 뒤에 숨겨진 내용들을 관찰한다면 당시 일본정부의 대한정략을 어느 정도 엿볼 수 있을 것이다.(자서)

1891년 10월 제1판을 발행하고 동년 12월에 재판을 냈으며 3판까지 출판한 것으로 보인다. 그 후 1895년 1월 『풍속화보』(정청도회征清圖繪 제5편 임시증간 제84호, 106번 항목 참조)에 게재되었다. 화보에는 다케우치 게슈武內桂舟[12]가 그린 석판화 27점, 그리고 1884년 사변 항목에 「조난기」(이노우에井上 · 이마이즈미今泉 편, 단행본 없음) 및 「한정개혁기문韓廷改革紀聞」 외 한 편을 더했다. 『한성지잔몽』은 그 후 1907년에 이노우에 가쿠고로의 문집 『고지양존』 제2편에도 수록(16번 항목 참조)되었으나, 할서割書와 소제목 등이 생략되었다. 이 해제본에는 목차가 없으나 편의상 내용을 적기한다.

〈내용〉

제목	제목	제목
대원군 및 조선의 내치외교	김옥균의 난	대러관계
다케조에 공사 부임	일본당의 정부개혁	한성주보 발간
한성순보 발간	일본공사일행 조난	노비세역 금지
일본당의 현황	톈진담판	사회사정 등
무역장정 및 각국과의 조약체맹	거문도사건	

12 다케우치 게슈(1861~1942) : 에도의 기슈(紀州)번에서 태어났다. 어릴 적부터 그림 그리기를 좋아했으며 메이지 유신 후에는 겐유사의 오자키 고요(尾崎紅葉), 가와카미 비잔(川上眉山) 등의 소설에 삽화를 그렸다. 이와야 사자나미(巖谷小波)의 『고가네마루(こがね丸)』에 삽화를 그린 일을 계기로 아동문학 삽화에 뛰어들었으며 박문관의 『소년세계』에서 활동했다.

88) 조선사朝鮮史 전5권

저자	하야시 다이스케(林泰輔)	출판년월	1892년 12월
판형	국판 화장	페이지 수	전장 100매
발행처	도쿄 요시카와 한시치(吉川半七)	소장처	일본 국회도서관

저자[13]는 1858년 지바현에서 태어나 도쿄제국대학 문학부 고전강습과를 졸업했다. 문학박사. 저서에 『조선근세사』(1901년, 116번 항목 참조), 『조선통사』(1912년, 148번 항목 참조), 『근세조선사』(와세다대학출판부, 연대불명), 『주공周公과 그 시대』(1915), 『논어연보』(1916), 『서경강의』(1918) 등이 있다. 1922년 4월 사망했다.

이 책은 개국 이후를 4기로 나눈다. 한도현(漢都縣) 이전을 태고, 삼국정립부터 신라 경순왕까지 약 992년을 상고, 고려 태조부터 공양왕까지 약 456년을 중고, 조선태조부터 현재까지 약 500년을 근세라 하였다. 토지 연혁 및 기물 등의 그림은 당시 사정을 추명(推明)하기에 매우 편리하다. 그러므로 매 권마다 이를 삽입한다.(범례)

〈목차〉

장	제목	장	제목	장	제목	장	제목
(제1편 총설)		제1장	삼국 분립	제12장	제도	제7장	몽고의 입구(入寇)
제1장	지리	제2장	삼국의 중세	제13장	교법 문학 및 기예	제8장	원실의 전제

13 하야시 다이스케(1854~1922) : 한학자. 메이지 초기에 조선사 연구를 개척한 인물로 중국 고대사 연구 등에 종사했다. 1903년 중국에서 갑골문자의 석본 『철운장구(鐵雲藏龜)』가 발간된 일을 계기로 갑골문자 해독에 뛰어들어 이 분야의 선구자가 되었다.

장	제목	장	제목	장	제목	장	제목
제2장	인종	제3장	삼국의 쟁란 및 신라의 융흥(隆興)	제14장	산업	제9장	신씨의 흥역 및 계위
제3장	역대 연혁 개략 및 정체	제4장	수당의 내침	제15장	풍속	제10장	북원 및 명의 관계
(제2편 태고사)		제5장	백제 고구려의 멸망	(제4편 중고사)		제11장	왜구
제1장	개국의 기원	제6장	가야 · 임나 · 탐라	제1장	고려 태조의 창업 및 성종의 통치	제12장	고려의 멸망
제2장	기씨의 동래 및 쇠체(衰替)	제7장	지나 및 일본의 관계	제2장	강조(康兆)의 난 및 거란의 관계	제13장	제도
제3장	위씨의 흥망 및 도현	제8장	신라통일	제3장	여진의 난	제14장	교법
제4장	삼한 건국	제9장	신라쇠망	제4장	이자겸 및 묘청의 난	제15장	문학 및 기예
제5장	정치 및 풍속	제10장	태봉 및 후백제	제5장	정이의 흥역	제16장	산업
(제3편 상고사)		제11장	발해	제6장	최씨의 전권	제17장	풍속

89) 풍태합 정외신사豊太閤征外新史 권1, 권5(5책)

저자	기노시타 사네히로(木下真弘)	출판년월	1893년 9월
판형	국판 화장	페이지 수	매권 40엽 내외
발행처	도쿄 아오야마 세이키치(青山清吉)	소장처	舊藏

이 책은 풍태합의 정한사征韓史를 수록한 것으로 조선 사료 및 일본 사료에 의거하여 한문으로 기술한 것이다. 본서 제1권에 제15권 무술기와 제16권 후기까지의 목차가 실려 있는데 편자가 가지고 있는 것은 권5의 5책이 전부다. 제5권 권말에는 "제6권 이하 순차 출판"이라 적혀 있으나 간행 여부는 확실치 않다. 본편에서는 제1권에 실린 목차에 의거하여 제6권 이하의 목차도 병기한다.

〈목차〉

권	제목	권	제목	권	제목	권	제목
제1권	기원	제5권	임진기 4	제9권	갑오기	제13권	정유기 2
제2권	임진기 1	제6권	계사기 1	제10권	을미기	제14권	무술기 1
제3권	임진기 2	제7권	계사기 2	제11권	병신기	제15권	무술기 2
제4권	임진기 3	제8권	계사기 3	제12권	정유기 1	제16권	후기

90) 일한고사단日韓古史断

저자	요시다 도고	출판년월	1893년 12월
판형	국판	페이지 수	583쪽
발행처	도쿄 부산방(富山房)	소장처	도쿄경제대학

저자 요시다 도고는 사학자로 니가타현 출신이다. 일찍이 문학과 사학을 배웠고 낙후생落後生이라는 호로 『요미우리신문』 등에서 집필했다. 후에 문학박사 학위를 받고 와세다대학 교수를 지냈다. 저서로 『도쿠가와 정교고徳川政教考』, 『연혁고증』, 『일본독사지도日本読史地図』, 『도서일본사倒敍日本史』, 『일본조선 비교사화』(1924년, 183번 항목 참조) 등이 있으며 특히 『대일본 지명사서大日本地名辞書』가 유명하다.

방랑하며 타향에 살던 시절에 원고를 적어 반도흥폐고(半島興廃考)라는 이름으로 사학회(史學會)에 보냈다. 이것이 사학회잡지 1891년 8월호와 9월호로 두 달에 걸쳐 실리게 되었다. 그 해 12월 도쿄의 친구가 다행히도 나의 어리석음을 가련하게 여겨 자신의 집에 객으로 맞아주었고, 필연(筆硯)에 종사할 수 있게 된 나는 이전 원고의 잘못된 부분을 떠올리며 더욱 상세한 조사연구에 매진했다. 그렇게 일 년을 바쁘게 일하여 마침내 원고를 완성하게 되었으니 이를 고사단이라 이름 지었다.(서언)

〈목차〉

장	제목	장	제목	장	제목	장	제목
(제1편) 태고기		제4장	조선부여 및 조선	제1장	연표	제2장	축자
제1장	연표	(제3편) 상고 하기(下紀)		제2장	축자	제3장	임나
제2장	축자(築紫) 및 한향지도(韓鄕之圖)	제1장	연표	제3장	신라	제4장	백제
제3장	반도제국	제2장	축자	제4장	임나	제5장	고려
(제2편) 상고 상기(上紀)		제3장	한	제5장	백제	제6장	신라
제1장	연표	제4장	고구려 · 요동	제6장	고구려 및 선비(鮮卑)	삼국정립 임나 확장 지리도	
제2장	축자	현형(現形) 고명(古名) 지도		(제5편) 근상고 하기			
제3장	한(韓)	(제4편) 근상고 상기		제1장	연표		

91) 갑오 조선내란시말甲午朝鮮內乱始末 초편, 제2편(2책)

저자	간난 이쓰진 編	출판년월	1894년 6월, 동년 7월
판형	국판	페이지 수	각 편 86쪽
발행처	오사카 준준당(駿駿堂)	소장처	架藏

이 책의 편자는 간난 이쓰진函南逸人이라고 하는데 권말 서지사항에는 편집 겸 발행자가 志良以染之助(오사카)라 적혀있다. 범례, 목차 등은 없다. 초편에는 책 제목에서 알 수 있듯이 갑오동학당의 봉기부터 남한각지 변란의 정황, 한정韓廷의 대책 등을 기록하고 있으며, 권두에 「조선남도 지

도」가 실려 있다. 제2편의 부제는 '부附 청국과의 관계'이며 전주성의 회복, 청국 출사의 사정, 청군의 행동, 청국의 현상 등과 함께 권두에 「조선 경성지도」를 실었다. 제2편 권말 광고문에 "또한 그곳에 통신자를 두고 계속해서 부지런히 보도하여 차례로 다음 편을 계속 발행할 것이다"라고 적혀있는 것처럼, 시국을 해설한 첨물添物 출판물로 볼 수 있다. 제2편 이후의 간행은 분명치 않다.

92) 조선지朝鮮志

저자	아다치 리쓰엔(足立栗園) 編	출판년월	1894년 7월
판형	46판	페이지 수	110쪽
발행처	도쿄 익우사(益友社)	소장처	架藏

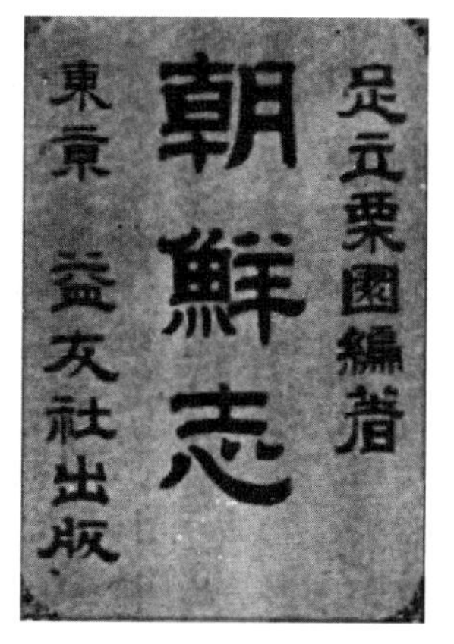

저자는 메이지기 문인으로 본명은 시로키치四郎吉다. 저서로 『대만지』 및 『조선신지지』(1910년, 280번 항목 참조), 『과거 해상의 일본인過去に於ける海上の日本人』, 『해국사담』 등이 있다.

> 나는 지금 아득히 넓어서 종잡을 수 없는 방가(邦家)의 역사와 이 미개한 방국(邦國)의 지리, 그리고 우리 일본과 고대부터 교섭해 온 흔적을 함께 논함으로써 아직 이를 깨닫지 못한 선비들과 함께하고자 한다. 다만 이 하찮은 소책자로 어찌 그 상세함을 밝힐 수 있겠는가?

……다만 그 대요를 서술하여 현재의 급무를 구하는 것이 나의 소박한 뜻이다.(서언)

〈목차〉

장	제목	장	제목	장	제목	장	제목
(제1편) 지리		제1장	건국의 기원		개론	(제4편) 러한의 교섭	
	개론	제2장	태고의 4변	제1장	「상고」 신공 이전의 교섭	제1장	러한통상조약 체결
제1장	지세풍토	제3장	상고의 6변	제2장	「중고」 왕조 후지씨 시대의 교섭	제2장	육로통상조약 체결
제2장	기후산물	제4장	중고의 5변	제3장	「근고」 가마쿠라, 무로마치 시대의 교섭	제3장	러령 만주지의 식민
(제2편) 역사		제5장	이씨의 왕통	제4장	「근세」 에도시대의 교섭	(조선지도 1점)	
	개론	(제3편) 일한의 교섭		제5장	「금대(今代)」 유신 이후의 교섭		

93) 일한교통사日韓交通史

저자	핫토리 도루(服部徹)	출판년월	1894년 7월
판형	국판	페이지 수	174쪽
발행처	도쿄 박문사(博文社)	소장처	架藏

저자 핫토리 도루의 호는 도남図南이며 남양탐험가이다. 모험적인 여행을 즐겼으며 1891년 이즈伊豆 7개의 섬을 탐험하여 식물학에 관한 책을 냈다. 후에 남양 수마트라 섬의 만지蠻地 깊숙한 곳을 탐험하고 식물을 채집해서 돌아왔다. 그 후 문필계에 들어가 1908년 5월 오사카일보 기자로 재차 남양탐험의 장도壯圖를 계획했다. 먼저 대만으로 들어가 샤먼廈門을 지나 홍콩

에 이르렀으며 자바瓜哇를 향하던 도중인 5월 24일, 실수로 강을 건너던 선박에서 떨어져서 사망했다. 조선에서의 족적에 관해서는 확실치는 않으나 예전에 조선에 있으면서 『동아무역신문』에서 집필했다고 알려지며, 귀국 후 이 책을 간행했다. 저서로 『일본포경휘고』(1888), 『일본의 남양』(1888), 『남양책』(1891), 『하마데라공원지浜寺公園誌』 및 『소설 동학당』(1894)이 있다.

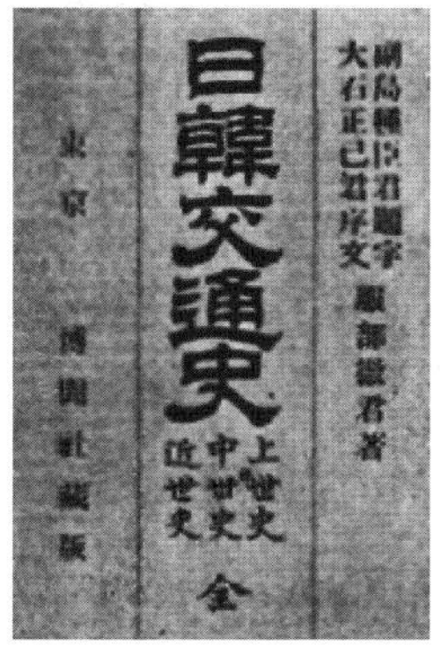

이 책의 상세사(上世史)는 신대에서 시작하여 사이메(斉明) 천황까지, 중세사는 덴지(天智) 천황에서 1382년, 즉 고카메야마(後亀山) 천황과 북조(北朝) 고엔유(後円融) 천황에 이른다. 근세사는 1383년, 즉 고카메야마 천황과 북조 고코마쓰(後小松) 천황에서 시작하여 현재의 천황에 이른다. 이 책은 진무(神武)천황 즉위기원을 근본으로 삼고 있다. 장구(章句)의 구분에서 세기를 기준으로 나누지 않고 동일한 단장(短章)으로 삼은 것은 저자가 최초이다. 이 책이 조선 일본거류지에서 고등소학 교과서로 쓰이기를 바란다.(범례)

〈목차〉

제목
(상편 상세사)
신대에서 기원까지
동 1327년
(중편 중세사)

제목
기원 1328년부터
동 2042년
(하편 근세사)
기원 2043년부터
동 2554년까지

94) 조선 징비록朝鮮懲毖録

저자	유성룡 저, 야마구치 쓰토무(山口勗) 譯	출판년월	1894년 7월
판형	–	페이지 수	–
발행처	도쿄 경업사(敬業社)	소장처	架藏

원저자 유성룡의 자는 이견이고 호는 서애다. 선조 때 임진왜란에서 상국의 책임을 지고 전고를 겪었다. 후에 한거하면서 임진부터 무진까지 7년간의 경험을 적은 것이 징비록이다. 널리 유포되었으며 일본에도 전해져 1695년 정월 교토의 책방인 야마토야이헤에에서 개판(4권 4책)되었다. 조선 간본(2권본)의 중각으로 알려지는 야마토야 판에는 유성룡이 쓴 자서自序 외에도 가이하라 아쓰노부貝原篤信의 서문 및 조선지도 한 장이 추가되었다. 야마구치의 일본어 번역은 이 야마토야 판을 번역한 것 같다. 권두에 「조선도」 및 목판 유성룡의 그림이 삽입되었다. 야마구치가 책 곳곳에 주석을 달았다. 『초본草本 징비록』은 경상북도 안동군 유승우 씨에게 대대로 전해지던 것으로 1935년 조선총독부 보물로 지정되었다. 1936년 3월 조선사편수회가 영인하여 『조선사료총간』 11권에 수록했다.

역자 야마구치 쓰토무(호는 지외地外)에 관한 상세한 정보는 알 수 없다.

다만 범례에 다음과 같이 적혀있다.

> 이 책을 인쇄하기 전에 우선 원서를 번각하여 관심 있는 식자들에게 배포할 생각이었으나, 원서 자체에는 사람들이 별다른 관심을 보이지 않았다. 가나를 섞은 문장으로 바꾸라는 권유를 받아 이미 배열된 활자를 버리고 급하게 이 책을 만들었다. 서두르다보니 잘못 쓴 글자가 있을 지도 모른다. 원저자 유성룡은 임진왜란이라는 매우 혼란스런 상황에서 상국으로서 계획하고 경영한 바가 많으며, 책에 기록된 내용이 당시 보고 들은 사실로 생각되므로 내용에 수식을 더하지 않았다.(범례)

또한 징비록은 다음과 같은 중판, 국어역이 간행된바 있다. 오사나이 료타로・스즈키 미노루역, 『조선 유씨 징비록대역』(1876년, 71번 항목 참조), 오쿠다 나오키奥田直毅, 『속일한고적』(1911년, 282번 항목 참조), 아오야기 쓰나타로, 『조선연구회본』(제10집, 1912), 샤쿠오 슌조, 『조선군서대계』(제3기 1집, 1913), 호소이 하지메, 『통속조선문고』(제5집, 1921), 다카하시 신이치로高橋晋一郎 역, 『선인이 본 태합 히데요시鮮人の観たる台閣秀吉』(1918) 등이 있으며, 최근에 이재호李載浩 역주, 『역주 징비록』(상, 1960)과 소가 마사타카曾我昌隆, 『징비록』(1966) 등이 간행되었다.

95) 분로쿠 게이초 조선역文禄慶長朝鮮役 – 조선전도 첨朝鮮全図添

저자	홋포 산진	출판년월	1894년 7월
판형	46판	페이지 수	208쪽
발행처	도쿄 박문사(博聞社)	소장처	도쿄경제대학

저자 홋포 산진北豊山人 및 그 경력에 관해서는 알려진 바가 없다.

산진은 일찍이 풍공이 무력으로 해외에 진출하고자 했던 그 자세한 곡절을 연구하여 전말을 밝히고 득실을 규명하는 책을 펴고자 지금까지 오랫동안 자료를 수집해왔다. 그러나 잡다한 일이 갑자기 많아져서 초안을 잡을 겨를도 없었던 때에 조선에서 동학당의 난이 일어났다. ……수천의 우리 군사가 조선반도에 상륙한 것은 풍공 이래 실로 처음이라 혈기 넘치는 젊은이들이 계속 찾아와서 임진왜란에 관하여 물었다. 산진은 접대의 번거로움을 피하고자 이 책을 써서 조금이라도 구술의 노고를 대신하고자 하였다.(서언)

첨부된 「지도」에 관해서는 "이 지도는 오로지 임진왜란을 위해 제작한 것이라 전장 지역의 명칭 등은 관판官板이 없는 곳도 궁리 끝에 이를 보충하여 본서에 수록했다"고 적혀있다.

〈목차〉

장	제목	장	제목	장	제목
제1장	외정(外征)의 목적	제5장	조선의 저항	제9장	화의 중 재한군(在韓軍)
제2장	출사 준비 및 본영 조치	제6장	명국의 방어	제10장	재정(再征)의 제전(諸戰)

장	제목	장	제목	장	제목
제3장	부서 및 항해	제7장	명인의 강화	제11장	잡기
제4장	육해의 제전(諸戰)	제8장	화의(和議) 중 벌어진 전투	(부표) 연월 색인표	
				(부도) 원정군진로/삼국군 전지	

96) 일청한, 근세 갈등전말日清韓, 近世葛藤顛末 ─ 부 삼국세도입附三国細図入

저자	데페키 조시	출판년월	1894년 7월
판형	46판	페이지 수	150쪽
발행처	도쿄 금집당(錦集堂)	소장처	시카타문고

이 책의 저술자 데페키 조시鉄壁城史에 관해서는 알려진 바가 없다. 서문에는 김성재金城齋가 쓴 다음과 같은 내용이 있다.

> 조선의 내란이 원인이 되어 청일이 출병. 내일이라도 크게 충돌할지 모르는 위기의 오늘. 지금까지 벌어졌던 갈등은 어떤 모습이었는가? 패배했는가? 패배했을 리가 없다. 그리 생각하는 사람도 있을 것이다. 잘난 체 하며 토월동(吐月洞) 이야기를 꺼내든다. 서사(書肆)의 소승은 눈치를 본다. 그렇게 만들어진 일청한의 근세 갈등전말 …….(서)

또한 권말에 발행자가 "이 책 10회까지는 강연 필기를 그대로 실었다. 11회 동학당 사건부터는 여러 설들이 뒤섞여서 강연 1회로 정리할 수 없었기에 여러 설들을 수록했다. 따라서 앞뒤의 문체가 일정치 않은데 이는 오직 독자를 위해서 출판을 서둘렀기 때문이다. 따로 상세하게 교정하여 일대 미서美書를 완성할 예정이니 양해를 구한다"는 말을 남기고 있다. 목차는 없지만 소제목을 기재해두겠다.

〈목차〉

<table>
<tr><th>회</th><th>제목</th><th>회</th><th>제목</th><th>회</th><th>제목</th></tr>
<tr><td>제1회</td><td>정한론의 시말</td><td rowspan="2">제6~7
회</td><td rowspan="2">1875년 조선사변 및
수교조약</td><td colspan="2">삼국교섭 톈진조약</td></tr>
<tr><td rowspan="3">제2~5
회</td><td rowspan="3">대만정벌 및 청국
갈등의 전말</td><td>제10회</td><td>나가사키
아편소동/조선방곡사건</td></tr>
<tr><td>제8회</td><td>조선사변(1882년
일본공사관 습격사건)</td><td rowspan="2">제11~12
회</td><td rowspan="2">조선내란(동학당)</td></tr>
<tr><td>제9회</td><td>조선의 난(1884)</td></tr>
<tr><td></td><td></td><td></td><td></td><td>제13회</td><td>삼국교섭</td></tr>
</table>

97) 조선변란실기朝鮮変乱実記

저자	사카이 시즈카	출판년월	1894년 7월
판형	국판	페이지 수	78쪽
발행처	도쿄 부상당(扶桑堂)	소장처	架藏

이 책은 동학당의 난에 관한 편술이다. 책의 판권장에는 사카이 시즈카阪井静 저작이라고 적혀있으나 권두에 계림통사鷄林通史 편으로 적혀있다. 일설에 의하면 천우협天佑俠의 일원이 기술했다고 한다. 사사가笹の家의 주인主人이 서문을 적었다.

계림통사는 그 이름에서 알 수 있듯이 유일한 조선통사다. 조선에 머무르길 5년, 정치, 풍속, 산천, 지리 등 모두 살펴보지 않은 것이 없었다. 이번에 특별히 동학당의 난지(亂地)를 두루 걸어 다니며 새로이 관적(官賊) 양군의 전투형세를 관찰하고 돌아왔다. 이 책은 실로 그 관찰 기록의 일부로서, 기사의 정확함에 대해서는 저 흔한 신문기사의 발췌들이 따라올 수 없을 것이다. 특별히 독자들에게 이 책을 소개하는 수고를 내가 마다하지 않는 이유다.(서)

〈목차〉

제목	제목	제목
조선내정의 부패	남도 비전(飛電)	청국 대병(貸兵)의 내정
황주의 대민란	동학당의 실정	일본의 출병
고부의 대민란	동학당의 수령과 그 상세	오토리(大鳥) 공사의 입한
정토사(征討師)의 출현	한양호(漢陽號) 조난의 전말	일본육병의 상륙
충청도의 동학당	전주의 낙성	일청의 대립

98) 조선문제 출사사정朝鮮問題出師事情

저자	기타무라 소스케	출판년월	1894년 8월(3판)
판형	국판	페이지 수	136쪽
발행처	오사카 오카시마 보문관(岡島宝文館)	소장처	架藏

이 책은 청일전쟁 출병에 이르기까지의 조선 문제를 서술한 것으로 청일개전과 동시에 출판되어 3판까지 거듭했다. 권두에는 조호쿠 인시城北隱士 저술이라고 적혀있으나 판권장의 저자 겸 발행자는 기타무라 소스케北村宗助라고 적혀있다. 책 곳곳에 유항幽香의 삽화가 들어있다. 구쓰미 겟손久津見息忠[14]이 서문을 적었다.

14 구쓰미 겟손(1860~1925) : 에도 출신. 막신(幕臣)의 집안에서 태어나 문필가로 활동했다.

일청한의 관계는 풍운을 불러일으킨다. ……그러나 종래 일청한의 관계를 상세하게 설명한 책자가 거의 없어서 사람들은 이를 잘 알지 못한다. 나는 이 점을 매우 한탄하곤 했다. 최근 지인 조호쿠 인시 씨가 이들의 관계를 상세하게 설명하여 출사사정이라는 제목으로 세상에 내놓으면서 나에게 서문을 청했다. 진실로 오늘날 필요한 작업이라는 점에 깊이 동감하는 바 서문을 적는다.(서)

〈목차〉

제목		제목		제목		제목	
제1	동아의 풍운	제4	경성의 우란	제7	대한의 궤모(詭謀)	제10	미래 예측
제2	정한론의 비등	제5	갑신의 투쟁	제8	동학당 봉기		
제3	강화만의 포격	제6	톈진조약	제9	대병(大兵)의 출발		

99) 조선관계 지나정벌군기朝鮮関係支那征伐軍記

저자	이치오카 쇼이치	출판년월	1894년 9월
판형	46판	페이지 수	60쪽
발행처	도쿄 박문관본부(博行館本部)	소장처	架藏

1897년 『요로즈초보』에 입사했으며 이후 『도쿄마이니치신문』 주필로 활동했다.

갑오개혁에서 청일전쟁에 이르는 시기의 조선 문제에 관한 보도와 기사를 채록한 것이다. 저자는 구구산인丘丘山人이라 적혀있으나 판권장의 저작자는 이치오카 쇼이치市岡正一로 적혀있다.

〈목차〉

	제목
제1	조선국 연혁의 대략 및 독립국으로서 일본제국과 조약을 맺은 일
제2	오토리 공사 및 히로시마 사단 병대가 조선을 향하여 출발한 일
제3	오토리 공사가 조선정부의 내정 개선을 담판한 일
제4	대원군 정무를 총재한 조선국정 대개혁
제5	풍도해전 청국군함 패주에 관한 일
제6	일병 성환(成歡)의 요해(要害)를 맹렬히 공격하여 아산(牙山)의 청병들이 흩어져 달아난 일
제7	박영효 등 특서에 관한 일 및 김옥균의 처가 넋을 잃은 일
제8	청일 개전의 선포 및 동맹국의 국외 중립 선포
제9	우리 유지(有志)들의 의거에 관한 일
제10	일본함대가 청국 웨이하이웨이(威海衛)에 진격한 일
제11	청병이 조선국 북부로 진행, 민병석 등이 청군에 참가하여 아산의 패잔병과 함께 평양을 방어한 일

100) 대원군실전大院君実伝 – 일명 조선근세사정一名朝鮮近世事情

저자	야마나카 미네오(山中峰雄)	출판년월	1894년 9월
판형	수진판(袖珍判)	페이지 수	193쪽
발행처	박문관	소장처	架藏

저자는 동방협회회원. 이 책은 조선근세 정계의 정황을 기록하고 대원군을 평전 식으로 기술한 것이다.

〈목차〉

장	제목	장	제목
제1장	조선의 국상(國狀) 및 독립	제12장	일본에 대한 전후(前後) 두 명의 대원군
제2장	대원군과 조선독립	제13장	대원군, 문무 폐제를 크게 개혁하다
제3장	대원군의 출신 및 근래 척농권(戚弄權)의 연혁	제14장	커다란 결단, 붕당발호의 큰 폐해를 뽑다
제4장	대원군, 섭정의 대임을 받다	제15장	조세태납의 폐해를 개혁하다
제5장	커다란 결단, 경복궁 재건의 토방을 세우다	제16장	전두(纏頭) 제도 및 대령기(待令妓)
제6장	대원군, 계룡산 발굴을 명하다	제17장	부사를 벌하여 회뢰(賄賂)의 폐해를 경계하다
제7장	커다란 결단, 서교도 20여만 명을 살육하다	제18장	대원군 섭정 시기 사업의 이해(利害)
제8장	프랑스함대 조선에 오다	제19장	대원군과 민족(閔族)의 관계
제9장	프랑스함대 재차 조선에 오다	제20장	동도(東徒)의 난 및 청일출병
제10장	한군 개선하여 주화매국(主和賣國) 비석을 세우다	제21장	경성의 풍운이 격변하여 대원군, 세 차례 한조(韓朝)에 서다
제11장	미한교전	(대원군 초상)	

101) 동방관계東邦関係

저자	와타나베 슈지로	출판년월	1894년 9월
판형	국판	페이지 수	387쪽
발행처	시즈오카 봉공회(奉公会)	소장처	架藏

봉공회는 1894년 시즈오카현静岡県 하마마쓰초浜松町에서 대외사상을 보급할 목적에서 설립되었으며 "주로 동남양의 지리, 근사近史, 병제, 식민, 무역, 국교 등의 사항을 강구"한다는 규약을 내걸었다. 권두에 고노에 아쓰마로의 서문이 있다. 저자 와타나베 슈지로渡辺修二郎는 메이지의 사학가로 알려졌으며 『메이지개화사』(1880), 『일본외교시말』(1880), 『메이지시

세사』(1883), 『세계의 일본인』(1893), 『우리나라의 전도前途』(1894), 『개국사담』(1895), 『내정외교충돌사』(1896)를 비롯해 많은 전기, 역저 등을 남겼다. 이 책은 봉공회 장서판으로 간행되었다.

> 본회 유공자 와타나베 슈지로 군은 일찍이 내외 대세를 관찰하고 몇몇 저서에서 자신의 의견을 밝힌 적이 있다. 근래에 특히 일본과 조선의 장래에 관하여 깊이 생각한 바가 있어 책을 내고자 하였다. ……이를 본회에서 간행하니, 성의 있고 세상을 걱정하며 나라를 사랑하는 제현에게 묻는다.(권두 제지(題旨))

〈목차〉

<table>
<tr><th>장</th><th>제목</th><th>장</th><th>제목</th><th>장</th><th>제목</th></tr>
<tr><td colspan="2">(제1부 근래의 일한청 삼국 관계)</td><td rowspan="2">제9~10장</td><td rowspan="2">17년 사변</td><td>제17장</td><td>조선국 사력(事歷)</td></tr>
<tr><td>제1장</td><td>유신 후 일한의 관계</td><td>제18장</td><td>일본과 조선이 예전부터 맺어온 관계</td></tr>
<tr><td>제2장</td><td>일본군함, 포격을 만나다</td><td>제11장</td><td>대사 청국 파견</td><td>제19장</td><td>조선과 지나가 예전부터 맺어온 관계</td></tr>
<tr><td>제3장</td><td>유신 후 한사의 내빙</td><td>제12장</td><td>오이(大井) 모씨 등의 조선계획</td><td colspan="2">(제3부 조선과 구미 각국의 관계)</td></tr>
<tr><td rowspan="3">제4~6장</td><td rowspan="3">15년의 사변</td><td>제13장</td><td>김옥균</td><td>제20장</td><td>조선과 프랑스의 관계</td></tr>
<tr><td>제14장</td><td>박영효 등과 자객</td><td>제21장</td><td>조선과 미국의 관계</td></tr>
<tr><td>제15장</td><td>조선에서의 우리 국민의 영업권 등</td><td>제22장</td><td>조선과 영국의 관계</td></tr>
<tr><td>제7장</td><td>박영효 등이 일본에 오다</td><td>제16장</td><td>조선의 우편 전신 사업</td><td>제23장</td><td>조선과 러시아의 관계</td></tr>
<tr><td>제8장</td><td></td><td colspan="2">(제2부 조선국 사역 및 일본, 지나와 예전부터 맺어온 관계)</td><td colspan="2">(부록)수호조규 및 국제조약 12조약 게재</td></tr>
<tr><td colspan="4"></td><td colspan="2">도서 및 비문 등</td></tr>
</table>

102) 풍태합 정한비록豊太閤征韓秘録 제1집

저자	마쓰모토 아이시게(松本愛重) 編	출판년월	1894년 10월
판형	국판	페이지 수	통 197쪽
발행처	도쿄 성권사(成勧社)	소장처	架藏

일청한 삼국이 중대한 관계를 지녀온 역사에 관하여 기술한 것들은 예전부터 대개 두찬(杜撰), 조분(粗笨)이 심하여 사실에 오류가 많기에 확실한 재료를 얻기가 매우 어렵다. 나는 일찍이 이를 연구하고자 기노시타 사네히로, 구리타 히로시(栗田寛), 고나카무라 기요노리(小中村清矩),[15] 구로카와 마요리(黒川真頼),[16] 나이토 지소(内藤耻叟),[17] 이노우에 요리구니(井上頼囶), 고스기 스기무라(小杉榲邨) 등의 선생들에게 비서, 진서를 빌려서 이들을 살펴보고 사료를 수집했다. ……잘못된 부분, 다른 책과 내용이 어긋나는 부분들은 서두에 주를 달았으며, 풍태합 정한비록이라 이름 지어 제가들의 옛 기록과 실록도 수집하여 세상에 소개하는 바이다.(서언)

또한 발행처 성권사의 광고란에 다음 목록이 등장하니 소개해둔다.

15 고나카무라 기요노리(1822~1895) : 에도 출신의 국학자로 1862년 막부 화학강담소의 교사가 되었으며 1869년 태정관에 출사했다. 신기대사 등을 거쳐 도쿄대학 창립 이후 강사 및 수사관을 맡았다.

16 구로카와 마요리(1829~1906) : 고즈케노쿠니(上野国, 현 군마현) 출신의 국학자로 1869년 대학소조교(大學少助教)에 임명된 이후로 문부성, 원로원, 내무성, 농상무성 등에서 일했다. 프랑스 박람회, 내국권업 박람회 등의 일에 종사했으며 정창원의 사료 정리, 제실 박물관 학예원 등을 역임했다. 1879년 도쿄대학 법학부, 문학부 강사로 촉탁되었다.

17 나이토 지소(1827~1903) : 미토번 출신으로 번교 고도칸(弘道館)에서 아이자와 세사이시(会沢正志斎), 후지타 도고(藤田東湖)에게 배웠다. 한학자. 1886년에 제국대학 교수가 되었으며 한학 및 사학을 담당했다.

『조선정벌기』, 『조선기』, 『고려진일기高麗陳日記』, 『기요마사淸正 송운松雲 문답록』, 『고려선전기高麗船戰記』, 『고려도高麗渡』, 『고니시小西 일행기』, 『본산풍전수각서本山豊前守覚書』, 『다치바나 조선기立花朝鮮記』, 『정한록 소유물어征韓錄紹幽物語』, 『덴케이화상天荊和尚 조선왕환일기朝鮮往還日記』, 『증보 조선정벌기』, 『다케우치竹內 각서』, 『기요마사 가전家伝』 등을 "다음 호에 게재한다"고 적혀있으나 2집 이하의 발행은 알려진 바가 없다.

〈목차〉

제목
조선정벌기(호리 세이(堀正意) 집록, 마쓰모토 아이시게 교정)
요시노 일기(요시노 진고자에몬(吉野甚五左衛門) 각서, 마쓰모토 아이시게 교정)
조선 남대문 합전기(아마노 겐에몬(天野源右衛門) 각서, 마쓰모토 아이시게 교정)
서정(西征)일기(덴케이화상 일기, 마쓰모토 아이주 교정)

103) 지나조선형세록支那朝鮮形勢録

저자	아키야마 시로(秋山四郎) 編	출판년월	1894년 10월
판형	국판	페이지 수	91쪽
발행처	도쿄 공익상사서점(公益商社書店)	소장처	架藏

이 책은 주로 청국의 형세와 이에 관계된 조선의 형세를 기록한 것이다. 이 책은 상기한 목적에 따라 저술한 것이며 청년자제들에게 오늘날 시세에 필요한 사실을 알리기 위해 편집된 것이므로 기사의 정확도가 일정치 않다. 독자들의 양해를 구한다. 부록으로 실은 제1도는 일청한 삼국의 대세를 알기 위한 간략한 지도이며, 제2도는 금후 우리 군이 진격할 지나 북부의

지세를 나타낸 것이다.(예언)

〈목차〉

장	제목
제1장	지나의 지리
제2장	지나의 근세사
제3장	조선의 지리
제4장	조선의 근세사
제5장	유신 후 일청한의 관계
(지도 2점)	

104) 마쓰라 법인 정한일기 초松浦法印征韓日記抄

저자	마쓰라 아쓰시(松浦厚)	출판년월	1894년 11월
판형	국판 화장	페이지 수	23엽
발행처	도쿄 요시카와 한시치	소장처	架藏

우리 조상 식부경 법인(式部卿法印) 시게노부(鎮信)[18]와 히젠노카미 히사노부(肥前守久信) 두 사람이 풍태합의 정한역에 종사했을 때 쓴 약간의 일기가 있다. 그 중에서 전사(戰事)에 관계된 수십 개의 항목을 초록하여 활판에 붙인 것이 이 책이다. 올해 9월 나는 히라도(平戸)에 가서 집안 조상의 추제(追祭)를 행하고 조선 진중(陣中)에 사용한 군기(軍器), 명한 양국에서 획득해 온 물품을 진열해서 참배자들에게 보여주었다. 여기에 그 중 몇 종을 그림으로 그려 제전 기사와 함께 후기한다.(예언)

18 마쓰라 시게노부(松浦鎮信, 1549~1703) : 에도 전기 히라도(平戸) 번주.

〈목차〉

제목
마쓰라 법인 시게노부 조선국 7년간 진중 일기 초록
제전(祭典) 기사
진열 군기(도해(圖解))
군기 도해
군중 획득품

105) 조선개화의 기원朝鮮開化の起源

저자	W. E. Griffis 著 수교사(水交社) 譯	출판년월	1895년 1월
판형	국판	페이지 수	100쪽
발행처	도쿄 수교사	소장처	架藏

원저 Griffis, William Elliot, *Corea, The Hermit Nation*, 1882, New York. 윌리엄 엘리엇 그리피스의 『은자의 나라 조선』 1권을 초역한 것으로, 원저자 그리피스는 미국의 저술가로 1870년 일본에 와서 후쿠이福井 번교의 교사가 되었다. 이후 도쿄제국대학 강사를 지냈다. 1875년에 귀국했으나 1926년에 다시 일본으로 와서 메이지 정치사 자료를 수집했다. 귀국 후 1928년에 병사했다. 원저는 저자가 귀국한 후인 1882년에 뉴욕에서 출판한 것으로 서양인의 조선연구서 가운데 권위 있는 책이다. 그리피스는 명저로 알려진 『황국The Mikado's Empire』을 비롯하여 많은 일본연구서를 썼다.

이 번역서 『조선개화의 기원』은 "Corea, The Hermit Nation" 중에 제1부를 초역한 것이다. 생각건대 우리가 아직 듣지 못한 기이하고 진귀한 이야기

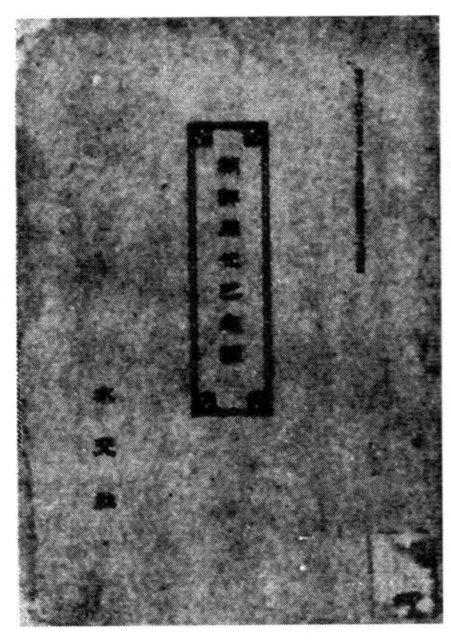

가 매우 많이 있어 조선개화의 근원을 밝히는 데 있어서 근래에 얻기 힘든 재료라고 확신한다. 특히 사원들이 일독하기를 바라는 마음에서 이를 간행한다.(서언)

원저는 전체 462쪽을 3부로 나누어 제1부 「고대 및 중세사」, 제2부 「조선의 정체 및 사회」, 제3부 「조선근세 및 현대사」로 구성되어있다. 이 번역서는 마지막 「조선근세 및 현대사」 10편 가운데 8편을 택하여 『조선개화의 기원』이라는 제목을 붙여서 간행한 것이다.

〈목차〉

편	제목	편	제목
제1편	야소교의 맹아	제5편	프랑스 정한출사
제2편	잔형 및 순교	제6편	조선과 미국의 관계
제3편	프랑스 선교사의 입한	제7편	조선왕릉 발굴사건
제4편	쇄국이라는 벽의 타파	제8편	미국 정한출사

106) 정청도회 제5편 한성의 잔몽征清図絵第五編 漢城の残夢

— 풍속화보 임시증간 제84호

저자	이노우에 가쿠고로 稿	출판년월	1895년 1월
판형	국판	페이지 수	32쪽
발행처	도쿄 동양당(東陽堂)	소장처	架藏

이 책은 이노우에 가쿠고로(87 · 216번 항목 참조)가 한국에 세 번 건너가 총 4년간 머물면서 겪었던 일을 『한성지잔몽』(1891년, 87번 항목 참조)이라는 제목을 달고 간행한 것을 풍속회보에 재록한 것이다.

본편에는 다케우치 게슈가 그린 삽화 27점을 포함하여, 1884년 경성사변 항목에 이노우에, 이마이즈미今泉가 작성한 「기난기紀難記」를 수록하고 있다(당시 『시사신보』에 게재한 것으로 단행본은 없다). 또한 편집자 야마시타 시게타미山下重民가 쓴 「재록의 변」, 「한정개혁기문韓廷改革紀聞」, 「정청征清을 멈추지 마라」의 세편이 추가되었다. 『한성지잔몽』은 1907년 이노우에 가쿠고로의 문집 『고지양존』 제2편에 수록되었다.(16번 항목 참조)

〈목차〉

제목	제목	제목
한성의 잔몽을 게재하는 이유를 말한다	김옥균의 난	한성주보 발간
대원군 및 조선의 내치외교	일본당의 정부개혁	노비세역 금지
다케조에 공사 부임	일본공사일행 조난	사회사정 등
한성순보 발간	톈진담판	한정개혁기문
일본당의 현상	거문도 사건	정청을 멈추지 마라
무역장정 및 각국과의 조약체맹	대러관계	

107) 조선사강朝鮮史綱 상 · 하권(2책)

저자	니시무라 유타카(西村豊)	출판년월	1895년 2월
판형	국판	페이지 수	각 권 100권 내외
발행처	도쿄 경업사(敬業社)	소장처	架藏

이 책은 이론을 생략하고 기실紀實을 중심으로 삼았다. 그러나 역대 연

혁과 기운의 변천에 관해서는 서로 관련성을 잃지 않도록 노력했다. 이 책은 한사韓史를 경徑으로 삼고 청일 두 나라의 신구 여러 역사를 위緯로 삼아 참작하고 인용했지만, 국문 문헌 중 참고하기 어려운 것은 단지 약술에 그쳤다. 권두에 참고를 위해 조선전도, 역대왕통일람표 및 건도표建都表 등을 실었다.〈범언〉

〈목차〉

제목	제목	제목	제목
(상권)	일신(日新)의 관계	태조의 정략	김용의 반역
지리 정체	신라의 아악	왕규의 변란	최씨의 살육
개국의 전설	성왕 신라를 치다	계단의 내구	대마도를 공격하다
기씨의 말로	신라의 연호	강조의 내란	태조의 통일
위씨의 통일	장성 건축	송의 연호를 사용하다	대마도 전투
한무제 사군을 두다	제라의 교전	문종의 정치	연산군의 황음(荒淫)
위치, 풍속, 신라의 시조	신라 백제를 멸망시키다	여진의 기원	사신을 명나라에 보내다
한라(韓羅)의 관계	복신(福信) 주류성에 웅거하다	북계의 구성	변민(邊民) 일본에 투화(投化)하다
탈해의 경력	신라의 통일	이자겸의 전횡	다케시마의 왜구
두씨의 변	보덕왕 김마저에 웅거하다	환자(宦者)의 전자(專恣)	도요토미씨 외정의 뜻
파사왕의 치적	성경이왕의 통치	최씨의 전단	병오년의 통신
수성왕의 폭거	김량상의 편립	몽고의 내원	광해군의 가법(苛法)
석씨의 중흥	궁예의 반역	일본에 사절을 보내다	초량관의 금표(禁標)
위병 고구려를 침략하다	태봉의 멸망	왜구의 기원	야소교의 전래
김미추의 즉위	신라의 말로	합단(哈丹)의 내침	대원군의 섭정
제려(濟麗)의 간극	(하권)	원의 전제에서 벗어나려 함	진병(鎭兵)의 격노

108) 조선중흥기朝鮮中興記 권1

저자	하시모토 쇼로쿠	출판년월	1895년 4월
판형	국판 화장	페이지 수	21엽
발행처	고베 저자	소장처	일본 국회도서관

이 책은 청일전쟁까지의 한일교섭, 특히 오토리 게이스케大鳥圭介의 대한対韓교섭의 경위를 한문으로 기술한 것이다. 저자 하시모토 쇼로쿠橋本小六(해관海関)의 이력에 관해서는 효고현 사족이라는 사실 외에는 알려진 바가 없다. 권두 표지에는 고베, 안양산외방장판安養山外房藏版이라고 적혀있다. 권1로 기재되어 있지만 이후의 간행여부는 미상이다.

109) 일청한 교섭록日清韓交涉録

저자	오리타 준이치로(織田純一郎)	출판년월	1895년 6월
판형	46판	페이지 수	503쪽
발행처	도쿄 문해당(文海堂) 성미당(成美堂)	소장처	도쿄경제대학

저자는 번역가이자 신문기자로 아명은 고노스케甲之助, 원래 성은 와카마츠若松로 후에 오리타로 칭했다. 메이지 초년에 영국에서 두 번 유학을 했고 귀국 후에는 번역에 종사했다. 외국사정에 밝은 것으로 알려져 있으며 1886년 오사카아사히신문에 입사하여 주필을 담당했다. 『오사카공론大阪公論』, 『촌철신문寸鉄新聞』 등을 창간했다. 69세로 사망. 저서로는 『일본국회론』(1880), 『시폐론時弊論』(1880), 『국세론』(1882), 『정치난이론政治難易論』(1883), 『정치가사회』(1887) 등이 있다.

갑오난의 원인은 조선의 내란에서 시작하여 청일 두 나라의 교전으로 이어지는 과정을 기술하지 않으면 그 전모를 알 수 없다. 그러므로 이 책에서는 작은 나라인 조선을 간략히 기술하고, 큰 나라인 청국을 중심으로 삼는 일은 하지 않았다. 적어도 일청한 삼국의 이해에 관한 것은 빠짐없이 거론하는 바, 책의 제목을 일청한 교섭록으로 지은 이유다.(범례)

〈목차〉

제목	제목	제목
대략	한정의 신내각	한정대신의 교섭
동학당 봉기	일한동맹	한왕 경고
오토리 공사의 입한	한정의 상황(개혁 후)	조선의 신관제
한정(韓廷)의 상세(변혁)	신공사의 도한	
한정의 개혁	조선보빙사	

110) 갑오조선진甲午朝鮮陣

저자	니시무라 도키스케(西村時輔) 遺著	출판년월	1895년 12월
판형	국판	페이지 수	73쪽
발행처	오사카 죽불주헌(竹不誅軒) 藏	소장처	架藏

저자는 신문기자로 다네가시마種子島 번사의 집에서 태어나 향유鄕儒 마에다 호잔前田豊山에게 한적을 배웠다. 이름은 노리오德夫, 휘는 시보時輔. 가고시마 신문사에 입사했고 후에 아사히신문사로 옮겨 오사카에서 살았다. 조선동학당의 난부터 청일개전까지 특파원으로 경성에 있었으나 병에 걸려 1894년 12월 3일 28세로 사망했다. 이 책은 형 도키츠네(時彥, 오

사카아사히신문 주필, 문학박사, 교토대학 문학부 강사)가 집록하여 사망 1주기를 맞아 생전의 지인들에게 나누어 준 것이다. 1894년 8월 22일 오사카를 떠난 이후 11월 8일까지의 통신 기사가 실려 있다.

> 이 갑오조선진은 나의 아우가 조선에 있을 적에 아사히신문에 통신으로 보낸 것을 모아서 한 권으로 엮은 것이다. ……이 책은 아우가 생전에 급하게 만든 통신이라 문자에 부족함이 많다. 독자들의 양해를 바란다.(범례)

> 1895년 12월 7일 오사카 일진당(大阪日進堂)에서 인쇄를 끝마쳤다. 1주기 제사를 기념해서 죽은 아우의 생전 지인들에게 나누어주고 집에도 소장할 것이다.(권말)

111) 조선왕국朝鮮王国

저자	기쿠치 겐조	출판년월	1896년 10월
판형	46판	페이지 수	557쪽
발행처	도쿄 민우사(民友社)	소장처	架藏

기쿠치 겐조는 구마모토熊本 출신으로 호는 장풍長風이다. 와세다전문학교 졸업 후 민우사에 입사했고 1893년 국민신문 특파원으로 경성에 재주했다. 청일개전 전후 종군기자로 활약했고 일면지사一面志士로 활동했으나 1897년 10월 8일 사변에 연좌되어 히로시마 감옥에 투옥되었다. 『조선왕국』은 옥중에서 쓴 것이다. 2년 뒤에 면죄되어 다시 도한渡韓했으며, 아다

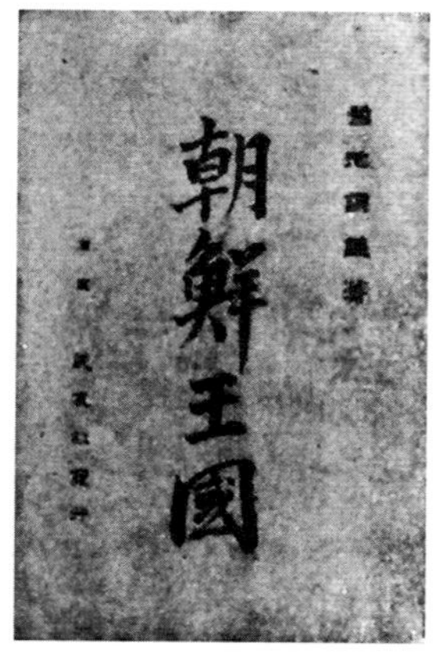

치 겐조安達謙藏,[19] 사사키 마사유키佐々正之[20] 등과 함께 『한성신보』(경성일보 전신)를 창립하고 주간으로서 일문과 한글신문을 각각 간행했다. 1903년 동 신문사와 관계를 끊고 따로 『대동신보』를 창간하여 반도 언론계에서 10년 이상 문필가로 활동했다. 이 책 외에도 『조선최근외교사 대원군전 부 왕비의 일생』(1910년, 210번 항목 참조), 『조선제국기』(1925년, 302번 항목 참조), 『조선잡기』 2권(1931), 『금강산기』(1931)를 집필했으며, 만년에는 대저 『근대조선사』 3권(1937)을 간행했다.

감옥에서 나온 후 한국에 머물 적에 모았던 서류들을 조사하고 장서가들의 도움을 얻어 조선반도의 국세 일반에 관한 글을 쓰고자 하였으나 재료가 여전히 부족했다. 여러 번 붓을 내던지며 그만두려고 했다. 처음에는 단순히 역사를 골자로 삼고 그 지세, 풍속, 교학, 정치, 인종, 산업, 시사에 관해 적고자 했으나 결코 만만치 않은 작업이었다. 짧은 세월에 이룰 수 있는 일이 아니었기에 지리, 사회, 역사 3부로 나누어서 현금의 조선문제를 강구하는데 참고가 되는 책을 적고자 결심했다.(범례)

---

19 아다치 겐조(1864~1948) : 구마모토 출신으로서 1894년 갑오농민전쟁이 일어나자 한반도로 건너갔다. 『조선시보』, 『한성신보』 등을 창간했으며 신문기자로서 청일전쟁에 참가했다. 을미사변을 주도한 죄로 투옥되었고, 석방 후 일본으로 건너가 정치가로 활동했다.

20 사사키 마사유키(1862~1928) : 구마모토 출신. 청일전쟁 때 『규슈일일신문』 특파원으로 한반도로 건너갔다. 아다치 겐조와 『한성신보』를 경영했으며, 을미사변 주도자로 투옥 후 무죄 석방되었다.

〈목차〉

제목	제목	제목	제목
총론	중원	도성	고려
(지리부)	삼면	촌락	(근세사)
소인	(부록)	무녀 및 음사교	대원군 집정(상 · 하)
백두산 계(系)	절동(絶東)의 인구	불교	외숙과 대원군
백두의 배계(背系)	인천론	유교	17년의 정변
백두산의 서남계	부산론	사회정태	동방의 번병
6대 강	원산론	정치제도	동방 2제국
두만강	(사회부)	(역사부)	독립부식(扶植)(상 · 하)
낙동강	사회의 타락	7조사 개요	10월 8일
압록강	왕실	고조선	11월 28일
대동강	귀족	동방의 가장국(家長國)	11일 사변 및 러일협정
한강	상민	삼국분립	동서의 조선
금강	노예	남북인 소장(南北人消長)	세계의 조선

112) 조선사朝鮮史 – 경문관 통신강의지敬文館通信講義誌

저자	이나미 고이치로(稲見鉱一郎)	출판년월	1898년 12월 (1900년 5월)
판형	46판	페이지 수	35쪽
발행처	도쿄 경문관(敬文館)	소장처	架藏

경문관에서 발행한 통신강의록지의 소책자다. 저자의 경력에 관해서는 알려진 바가 없다.

〈목차〉

제목	제목	제목	제목
총론	삼한	고려(일작(一作) 고구려)	조선
전(前) 조선	삼국	백제	
후(後) 조선	신라	고려	

113) 한한사담漢韓史談 상 · 하권(2책)

저자	오쓰키 조덴(大槻如電)	출판년월	1899년 11월 (1902년 4판)
판형	국판 화장	페이지 수	각 권 50엽
발행처	도쿄 우치다 노학포(内田老鶴圃)	소장처	架藏

저자는 문학자로 구 센다이 번의 한학자 오쓰키 반케이大槻磐渓의 장남이다. 본명은 세이슈清修, 통명은 슈지修二, 자는 넨쿄念卿. 1894년에 구야空也 염불에 귀의하면서 여전如電, 여전방如電坊을 호로 삼았다. 1863년 번교 요켄도養賢堂의 회독回讀 교사를 지냈고 야스다 미쓰노리保田光則에게 국학을 배웠다. 1871년 해군병학료에 출사, 다음해에 문부성 9등에 출사했다. 『신찬자서新撰字書』 편집 등에 종사했으나 1875년 아우 후미히코文彦에게 가독을 물려주고 온전히 저술에 몰두했다. 『일본지지요략』, 『일본교육사』, 『국사요략』, 『동양분국사』, 『고기용고古器用考』, 『무락도설』 등을 저술했고, 그 외에도 소설, 희곡, 음곡에 관한 저서를 남겼다. 특히 『역로통驛路通』(1911), 『신찬 양학년표新撰洋学年表』(1926), 『어조국사御筆国史』의 3권이 대표작으로 알려진다. 1931년 1월 12일 87세로 사망했다. 『한한사담』은 1900년 9월 중학교의 한문용 교과서로 문부성 검정을 받았다.

사담이라는 제목 아래 한한(漢韓) 각각의 국사에서 화젯거리가 될 만한 내용을 수집한 것이다. 그 외에도 시세와 인사, 정기를 서술하였으며 체재는 통일하지 않았다. 대(代)를 중심으로 편찬했고 상고(上古), 중고(中古), 하고(下古)의 3편으로 나누었다. 한서예문지의 주, 역의 삼고의 목에 의거한 것이다. 다만 청조는 금대편(今代篇)으로 별도 게재했다. 예전에 동양분국사를 저술하고, 한한 및 안남(安南), 섬라(暹羅) 등의 사략(事略)을 저술한 적이 있는데 이 책과 표리를 이루기에 독자는 모두 봐야할 것이다. 다만 서로 같은 부분이 많으면서도 다른 점도 있다. 편찬과 저술의 의도가 본래 다르기 때문이다.(예언)

〈목차〉

제목
상고편
중고편
하고편
금대편

114) 조선개화사朝鮮開化史

저자	쓰네야 세후쿠(恒屋盛服)	출판년월	1901년 1월 (1904년 3판)
판형	국판	페이지 수	540쪽
발행처	도쿄 박문관	소장처	도쿄경제대학

저자는 후쿠시마福島현의 구 다나구라棚倉번사로 일찍이 정계에 진출하

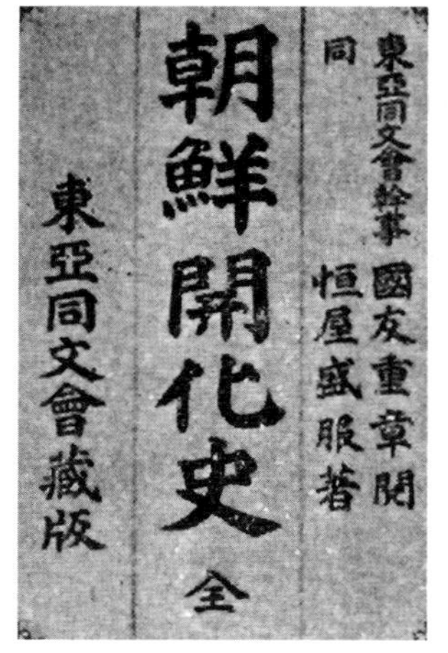
東亞同文會幹事 國友重章 閱
同 恒屋盛服 著
朝鮮開化史 全
東亞同文會藏版

였고, 1892년 멕시코 탐험에서 돌아온 이후 식민사업의 실행 및 운동에 종사했다. 1894년 8월 박영효 등을 따라 한반도로 건너왔으며 한국정부의 내각보좌관이 되었다. 그러나 곧 관직에서 물러났으며, 수년간 경성에 머물면서 이 책을 냈다.

1898년 봄에 붓을 들었고, 그 다음해 5월에 원고를 완성하여 조선개화사라는 제목을 붙였다. ……이 책의 편제가 그 형식을 갖추었다고 하기는 어렵다. 인용할 서책이 너무 많고 잡다하여 그야말로 암중모색을 거듭했기 때문이다. 어찌 반도를 연구했다고 말할 수 있으랴.(서)

〈목차〉

제목	제목	제목
(지리편)	(문화편)	운송, 교통
팔도지지	서남 2계통의 문(文)	(외교편)
역대판도 연혁	위진문명의 전파	반도 외교 초기
경외 지역	불교 전래의 결과	신라 중흥의 외교
일한양국 지리상의 관계	백제 · 고구려 문화의 유전(流傳)	신라 외교의 평화
(인종편)	신라 왕조 문운의 성시	고려와 거란의 관계
천강인종	고려문명의 제1기	고려와 송 · 금의 관계
부여족	고려문명의 제2기	몽골의 정복 시대
반도관련 각종(各種)	이조 창업시대	고려 말기의 외교
한인종의 식민 및 인종의 대변동	세종왕의 치세	조선의 국시와 그 외교
일본인의 식민	세조부터 선조까지	일본의 일대 타격
부여의 반도 대이주	임진난 후	청국의 정복

제목	제목	제목
백제 · 고구려의 멸망과 인종의 이동	사회	쇄국시대
중고 혈맥의 분란	종교 · 교육	개국 후의 외교
개론	정부 · 제도	반도외교의 결론

115) 일한명원고日韓名原考

저자	나카무라 조테이(中村朝貞)	출판년월	1901년 6월
판형	국판	페이지 수	16쪽
발행처	미에현 저자	소장처	架藏

이 책은 고대 일한의 명의名儀에 관해 『고사기』, 『일본기』, 『연희식延喜式』에서 그 근원을 찾는 내용으로 이루어져 있다. 목차와 순서가 없고 권말에 "이 책의 제목을 자원고字原考가 아닌 명원고라 함은 우리나라에서 가자假字라 하지 않고 가나假名라 부르는 관례를 따른 것이다. '명名'의 유래는 『의례』 빙례聘禮 '불급백명서우방不及百名書于方'의 주에 적혀있는 '각서문야금위지자名書文也今謂之字'에서 딴 것이다(73쪽)"라는 기술이 보인다. 사다즈미 친왕貞純親王 제31대 후예 미나모토노아손源朝臣 조테이朝貞 지음이라고 적혀 있다. 사가私家한정판이다.

116) 조선근세사朝鮮近世史 상 · 하권(2책)

저자	하야시 다이스케	출판년월	1901년 6월, 1902년 정정 재판
판형	국판	페이지 수	각 권 100쪽
발행처	도쿄 요시카와 한시치 藏版	소장처	일본 국회도서관

저자의 소전 및 저서에 관해서는 88번 항목을 참조.

이 책은 전에 간행했던 조선사의 후속편이다. 수년 전에 원고를 마쳤으나 내가 사학전공이 아니라 달리 연마할 여력도 없고 재료를 얻기도 곤란한 형편에 반년을 서랍 속에 묵혀 두었다. 옛 원고를 다시 꺼내서 약간의 보정을 더한 뒤 인쇄하게 되었다. ……제목을 조선근세사라 정했으며, 체재를 조금 바꾸긴 했으나 앞서 간행한 책을 계승하고 있다. 상세한 부분이 있는가하면 간략하게 기술한 부분도 있다. ……세상에 드러난 조선 사료가 매우 많은데, 이 책은 단지 큰 줄기를 기술하여 후대 연구자의 편의를 도모하려는 것에 불과하다.(예언)

참고로 1912년 요시카와 홍문관吉川弘文館이 본서의 축쇄(36판)판을 간행했다. 전문 196쪽이며 『일한의 병합』 가운데 청일전쟁 이후부터 일한합병까지를 다룬 장 하나를 추가했다.

〈목차〉

장	제목	장	제목	장	제목
제1장	조선의 기업(基業)	제5장	사림의 화(禍)와 외교	제9장	외척 및 왕족의 전자(專恣)
제2장	세종의 치적	제6장	임진란	제10장	구미 및 청일의 관계

장	제목	장	제목	장	제목
제3장	세조의 찬립(簒立)	제7장	만주의 침입 및 강화	(부록) 조선이씨 세계(世系) 및 연표	
제4장	대전 제정	제8장	문화 및 당쟁		
(부록) 동반 서반 직관표		(부록) 당파분열표			

117) 조선물어초朝鮮物語抄

저자	요코야마 겐도 抄竝校	출판년월	1902년
판형	국판	페이지 수	24쪽
발행처	도쿄전문학교 출판부	소장처	舊藏

요코야마 겐도横山健堂의 본명은 다쓰조達三이고 호는 흑두건黒頭巾이다. 1872년 야마구치현 하기萩시에서 태어났으며 1898년 도쿄제국대학 문과대학 국사과를 졸업했다. 평론가로 알려졌으며 저서로 『구번舊藩과 신인물』(1911), 『교육사여재教育史余材』(1908), 『사쓰마 류큐薩摩琉球』(1914) 등이 있다.

> 조선물어 1권은 내가 지난여름 고향 하기에 돌아갔을 때 얻은 사본이다. 이 책은 1728년에 편술된 것으로, 본래 조선통사였던 스기하라 신자에몬(杉原新左衛門)의 이야기를 필기한 것이다. ……읽기 어려운 부분도 있었으나 조선과의 교통에 관한 자료가 적지 않기에 여기에 그 주요내용을 초출해 둔다.(권두)

118) 정한론의 구 몽담征韓論の旧夢談

저자	사다 하쿠보	출판년월	1903년 8월
판형	국판	페이지 수	64쪽
발행처	도쿄 저자	소장처	架藏

정한론의 수창자를 자칭한 사다 하쿠보(약전에 관해서는 67번 항목을 참조)가 쓴 책이다. 사다는 『조선문견록』(1875), 『정한평론』(1875년, 67번 항목 참조) 등의 저서를 남겼다. 『정한론의 구 몽담』은 하쿠보가 72세 때 적은 회고담이며, "주지하듯이 정한론의 효시는 바로 나 하쿠보"(서언)라고 주장한다. 이 책은 과거 정한론의 오전誤傳을 바로 잡고 그 시말의 개요를 기록한 것으로 『메이지문화전집』 제22권 「잡사편」에도 수록되어있다.

〈목차〉

제목	제목	제목
서언	한이(韓吏)와 담판	하쿠보가 정한론을 방해하다
정한론의 발단	동래백(東萊伯)과 훈도 등의 각서 세 통	하쿠보가 정한론에 동정하다
조선출장을 명받다	조선사정	사이고 난슈(西郷南洲) 옹의 대정한론(大征韓論)
유신의 보고서	귀국	이타가키 다이스케(板垣退助) 옹의 선견
선문서계(先問書契)	세 번째 건백	부기
다이슈(対州)의 사정	하쿠보의 뜻	

119) 천우협天佑俠

저자	기요후지 고시치로(清藤幸七郎)	출판년월	1903년 10월
판형	국판	페이지 수	200쪽
발행처	도쿄 신진사(新進社)	소장처	架藏

저자는 구마모토 사람으로 호는 탄택呑宅이다. 일찍이 중국 대륙에서 활약했고 훗날 시모나카 야사부로下中弥三郎[21]와 함께 평범사平凡社를 설립했다. 1929년 2월 60세로 사망했다.

갑오년 여름 동학당이 한국을 어지럽힐 때 천우협이라 칭하는 신주건아(神州健兒)의 무리가 있기에 혈맹하여 합세했다. 기이한 계책을 행하기가 신과 같았으며, 분격돌전(奮擊突戰), 질풍신뢰(疾風迅雷)의 기세로 남한 56주를 유린하여 결국 청일전쟁을 일으켰다. 그 감천동지(撼天動地), 절장절쾌(絶壯絶快)한 활극은 천우협이 침묵하는 바람에 여전히 사람들에게 알려지지 못했다. 최근 극동의 풍운이 재차 험악해지고 암운참담의 급변을 바란지도 벌써 반년이 지났다. 큰 벼락과 폭풍이 몰아치니 아무리 의논을 거듭해도 결국 세상에 도움이 되지 않았고 이제 가을을 맞았다. 여기 이 책을 간행하여 숨김없이 그 전모를 드러내는 바, 하나의 작은 의미조차 없지는 않을 것이다.(권두)

천우협은 이후 동학당 수령 전봉준과 결별하고 계룡산의 한 오래된 절(신천사新天寺)에서 농성을 벌이게 된다. 이 책은 천우협 무리가 농성에 이르기까지 활약한 줄거리를 기록한 것이다. 이 책의 저자는 기요후지 고시치로清藤幸七郎라고 적혀 있으나, 고故 요시노 사쿠조吉野作造 박사에 의하면

21 시모나카 야사부로(1878~1961) : 효고현 출신으로 헤이본샤(平凡社)의 창립자다. 19살에 소학교 대용교원으로 일했고, 그 후 소학교 및 사범학교 교사를 하면서 농본주의의 영향을 받았다. 1914년 소형백과사전 『포켓 고문, 이거 편리하네(ポケット顧問や、此は便利だ)』를 판매할 목적으로 헤이본샤를 설립했다. 1930년대에는 『대백과사전』을 출판하여 일약 사전 출판사로 유명해졌다.

실제 필자는 천우협의 일원인 스즈키 덴간鈴木天眼[22]이라고 한다(『강학여담』, 180쪽).

이 책에는 목차가 없다. 소제목을 게재한다.

〈목차〉

제목	제목
태평가	화약 분취(分取)
중원환수록(中原還逐鹿)	공전절후의 야행 기책
투필사융(投筆事戎) 부산대본영의 동정	함안객사에서 위대한 장부를 보다
시산수명각(柴山水明閣)의 회의	폭탄 실험
양박(兩朴) 산도(山道)의 당정을 살피다	원두의 소투(小鬪)
요시쿠라(吉倉) 선발의 결심	만인(蠻人)에 대한 결심
양사(兩士)의 선발	자자손손 일본에 무례를 범하지 않는다
본대가 바다와 땅에서 나란히 전진하다	진주성의 형세
금산 습격을 결정하다	천우협의 깃발이 처음으로 진주성에 휘날리다
금산 야습의 실태	(이하 생략)

120) 조선연표朝鮮年表

저자	모리 준사부로(森潤三郎)	출판년월	1904년 1월
판형	46판	페이지 수	316쪽
발행처	도쿄 춘양당	소장처	架藏

저자는 모리 오가이森鷗外의 영제令弟로 문인이다. 저서로 『모미지야마紅

22 스즈키 덴간(1867~1926) : 후쿠시마현 출신으로서 어렸을 적에 한적을 배웠고 상경한 이후 기식하면서 학업을 이어갔다. 병을 얻어서 나가사키에서 요양한 적이 있으며, 도쿄에 나와서 쓴 『독존자(独尊子)』, 『장부의 본령(丈夫の本領)』으로 명성을 얻었다. 1890년 『활세계(活世界)』를 창간, 국수주의 계열의 기자로 활동했으며 천우협에 참가하면서 조선으로 건너갔다.

葉山문고와 서물봉행』(1933년 7월)이 있다.

조선연표 편찬을 거의 완성하고 역대 왕호를 기록하고자 하였으나, 신선원계보기략(新璿源系譜紀略) 이 책 하나가 빠져있었다. 그리하여 제국도서관, 도쿄제국대학, 한국사관을 비롯하여 여러 명가들을 돌아 다녔으나 결국 찾지 못했다. 그런데 우연히 시데하라 다이라 군이 한성에 오래 머무른다는 말을 듣고 가나자와 쇼자부로 군을 통해……수부(首府)의 서적상에게 듣기를 이것은 관판(官版)이라 정부에 도움을 요청해야 했다. 결국 한 권도 남김없이 책들을 수집할 수 있었고 이를 모두 초사(抄寫)함으로써 나의 뜻을 이룰 수 있었다. 시데하라 군이 없었다면 연표를 작성한 노력이 모두 물거품이 되었을 것이다. ……또한 운이 따라준 덕분에 부록으로 넣은 종가(宗家)계보에서 백작 종가의 비밀기록을 정정할 수 있었다. 여기 적어서 후서(後序)를 대신한다.(후서)

〈목차〉

장	제목	장	제목	표	제목
서설		제2장	기씨의 세	제1	제왕세계표
(제1편)		제3장	위씨의 세	제2	역대 건도표
제1장	지리	제4장	한루의 세	제3	일청한 대조연표
제2장	인종	제5장	삼국의 세	제4	일한교통연표
(제2편)		제6장	고려의 세	(부록 종가계보)	
제1장	단군의 세(世)	제7장	조선의 세 신조선시대		

121) 삼국유사三国遺事 상 · 중 · 하(3책)

– [도쿄] 문과대학 사지총서史誌叢書

저자	일연	출판년월	1904년 8월
판형	국판 화장	페이지 수	103엽
발행처	도쿄 요시카와 홍문관(吉川弘文館)	소장처	도쿄대학

『삼국유사』 5권은 고려의 승려 일연(1206~1289)이 지은 것으로 왕력, 기이, 흥법, 탑상, 의해, 신주, 감통, 비원, 효선 9편으로 이루어져있다. 사서로서는 『삼국사기』와 더불어 현존하는 조선고사의 쌍벽을 이룬다.

이 책은 1512년 경주 판본을 저본으로 삼고 있으며, 문학박사 쓰보이 구메조坪井九馬三,[23] 구사카 히로시日下寛[24]가 교정하여 문과대학 사지총서의 하나로 활자 인쇄한 것이다. 교정자의 주기를 넣고 세 권으로 편집하여 요시카와 홍문관에서 발행했다.

이 저본에는 몇 장의 결락이 있었으나 당시에는 그대로 인쇄했다. 1916년에 결락 없는 완본을 이마니시 류今西龍[25]가 입수했다. 이를 다섯 권으로 영인한 것이 『교토제국대학 문학부총서』 6권(174번 항목 참조)으로 간행되었다. 이마니시 본은 '고전간행회'(1932년, 경성)에서도 원본을 영인하여 출

23 쓰보이 구메조(1859~1936) : 오사카 출신으로서 오사카 개성소(開成所)에서 공부했으며 도쿄외국어학교, 도쿄개성학교를 나왔다. 1881년 도쿄제국대학 문학부 정치이재학과를 졸업했으며, 1885년에는 전공을 옮겨 이학부 응용화학부를 졸업했다. 사학에 뜻을 품고 1887년 유럽에 유학했으며 1891년에 귀국하여 동교 교수로 취임했다.

24 구사카 히로시(1852~1926) : 이바라키현 출신의 한학자. 사료편찬에 종사했으며 도쿄제국대학 강사를 역임했다. 한학자 그룹인 가이란사(廻瀾社)에서 활약했고 『다이쇼 시문(大正詩文)』을 주재했다.

25 이마니시 류(1875~1832) : 기후(岐阜) 출신의 조선사 연구자. 도쿄제국대학 졸업 후 1906년부터 경주의 고고학적 조사를 진행했다. 교토제국대학 강사를 거쳐 1926년부터 경성제국대학과 교토제국대학의 겸임교수로 재직했다. 신라사와 백제사 등 고대사 연구에 종사했다.

판했다. 통행 활자본에 '조선사학회본'(1928년, 경성) 및 경성 '삼중당본'이 있으며, 경성의 계명구락부가 주관하는 『계명』 18호(1927)에서 최남선이 해제를 단 특집호를 간행한 적이 있다. 원문 일본어번역 대조본으로서 아오야기 쓰나타로의 '조선연구회본'(제14집, 1915년, 47번 항목 참조)이 있다.

참고로 '고전간행회본'은 1964년 학습원學習院 동양문화연구소가 국판菊版으로 축사縮寫 중판하였고, '조선사학회본'은 1971년 도쿄 국서간행회가 형태를 바꾸지 않고 그대로 중판했다.

122) 조선지나 외정록朝鮮支那 外征録

저자	이시카와 에이(石川英)	출판년월	1904년 12월
판형	국판	페이지 수	85쪽
발행처	도쿄 동양당	소장처	架藏

저자는 메이지의 시문가로 1833년 3월 미카와三河 도요하시豊橋에서 태어났다. 자는 군화君華, 호는 홍제鴻斎. 지산외사芝山外史, 운니거사雪泥居士 등의 별호가 있다. 니시오카 스이엔西岡翠園의 문인으로 백가의 서를 섭렵할 만큼 박식했다고 알려진다. 1918년 9월 13일 사망. 저서로 『한문궤범漢文軌範』, 『정속문장궤범강의正続文章軌範講義』, 『문법화론文法話論』, 『서법평론書法評論』, 『시법평론詩法評論』, 『오두음석강희자전鼇頭音釈康熙字典』, 『전문상주篆文詳註』, 『일본대옥편』, 『신선일본자전新選日本字典』 등 수십 종이 있다.

이 책은 신공황후의 신라정벌부터 사이고 중장(西郷中將)의 대만정벌까지를 기록한 것이다. 이 시기에 그들이 해구라 칭하는 자들이 조선과 지나의 연해를 침략한 일을 기재한다. 우리나라의 정사를 기록하는 이들은 모두 아는 사실이다. 다만 중인들이 알지 못하기에 그들 땅의 역사를 기록한다. 이 책은 오로지 그들 편에서 기록한 내용을 싣고, 여기에 우리가 기록한 내용을 합쳐서 고증을 시도했다. ……풍공의 정한(征韓) 사실에 관해서는 여러 책들을 통해 상세하게 알려져 있으므로 대략의 줄거리만 기록했다. 그들의 기록 중에서 의심되는 내용은 모두 생략했다. 대만의 경우도 마찬가지다.(범례)

〈목차〉

제목	제목	제목
(조선부)	직례	복건성
경기도	산동성	호남성
강원도	산서성	황동성
전라도	하남성	황서성
경상도	산서성	협서성
충청도	하남성	감숙성
함경도	강소성	협서성
평안도	안휘성	감숙성
(지나부)	강서성	사천성
성경	절강성	운남성
		귀주성

123) 고안 분로쿠 정한위적弘安文禄征韓偉績

저자	사학회 編	출판년월	1905년 4월
판형	국판	페이지 수	246쪽
발행처	도쿄 부산방	소장처	架藏

도쿄제국대학 사료편찬계 관련자들이 지난해 10월 열린 제3회 전람회에서 사람들의 주의를 가장 많이 끌었던 고안 분로쿠의 역(役)에 관한 내용을 뽑아서 평석(評釈)하고 부연하여 이 책을 만들었다. ……본회의 요청으로 이를 인쇄하여 정한위적이라는 제목을 붙였다. 이를 전지(戰地)의 각 단대(團隊), 그리고 상병(傷病) 장병들을 수용한 내외 병원에 기증하여 휼병(恤兵)의 작은 정성을 표시하고자 한다. 또한 일부는 내지의 여러 학교에 기증하여 수신과 역사 강의의 재료가 되도록 한다.(서언)

〈목차〉

제목	제목
『상편』	『하편』
가마쿠라 시대의 외정계획 (미우라 히로유키(三浦周行))	분로쿠역의 강화조건 (미카미 산지)
호조 도키무네(北条時宗)의 기원문(구로이타 가쓰미)	분로쿠역에서 포로의 대우 (야시로 구니지(八代国治))
굉각(宏覚)선사의 몽고 항복 기원문(미카미 산지)	분로쿠역에서 점령지 수세(收稅) 일반(시바 가즈모리(芝葛盛))
『중편』	분로쿠역과 호랑이 사냥 (야마가타 쇼조(山県昌蔵))
풍태합의 그림에 관하여 (호시노 히사시(星野恒))	분로쿠역이 우리 공예에 미친 영향(히라야마 고지로(平山鏗二郎))
풍태합이 외정의 큰 목적을 드러낸 문서(다나카 요시마사(田中義正))	고야산(高野山)의 조선진(朝鮮陣) 공양비(구로이타 가쓰미)
분로쿠역에서 우리의 전투력(오카다 마사유키(岡田正之))	이국첩상사(異國牒狀事) (와다 히데마츠(和田英松))

제목	제목
풍태합의 군율(미우라 히로유키)	호조 도키무네(北條時宗) 그림(목판)
안국사 에케이(惠瓊)의 서간 한 절(쓰지 젠노스케(辻善之助))	풍태합 그림(콜로타입)
울산농성 정황 (스즈키 엔지(鈴木円二))	고요제(後陽成) 천황이 풍태합에게 하사한 선면의 그림(목판)
풍태합이 소지했던 것으로 알려진 선면(扇面) 및 분로쿠역에서 사용된 지도 (후지타 아키라(藤田明))	풍태합이 소지했던 것으로 알려진 선면(콜로타입)
도요토미 히데요시, 필리핀 제도 및 대만에 입공을 촉구하다 (무라카미 나오지로(村上直次郎))	고야산의 조선진 공양비(동판)

124) 조선사朝鮮史 – 제국백과전서 제129편

저자	구보 덴즈이(久保天随)	출판년월	1905년 6월 (1909년 4판)
판형	국판	페이지 수	318쪽
발행처	도쿄 박문관	소장처	架藏

저자[26]는 중국문학자로 이름은 도쿠지得二이며 별호는 두성兜城, 추벽금로주인秋碧今盧主人이었다. 1899년 도쿄제국대학 문학부 한문과를 졸업하고 『제국문학』 등에 기행, 수필, 중국 문학 평론을 발표하는 등 문단의 일각에서 활동했으나, 이후에는 오직 시작과 중국희곡연구에만 몰두했다. 1920년 9월 궁내성 도서료圖書寮 편수관을 역임했다. 1927년 11월에 문학박사 학위를 받았으며, 1924년 3월 다이호쿠제국대학 교수가 되었다. 1934년 60세의 나이로 사망했다. 저서로 『동양통사』, 『지나문학사』, 『일

26 구보 덴즈이(1875~1934) : 도쿄 출신의 메이지~쇼와시대의 한문학자. 1920년 궁내성 도서편수관을 역임했으며 『제국문학』 등에 기고했다. 한문서적 주석, 평론, 수필, 한시, 중국희곡 연구 등에 종사했다.

본유학사』, 『백로집白露集』, 『산수미론』, 『지나희곡연구』 등이 있으며 그 외에도 한시집과 한적 평석 등을 남겼다.

반도사 연구는 단순히 학계의 수요에 그치는 것이 아니다. 오늘날 그 정치적 의미는 증대하고 있다. 이 책은 나의 작은 뜻을 담고 있다. ……반도사 연구는 결코 며칠 공부한다고 이룰 수 있는 일이 아니다. 이 작고 변변치 못한 책은 고증도 아직 정밀치 않고 상세한 증명도 부족한 점이 많지만, 일단 형태를 갖추어 한권의 조선사를 간행하는바 필로산림(篳路山林)의 공로가 조금이라도 있기를 바랄 뿐이다.(서)

〈목차〉

편	제목
제1편	태고기 「고조선」
제2편	상고기 「삼한정립의 세」
제3편	중고기 「고려시대」
제4편	근고기 「조선시대」
제5편	현대기 「금제(今帝)시대」

125) 정한론분열시말征韓論分裂始末

저자	나가누마 구마타로(長沼熊太郎) 遺稿	출판년월	1906년 4월
판형	국판	페이지 수	24엽
발행처	도쿄 이소베 문창당(磯部文昌堂)	소장처	架藏

세이사쓰 이쓰진西薩逸人이 서문을 썼다.

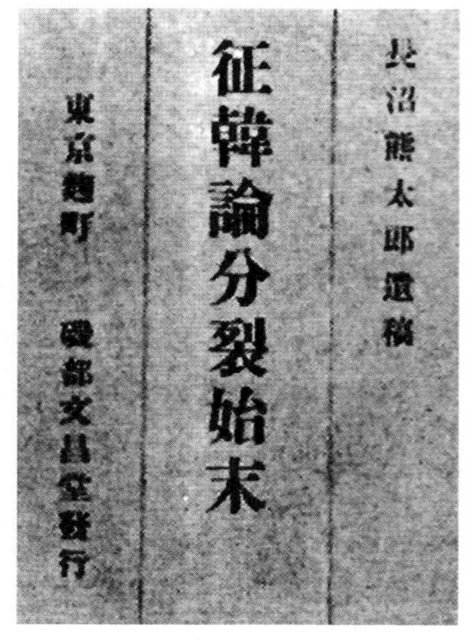

나가누마 군은 이와테 현의 사(士)로 당시 내각 서기관(태정관 7등 출사) 자리에 있으면서 1873년 정한론으로 묘당이 분열했을 때 직접 목격하고 들은 내용을 사실대로 기술했다. 직책을 사임한 후 1881년에 그는 나의 고향에 머물렀는데, 그때 이 글을 받았고 서랍 속에 간직해왔다. …… 시간이 지나면서 벌레가 좀먹는 것이 애석한 마음이 들어 한 글자, 한 구절도 삭제하지 않고 인쇄하여 후일의 참고자료로 삼고자 한다.(서)

『메이지문화전집』에는 수록되지 않았으나 제22권 「잡사편」 편집후기에 "저자(나가누마 씨)는 1881~82년 무렵 자유민권파의 기자로 다소 세상에 알려졌으나, 머리는 여전히 공허한 침략주의로 굳어있었던 것 같다. 이 책 또한 그러한 편견으로 가득 차있다. 역사를 연구하기에는 도움이 되지 않지만, 이러한 견해를 가진 사람도 상당수 있었다는 하나의 표본으로서 보존할 가치가 있다"라는 평가가 보인다. 저서로 번역서인 『영정연혁론英政沿革論』(1873) 등이 있다.

126) 시마즈씨 원구토벌기사島津氏元寇討伐紀事; 시마즈씨 조선무공기사島津氏朝鮮武功紀事

저자	–	출판년월	1906년 11월
판형	국판	페이지 수	127쪽
발행처	–	소장처	舊藏

책에 판권장이 없으며 편자명과 목차도 없다. 시마즈 가문이 외교사 자료에 이바지할 목적으로 한정 인쇄한 것으로 보인다.

여기에 실은 기사들은 모두 원구(元寇)와 정한(征韓)의 난에 관련된 시마즈씨의 사적(事蹟)을 서술한 것이다. 이미 양 난에 관련된 서적들이 세간에 많이 나와 있으므로 생략한 부분들도 있다. 우선 원구의 난은 연대가 대략 오래되어서 구기가 간략하고 상세하지 않은 점이 유감이다. 정한의 난에 대해서는 공문과 서간 등에 기록이 많은데 여기에는 당시의 정황을 밝히는 데 가장 필요한 내용들을 선별하고, 전문도 몇 종류 게재하겠다. 그리고 이 책은 우리나라의 외교사 재료에 이바지하는 것이 목적이므로 사가찬술의 형식을 취하지 않았다. 또한 이 책은 시마즈 씨가 정통계보와 국사를 포함한 여러 기록을 참고하여 작성한 것으로, 사실을 정확하게 전달하는 것에 신경을 썼기 때문에 지엽적인 이야기들은 빠져있다. 추후 새로운 기록이 발견되면 보충할 필요가 있을 것이다.(예언)

127) 조선황실 급 민족변천의 개요朝鮮皇室及民族変遷ノ槪要

저자	히라키 간타로 調査	출판년월	1906년
판형	국판	페이지 수	26쪽
발행처	경성 내각부동산법조사회	소장처	舊藏

이 책은 촉탁 히라키 간타로(平木勘太郎)가 집무 중 여가를 내어 연구한 것으로, 옛 자료 중에 좋은 참고자료로 판단된 것들을 모아서 인쇄한 것이다.

〈목차〉

제목	제목
(제1장) 황실	(제2장) 민족
태고시대 조선	한반도에서 번식한 민족의 종별
중고의 조선(삼국시대)	한반도 민족의 유래
근고시대	야마토 민족과 반도 민족의 관계

128) 정한론실상征韓論実相

저자	게무야마 센타로(煙山專太郎)	출판년월	1907년 9월(1908년 재판)
판형	국판	페이지 수	310쪽
발행처	도쿄 와세다대학출판부	소장처	도쿄경제대학

저자[27]는 와세대대학 교수로 『근세무정부주의』(1902), 『독일팽창사론』(1918), 『구주최신외교사』(1919) 등을 저술했다. 이 책은 정한론에 관한 유일한 학술

27 게무야마 센타로(1877~1954) : 이와테현 출신으로 일본에서 처음으로 러시아 연구를 한 인물로 알려져 있다. 서양사, 정치학을 연구했다. 1897년 도쿄제국대학 사학과에 입학했으나 2년 뒤 철학과로 옮겼다. 와세다대학에서 정치경제학, 서양근세사, 정치사 등을 강의했으며 1922년부터 3년간 유럽에서 유학했다. 정년까지 와세다대학에 머물렀다.

적 연구로 알려져 있다.

정한론은 유신 후 5~6년 간 우리나라의 상하에 팽배했던 대국권론(大国権論)의 여파 중 하나에 불과하다. 따라서 그 실상을 밝히기 위해서는 당시 사회 전반을 넓게 고찰할 필요가 있다. 책의 곳곳에서 표제 이외의 여러 다양한 문제들까지 살펴본 이유다. 그러므로 이 책은 일종의 작은 메이지 초기 십년사이기도 하다.(서언)

〈목차〉

장	제목	장	제목
제1	소언	제11	류큐 문제
제2	유신 초년의 우리 내정	제12	대만 문제
제3	유신 초년의 우리 외교	제13	막부시대의 대한관계
제4	시폐(時弊)와 반정(反情)	제14	정한론 발흥
제5	현상타파 운동 (정부 부내의 작은 동요)	제15	소에지마(副島) 적청(適清)의 사명
제6	국권 확장론자의 비약	제16	견한(遣韓) 대사의 내정
제7	조약개정담판 노력	제17	내각 분열
제8	마리아 루즈호의 매노(賣奴) 해방	제18	이후의 한국문제
제9	북경(北境) 획정 담판	제19	잡관(雜觀)
제10	오가사와라(小笠原) 문제	제20	내각 분열의 여파

129) 영화대역 풍태합 정한사英和対訳 豊太閤征韓史

— 영문독습총서英文独習叢書 제2편

저자	W. 애스톤 原著 마스다 도노스케 譯述	출판년월	1907년 10월
판형	46판	페이지 수	57쪽(원문은 64쪽)
발행처	도쿄 융문관(隆文館)	소장처	舊藏

원저자 윌리엄 조지 애스톤William George Aston(1841~1911)은 영국 외교관으로 케임브리지대학을 졸업한 후 1864년 주일공사관 통역생으로 일본으로 건너왔다. 1880년 효고兵庫영사 대리, 1884년 조선총영사를 역임했으며 1886년에는 일본공사관 일등서기관이 되었다. 1889년에 귀국했다. 장기간 재류하면서 우리 국어와 국문을 연구하여 조예가 깊고, 일본에 관한 논저도 30여종에 달한다. 『일본문전文典』, 『일본문학사』, 『신도론』, 『일본기』 등으로 유명하다.

"Hideyoshi's invation[28] of Korea"는 저자가 예전에 *Transactions of The Asiatic Society of Japan*, vol.XI, 1883년(『일본아시아협회지』 제11권)에 게재했던 글인데, 와세다대학 교수 마스다 도노스케增田藤之助[29]가 이를 번역하여 영문독습총서 제2권으로 간행했다.

> 일본 역사상 대단히 중요하며 현저하게 큰 일부분을 차지하는 풍태합의 정한에 관한 기사 중에서 이처럼 정연하고, 질서 있으며, 조직적인 개요는 본

28 invation : invasion의 오자로 보인다.

29 마스다 도노스케(1865~1942) : 미에현 출신의 메이지시대 영학자(英學者). 18세에 상경하여 일본영어전수학교(릿쿄대학 영미문학과의 전신)에서 영어를 가르치면서 『자유신문』에 논설을 기고하는 한편 번역에 종사했다. 1894년부터 도쿄전문학교에서 영어를 가르쳤으며 와세다대학 명예교수를 지냈다.

적이 없다. ……애스톤 씨는 이 책을 쓰면서 정한위략, 징비록, 조선정벌기, 조선군기대전, 조선물어, 일본외사, 풍공정외신사, 아라이 하쿠세키 5사략, 외번통서 등을 참고했다. 그러므로 나 역시 번역과정에서 위 책들을 참조했으며, 저자가 이들 책에서 번역한 부분은 원문 그대로 실었다.(역자 서)

〈목차〉

장	제목
	역자서문
	발단
제1장	정벌
제2장	퇴군
제3장	화의
제4장	재정벌
	[영문]

130) 한국정미정변사韓国丁未政変史

저자	나라자키 게이엔(楢崎桂園)	출판년월	1907년 12월
판형	46판	페이지 수	213쪽
발행처	경성 일한서방	소장처	架藏

저자는 나라자키 간이치観一이며 호는 게이엔桂園이다. 오사카매일신문 경성지국원으로 경성에서 근무했다. 1907년 5월 헤이그에서 개최된 만국평화회의에 한국은 밀사를 보내 자신들이 초대받지 않은 점을 호소했다. 일본이 이에 항의하자 한국 황실은 양위하고 제3차 일한협약을 맺었다.

존경하는 일한 당국의 대관을 직접 만나 정변의 경과를 들었다. 밤낮으로 동분서주하면서 활자자료들을 주도면밀히 수집하고 정리했으며, 여기에 보정을 더해 이 책을 만들었다. 이번 정변의 진상을 전달하는 사료로서 참고가 된다면 이보다 더한 만족은 없을 것이다.(예언)

참고로 나라자키 간이치는 도카노 시게오戸叶薫雄와 같이 『조선최근사』(1912년, 149번 항목 참조)를 저술한바 있다.

〈목차〉

장	제목	장	제목	장	제목
제1장	총론		결국 양위를 결정하다		대조(大詔) 및 해산식
	일한 관계	제4장	양위와 반항		남대문의 격전
	보호정치 1년 반		반대당의 폭동		지방폭동의 봉기
	정미정변		폭도진압의 위임	제8장	한국의 유신
제2장	보호권의 유린		양위식 당일		즉위식의 성전
	밀사의 헤이그 출현	제5장	궁중의 혼란		신협약의 운용
	한국 궁중의 낭패		양위식 거행		일한 황실의 친교
	한제(韓帝)의 반의(叛意)		전 황제의 야심		유신의 조칙 환발
제3장	양위의 전말		박영효 등의 음모	(부록)	한국정변 기담
	송(宋) 농상(農相)의 직간	제6장	보호권의 확충		이완용 내각
	내각의 태도 결정		일한신협약 체결		(사진 3장)
	한제의 양위 준거(峻拒)	제7장	군대 해산		

131) 조선국 견사를 둘러싼 각의분열 사건朝鮮国遣使ニ付閣議分裂事件

― 원제 국헌편찬기원부록原題国憲編纂起原附録

저자	—	출판년월	1908년 2월
판형	46배판	페이지 수	55쪽
발행처	도쿄 미야지마 세이치로	소장처	架藏

미야지마 세이치로宮島誠一郎는 구 요메자와米沢번사다. 유신 때 오우제번연맹奥羽諸藩連盟의 건백서를 가지고 교토로 가서 야마우치 요도山内容堂에게 건넸다. 유신 후에는 좌원 의원이 되었으며, 1872년 5월 입국헌의론立国憲の議을 건언하여 가납嘉納되었다. 궁내성에도 출사했으며 이지치 마사하루伊地知正治 등과 함께 제반규칙조사, 제실전범帝室典範 재료편찬에 종사했다. 이후 귀족원 의원에 선출되었으나 1911년 3월 15일 74세로 사망했다.

이 책을 설명하기 전에 우선 정책正冊『국헌国憲편찬기원』(1905년 12월, 46배판, 74쪽)에 관해 짚어둘 필요가 있다. 1880년, 국회원망原望운동이 극에 달했던 시기 당시 좌원(원로원의 전신) 의관이었던 미야지마는 국헌편찬 일에 종사하면서 직접 알게 된 우리나라 헌정의 유래를 이와쿠라岩倉 우대신右府에게 보고하고자 했다. 당시 외국을 순방 중이었던 이와쿠라는 큰 흥미를 느꼈고, 1881년 5월 미야지마는 이를 글로 써서 이와쿠라에게 바쳤다. 이 자료는 그 후 오랫동안 서랍 안에 잠들어있었는데, 우리의 국헌정치가 확립되었기에 학자들의 고증에 일조하기 위해 1905년 11월 이를 출판하여 관계자들에게 배포했다. 이 책은 메이지 초기 역사, 특히 좌원의 연혁 및 정한론의 기초자료로서 귀중한 문헌이다.

그 뒤를 이어 1908년 별책부록으로 간행된 『국헌편찬기원부록』이 주변의 지인들에게 배포되었다(정책과 부록은 모두 비매품. 증정 인장이 찍혀있다). 이 부록은 '국헌편찬기원부록'이라는 표기와는 달리 국헌편찬과는 아무런 관련이 없고, 정한론에 관한 당시의 사이고西鄕, 오쿠보大久保, 이타가키板垣, 이와쿠라 등의 왕복 문서와 함께 정한론이 분열된 경위를 상세하게 기술하고 있다. 여기에서는 내용에 따라 제목을 위와 같이 바꾸었다. 이 책이 편찬된 경위는 다음과 같다. 처음 정책 『국헌편찬기원』을 배포했을 때 하라 야스타로原保太郞가 글을 보내와 정한론 부분에 사실과 다소 다른 점(62쪽, 이와쿠라도 처음에는 정한론에 대해 비판적이었다는 부분을 가리킴)이 있음을 지적했다. 당시의 실상을 상세히 기록한 이와쿠라의 비록이 존재하므로 이를 참고하여 정정하자는 의견이 있었다. 이 점에 관해 미야지마는 권두에서 다음과 설명한다.

> 원래 『국헌편찬기원』은 우대신의 부탁이 있어서 내가 수기를 중심으로 작성한 것이다. 당시 우대신의 상세한 교열을 거친 것이므로 이를 수정하면 책에 모순이 생긴다. 그래서 하라 씨에게 자문을 구한 뒤, 이와쿠라 집안에 보관된 자료에 입각하여 당시의 각의분열에 관한 부분을 초출해서 본편의 부록으로 삼았다. 졸저의 부족함을 보충한다.(권두 미야지마 수기)

이를 통해 알 수 있듯이 두 책 모두 신뢰할 수 있는 귀중한 자료다. 종래 정한록에 관한 저서로 게무야마 센타로, 『정한론 실상』(1907년, 128번 항목 참조), 흑룡회 편, 『서남기전』(1908년, 133번 항목 참조) 등이 있는데 이 책은 그 기초자료를 이루는 것이다.

참고로 정책은 『메이지문화전집』 제4권 「헌정편」에, 「부록」은 제22권 「잡사편」에 각각 수록되었다. 「잡사편」의 교정자 역시 제목을 바꾸었다.

132) 고려사高麗史 제1책~제3책(3책)

저자	–	출판년월	1908년 11월 ~1909년 10월
판형	국판	페이지 수	각 권 700쪽 내외
발행처	도쿄 국서간행회	소장처	架藏

고려사는 정인지 등이 찬진撰進한 것으로 세가世家 46권, 지志 39권, 연표 2권, 열전 50권, 목록 2권의 총 139권으로 이루어져있으며 일본에도 비교적 이른 시기에 전해졌다. 이 책은 모리毛利[30] 후작이 가지고 있다가 이후 야마구치현의 곤도 기요시近藤清石에게 전해진 일명 '오우치본大内本'을 활자로 인쇄한 것이다. 이치시마 겐키치市島謙吉[31] 등이 경영하는 국서간행회가 이를 3책으로 정리하여 총서의 일부로 발행했다.

30 모리 쓰나모토(毛利綱元, 1650~1709) : 나가토(長門) 조후번(長府藩)의 3대 번주.

31 이치시마 겐키치(1860~1944) : 니가타현 출신. 16세기부터 상업으로 부를 축적한 이치시마 집안의 6대 장남으로 태어났다. 어린 시절 한학과 영어를 배웠고 1874년 상경하여 도쿄영어학교(현 도쿄외국어학교)에서 공부했다. 1878년 도쿄대학에 입학했으나 중퇴했다. 『내외정당사정』을 발간하는 등 저널리스트로 활동했으며 중의원 의원, 문화사업가, 수필가로도 활동했다.

〈목차〉

책	제목
제1	진고려사전(進高麗史箋)
	고려세계(高麗世系)
	찬수 고려사 범례
	수사관
	세가 46권
제2	지 39권
	표 2권
제3	열전 50권

133) 서남기전西南記伝 상 · 중 · 하권 각 2책(6책)

저자	흑룡회 編	출판년월	1908년 12월
판형	국판	페이지 수	각 권 800쪽 내외
발행처	도쿄 흑룡회본부	소장처	도쿄경제대학

흑룡회 회원인 자산紫山 가와사키 사부로川崎三郎가 편찬을 전담했다.

정한론을 중심으로 1877년 서남전쟁까지 시국의 대세를 서술한 것이다. 조금이라도 후대의 참고가 되길 바란다. ……일한교섭과 관련하여 가장 많은 재료를 제공해준 인물은 모리야마 시게루 씨, 히라야마 나리노부(平山成信) 씨, 미야모토 고이치(宮本小一) 씨다. 모리야마 씨는 유신 이래 서랍 깊숙한 곳에 숨겨왔던 수십 종의 문적 및 서간들을 제공해주었고, 히라야마 씨는 부친 세사이(省斎) 옹이 소장하고 있던 진서와 비적을 빌려주었다. 미야모토 씨가 말해준 일한교섭에 관한 경력은 큰 도움이 되었다. 이 책에서 일한교섭의 알려지지 않은 이야기를 밝힐 수 있었던 것은 모두 이들 덕택이다. 정한론에 관하여 가장 유익한 일화와 재료를 제공해 준 이들은 구로타 기요쓰나(黒田清綱), 미야지마 세이치로, 이타가키 다이스케(板垣退助), 야마가타 아리토모(山県有朋), 시바야마 야하치(柴山矢八), 하세바 스미타카(長谷場純孝), 와타나베 구니타케(渡辺国武) 씨 등이다. 그 중에서도 시바야마 씨는 정한론을 다루고 있는 『사이고 다카모리 직화필기』를 빌려주었고, 미야지마 씨는 저서 『국헌편찬기원』을 제공하여 본 모임에 큰 도움을 주었다.(예언)

한편 『서남기전』은 최근에 복각본이 간행되었다.

〈목차〉

<table>
<tr><th>편</th><th>제목</th><th>편</th><th>제목</th><th>편</th><th>제목</th></tr>
<tr><td colspan="2">「상권 1」</td><td colspan="2">제2장 만주시찰복명서</td><td>제7편</td><td>사가전기(佐賀戰記)</td></tr>
<tr><td>제1편</td><td>정한론(상)</td><td colspan="2">제3장 대외책(對外策)</td><td>제8편</td><td>구마모토전기</td></tr>
<tr><td>제2편</td><td>정한론(하)</td><td colspan="2">「상권 2」</td><td>제9편</td><td>아키쓰키(秋月)전기</td></tr>
<tr><td>제3편</td><td>정번[32]의 역</td><td>제4편</td><td>가라후토(樺太) 문제</td><td>제10편</td><td>하기(萩)전기</td></tr>
<tr><td colspan="2">(부록)</td><td>제5편</td><td>오사카 회의</td><td>제11편</td><td>사학교</td></tr>
<tr><td colspan="2">제1장 기리노 도시아키[33]의 정한론에 관한 실화</td><td>제6편</td><td>강화만(江華灣)사변</td><td colspan="2">부록 운양함(雲揚艦) 포격 후 모리야마 시게루의 도한일지 그 외</td></tr>
<tr><td colspan="2">「중권 1」</td><td colspan="2">「중권 2」</td><td>제9편</td><td>도성방면 전투</td></tr>
<tr><td>제1편</td><td>서남전역 전의 형상</td><td>제5편</td><td>미후네, 겐군(健軍), 호타쿠보(保田窪), 오쓰(大津)방면 전투</td><td>제10편</td><td>사도와라(佐土原)방면 전투</td></tr>
<tr><td>제2편</td><td>구마모토방면 전투</td><td>제6편</td><td>히토요시(人吉), 사시키(佐敷), 오구치(大口)방면 전투</td><td>제11편</td><td>에도다케(可愛嶽) 및 그 외 방면 전투</td></tr>
</table>

32 征蕃 : 1871년의 대만출병 사건을 가리킨다.

33 기리노 도시아키(桐野利秋, 1839～1877) : 가고시마현 출신. 사쓰마 번사로 사이고 다카모

편	제목	편	제목	편	제목
제3편	우에키(植木), 다카세(高瀨), 다하라(田原), 야마가시(山鹿)방면 전투	제7편	가고시마방면 전투	제12편	시로야마(城山)방면 전투
제4편	야시로(八代), 마츠바시(松橋), 미후네(御船), 가와시리(川尻)방면 전투	제8편	분고(豊後)방면 및 미타이(三田井)방면 전투	제13편	해군의 행동 및 관(官)과 사쓰마 양군의 후방 근무
「하권 1」		제6편	기슈파(紀州派)의 정부 전복 운동	「하권 2」	
제1~3편	당사대(党薩隊)	제7편	기오이자카(紀尾井坂) 사변	제12편	하기사변 제사전
		제8편	정한 주창 제사전(諸士傳)	제13~24편	제사전(생략)
		제9편	구이치가이(喰違)사변 제사전	제25편	결론(정한론과 조선병합 상 · 중 · 하)
제4편	당사 제단(党薩諸団)	제10편	사가사변 제사전		
제5편	도사파(土佐派)의 정부 전복 운동	제11편	경신당(敬神党) 제사전		

134) 한국연표韓国年表

저자	–	출판년월	1909년 3월
판형	국반절판	페이지 수	44쪽
발행처	경성 탁지부 사세국	소장처	일본 국회도서관

한국연표는 집무하면서 항상 필요하다고 느꼈다. 이 표는 불편함을 덜기 위하여 개국 기원부터 연대를 계산하여 일본, 청국 및 서력의 각 연대와 대

리의 지원을 받아 막부 말기 여러 전쟁에서 군공을 세웠다. 유신 후에는 육군 소장, 육군재판소장 등을 역임했다. 정한론 정변으로 사이고와 함께 하야한 이후 가고시마 현에서 사학교를 운영하는 등 사족 교육에 진력했다. 서남전쟁에서 총 지휘관으로 싸우던 중 1877년 진중에서 사망했다.

조하여 만든 것이다.

태조부터 이왕(1909)까지의 대조연표로서 한, 일, 청, 서양 각 연대 외에 1908년부터 역산한 연표를 적고 하단에는 주요 사항을 기재하였다.

135) 조선종사진집朝鮮鐘写真集

저자	다카하시 겐지, 우메하라 스에지	출판년월	1910년 4월 (1923년 5월 재판)
판형	국판	페이지 수	37(도판 50엽)
발행처	도쿄 고고학회	소장처	架藏

이 사진집은 1910년 4월에 조선종으로 알려진 31구에 관하여 다카하시 겐지高橋健自[34]가 해설하고 편집한 내용으로 출판되었다. 그 후 1923년 5월 다카하시가 조사하고 우메하라梅原末治[35]가 집필한 증보 재판이 나왔다.

초판 발행 후 16구의 새 자료가 나왔다. 이를 망라하면서 구판에서 불충분했던 내용을 개정했다. 초판에서는 우리나라 주공(鑄工)이 그들 문양을 모방해서 만든 일본종도 함께 실었으나 재판에서는 이러한 종류를 빼고 순

34 다카하시 겐지(1871~1929) : 센다이 출신. 1894년 도쿄고등사범학교를 졸업하고 중학교 교사를 하면서 나라현의 유적을 조사했다. 그 경력을 인정받아 1904년부터 도쿄제실박물관에서 일하면서 일본고고학회를 주재하고 『고고학잡지』를 간행했다.

35 우메하라 스에지(1893~1983) : 동양고고학자. 1913년에 도시샤 보통학교를 졸업하고 1914년부터 교토제국대학 문과대학 진열관 조수로 일했다. 1921년부터 조선총독부 고적조사위원으로 활동했고 1933년에는 교토제국대학 사학과에서 고고학강좌를 담당했다. 1939년 동 대학에서 「지나 청동기 시대의 연구」로 박사 학위를 받았다.

수 조선종만 수록했다.(재판 서문)

〈내용〉 해설 37쪽, 콜로타입 도판 50엽

제목
서언
조선종 일람표
해설

136) 조선연대기朝鮮年代記

저자	오쿠다 가즈오(奥田一夫, 抱生)	출판년월	1910년 9월
판형	36판	페이지 수	122쪽
발행처	도쿄 요시카와 홍문관	소장처	架藏

이 책은 오로지 일한교통을 다루고 수당 및 그 외의 관계는 생략했다. 한국사의 연력이 확실하지 않으므로 우리 정사를 바탕으로 이를 편찬하고, 한국의 서적 중에서 발췌한 내용도 함께 싣는다. ……신대, 단군, 기자, 삼한 등에 관한 기사는 참고를 위해서 각 권 말머리에 기재한다. 그 외는 각 조목 이하를 보라. 빙사(聘使)의 성명은 왕자 내조(來朝) 이외에는 생략한다.(비고)

〈내용〉 단군에서 병합에 이르는 연대를 상단에 적고 하단에는 사건을 약기해두었다.

제목
(부록)
도이입구(刀伊入寇) 당시 피해 일람
각 연대 왕세계표(王世系表)
일본에서 삼한으로 보낸 사신

제목
장군 그 외 성명 일람표
고겐(弘元) 이전의 외구
유신 이후 일본에서 조선으로 보낸 사신 약표

137) 한국병합전말서韓国併合顚末書

저자	–	출판년월	1910년 9월
판형	46배판	페이지 수	79쪽
발행처	경성 통감부	소장처	架藏

일한의정서 및 통감부 설치까지의 경과를 기록하고 한국병합에 관한 협약과 관계법령을 집록하였다.

〈내용〉

제목	제목
병합전말서	제령
조서(詔書)	부령(府令)
한국황제조칙	통감부훈령
황제령조약	유고(諭告)
칙령	한국병합에 관한 선언

138) 일한합방소사日韓合邦小史

저자	이케다 슈빈(池田秋旻) 編	출판년월	1910년 9월
판형	46판	페이지 수	232쪽
발행처	도쿄 요미우리신문사	소장처	일본 국회도서관

변천 시대를 크게 7기로 구분해서 이 책을 편술했다.(서문)

〈목차〉

제목		제목	
제1기	조공 및 쇄국시대	제5기	고문정치 시대
제2기	청일전역(戰役) 시대	제6기	보호정치 시대
제3기	러일절충 시대	제7기	한국병합
제4기	러일전역 시대		

139) 한국병합의 취지韓国併合の趣旨

저자	사에키 아리요시(佐伯有義)	출판년월	1910년 10월
판형	46판	페이지 수	85쪽
발행처	도쿄 회통사(会通社)	소장처	架藏

일한 병합을 여기에 모두 정리한다. 오늘날 병합을 보면서 이것이 결코 하루아침에 일어난 일이 아님을 역사적으로 설명하지 않으면 안 된다는 것을 느꼈다. 따라서 그 개략을 논하고 참고로 제공하고자 한다.(서론)

저자의 다른 저서로는 『대일본신기사大日本神祇史』(1914), 『신도분류 총목록』(1937)이 있다.

〈목차〉

제목		제목
서론		(부록)
제2	일한양국의 역사적 관계(一)	조서

제목		제목
제3	일한양국의 역사적 관계(二)	조약
제4	한국병합의 이유	훈령, 유고 등
조선의 금후 경영		

140) 한국병합과 국사韓国の併合と国史

저자	기다 사다키치(喜田貞吉)	출판년월	1910년 11월
판형	국판	페이지 수	182쪽
발행처	도쿄 삼성당(三省堂)	소장처	시카타문고

저자[36]는 1871년에 도쿠시마에서 태어나서 도쿄대학 국사학과를 졸업한 문학박사로서 교토 및 도호쿠제국대학에서 강사를 역임했다.

한국병합의 역사를 밝히기 위해서는 우선 조선반도의 고대 연혁을 숙지하고 특히 메이지 소대(昭代)의 일한 상호교섭 전말에 정통해야 한다. 본 모임의 회원 쓰마키 주타(妻木忠太), 오모리 오토키치(大森音吉) 두 사람이 재료를 조사하는 애를 써준 덕분에 「조선연혁사략」 및 「메이지 일한교섭사」를 편집하여 함께 상재하게 되었다. 『한국병합과 국사』는 이 두 자료를 더하여 완성을 볼 수 있었다.(예언)

36 기다 사다키치(1871~1939) : 도쿠시마현 출신. 농민의 아들로 태어나 1893년 도쿄제국대학 문과대학 국사학과에 입학, '일본의 역사 지리'를 주제로 동 대학원에 진학했다. 1911년 이른바 남북조 정윤(正閏)문제로 휴직하고 1913년 교토제국대학에서 가르쳤다. 부락민 연구 등을 통해 차별 해소의 필요성을 지적하는 한편, 조선민족의 일본민족으로의 동화를 당연시했다. 1913년부터 교토제국대학, 도호쿠제국대학 등에서 고대사, 고고학을 가르쳤다.

〈목차〉

제목	제목	제목
한국병합과 역사	야마토 민족의 이종(異種)에 대한 역사와 국사교육	강화도 사건, 일한수호조약 체결
한국병합의 전말	결론	1882년 경성의 변
한국병합과 조선인 대우의 변화	「조선연혁사략」	1884년 경성의 변
우리 무가정치의 흥기와 한국병합의 비교	반도 태고의 사정	방곡령 사건, 김옥균의 사살
조선고대사 연구	삼국정립시대의 연혁	동학당 봉기와 1894년 전역
한토(韓土) 역사를 통해 보는 고대 일한관계	고려조	반도에서 러시아 세력의 소장(消長)
지나의 사적(史籍)과 고대 일한관계	이씨 조선기	통감정치
우리 고전설을 통해 보는 고대 일한관계	「메이지일한교섭사」	한국병합
야마토 민족과 조선인의 종족적 관계	메이지 초년 정한론의 전말	(지도 2점)

141) 일한상고사의 이면日韓上古史ノ裏面 상 · 중 · 하권(3책)

저자	도쿄 해행사(偕行社) 編	출판년월	1910년 12월
판형	국판	페이지 수	각 권 400쪽 내외
발행처	도쿄 해행사	소장처	일본 국회도서관

얼마 전에 니시카와 겐(西川權) 씨가 참모본부의 의뢰를 받아 일한상고사의 이면(裏面) 일부를 편술했다. 그 내용이 정곡을 찌르고 있는지 어떤지는 판단하기 쉽지 않지만, 한국사를 강구하는데 있어서 그 대강을 추정하고 잘 알려지지 않은 부분을 찾아내어 몇몇 원천을 발굴한 공로는 크다고 할 수 있다. 그러므로 본사에서는 이 책을 간행하여 상고 일한관계를 연구하기 위한 자료로 삼고자 한다.〈편집부〉

〈목차〉

장	제목	장	제목	장	제목
(제1편) 총기		(제2편) 전론		(제3편) 본론	
제1장	사적 연구의 지리적 범위	제1장	서언	제1장	일본고전에서 원시기록 추정하기
제2장	본 문제를 조사할 때 신뢰할 수 있는 고대사적의 판정	제2장	한반도가 신공황후의 정한(征韓) 이전부터 일본의 식민지였음을 알려주는 사실	제2장	신라입국(立國)의 원시기록
(이하 장 생략)		(이하 장 생략)		(이하 장 생략)	

142) 일본지조선日本之朝鮮

저자	다나카 겐자부로 (田中源三郎) 編	출판년월	1911년 1월
판형	세로 38cm · 가로 26cm	페이지 수	사진 100쪽 글 32쪽
발행처	도쿄 유락사(有樂社)	소장처	架藏

이 책은 유락사의 「사진화보 그래픽」 특집호로 간행된 것이다. 사진 100쪽과 글 32쪽으로 구성되어있으며, 부록으로 조선현세現勢지도(석판쇄)와 이완용이 쓴 족자용 시문이 실려 있다.

〈목차〉

제목	제목	제목
(사진)	산업	조선사정
조선 왕가	풍속	조선의 부력(富力) (다카하시 히데오미(高橋秀臣))
왕가 행사	회고 등	궁중 비밀외교 (기쿠치 겐조)
조선 명사	(글)	명사필총
도시 및 풍경	한국병합전말서	메이지 일한외교 소사

143) 조선사朝鮮史

저자	모리 보쿠유(森朴雄)	출판년월	1911년 4월
판형	국판	페이지 수	54쪽
발행처	전라남도 관북실업협회	소장처	舊藏

저자에 관해서는 알려진 바가 없다. 나카무라 이나히코中村稲彦(육군보병 소좌)가 제사題詞를 적었다.

> 새 국토의 유래를 다룬 몇몇 저서가 눈에 띄지만, 널리 고금을 다루면서도 적실하고 간명하게 논한 것은 이 책이 처음이다. 직분과 업의 공사(公私)를 떠나서 계발과 지침을 얻을 수 있을 것이다.(제사)

〈목차〉

편	제목
서론	
제1편	지사(地史)
제2편	지사(志史)
결론	

144) 조선문화사론朝鮮文化史論

저자	호소이 하지메	출판년월	1911년 8월
판형	국판	페이지 수	636쪽
발행처	경성 조선연구회	소장처	架藏

신문계에 종사했던 저자의 자세한 전기에 관해서는 49번 항목을 참조.

이 책의 제목은 조선문화사론이지만, 조금 더 적절한 표현을 고르자면 문예를 중심으로 한 조선개화사론이라 할 수 있다. 문예의 연혁을 서술하는 것에 주력했다. ……문예의 연혁 다음으로 유불 양교의 성쇠와 그것이 국민성에 미친 영향을 논하고자 노력했다. 그러므로 본서는 조선문학사인 동시에 조선종교사라 할 수 있다.(범례)

〈목차〉

제목	제목	제목
서설	신라	고려조의 문신
제1편 조선의 사유(師儒)와 문묘	고승과 유신	제8편 이조시대
제2편 조선의 유통(儒通)과 서원	제6편 통일 후 신라조	외척의 발호와 당화(党禍)
제3편 상고시대	신라조의 문화	이조시대의 문학
제4편 삼국시대	신라조의 사유와 명승(名僧)	이조의 문신
고구려	제7편 고려조 시대	제9편 반도의 패사(稗史)소설
백제	고려조의 문화	

145) 한국병합기념사韓国併合紀念史

저자	후쿠다 도사쿠(福田東作)	출판년월	1911년 10월 (1914년 5판)
판형	국판	페이지 수	1,010쪽
발행처	도쿄 대일본실업협회 (大日本実業協会)	소장처	도쿄경제대학

저자는 중앙신문 기자다.

한국병합 기념사는 반도병합의 경로를 그 이면부터 연구하여, 과거 양국

이 밀접하게 맺어온 관계를 역술하고 오늘날에 이르게 된 연유를 밝힘과 동시에 현재 반도의 상황을 빠짐없이 기술하고자 한 것이다. 나는 비록 배운 바는 적지만, 이 책이 장래의 진흥에 도움이 되기를 기대한다.(서언)

〈목차〉

제목	제목	제목
제1편 유신 전의 일한교통	병합 전후의 일한외교	수산업
일한태고의 교통	제3편 조선의 현재 상황	광업
일한상고의 교통	지리	임업
일한중고의 교통	사회계급	교통운송
일한근고의 교통	교육	조선사업 안내
제2편 유신 전후의 일한외교	종교	통계 및 표
서남전쟁 전후의 일한외교	인정 · 풍속	부록
경성변란 전후의 일한외교	농업	한어 일반(一斑)
청일전쟁 전후의 일한외교	상업	(사진 지도 등)
러일전쟁 전후의 일한외교	공업	

146) 일한병합시말日韓併合始末 본문 · 부록(2책)

저자	–	출판년월	1911년
판형	국판 화장	페이지 수	본문 44엽, 부록 8엽 부록 30엽, 부록 9엽
발행처	제2사단 사령부	소장처	架藏

이 책은 군의 움직임을 중심으로 일한병합의 시말을 기술한 것으로 요시다 겐지로吉田源治郎 대위가 집필했다. 본문 및 부록 2책으로 이루어져있으며, 화지和紙로 인쇄해서 관계방면에 한정 배부한 것으로 보인다.

우리 제2사단은 한국 수비의 중요한 명령을 받고 반도에 주둔하고 있었다. 천재일우의 병합을 맞이한 것은 우리 사단의 영광이다. 그러므로 여기에 한국병합의 시말을 적어서 영원히 이를 기념하고자 한다. 군인은 원래 외교문제에 관여할 수 없는바, 이 책은 단지 병합과 관련하여 군대가 어떤 상황에서 어떤 행동을 취했는지를 기술한 것이다.(서언)

〈목차〉

장	제목	장	제목	호	제목
제1장	발단	제5장	병합 실시	제1호	군사령관 훈시
제2장	군대의 집중	제6장	군대 해산	제2호	경성위수지 경비규정
제3장	7월의 병합 준비	표 4개 · 그림 4점		제3호	각 경비실행의 주의사항
제4장	8월의 여러 준비	(부록)			

147) 선인이 기록한 풍태합 정한전기鮮人の記せる豊太閤征韓戦記

저자	아오야기 쓰나타로	출판년월	1912년 4월
판형	국판	페이지 수	412쪽
발행처	경성 조선연구회	소장처	일본 국회도서관

호는 난메이. 사가시佐賀市 함저학사含咀學舍를 나와 1899년에 상경하여 철학관에서 공부했다. 1901년 9월 한반도로 건너가 『간몬関門신보』 및 『오사카매일신문』의 통신원으로 근무했다. 또한 통감부 통신국에 출사하였고 나주 및 진도 우편국장을 역임했다. 1909년 한국정부 재정고문부에서 재무관을 담당하였고, 궁내부 촉탁으로 도서기록 사무에도 종사했다. 그 후 이조사李朝史 편찬을 담당했으나 완성을 보지 못한 채 일한병합

때 퇴직했고, 조선연구회를 설립하여 조선의 고서간행에 종사했다. 경성신문사 사장을 역임했다. 저서로는 이 책 이외에 『제주도 안내』(1905), 『남한의 실업』(1906), 『조선식민책』(1907), 『조선종교사』(1910년, 59번 항목 참조), 『조선』(1913년, 21번 항목 참조), 『이조오백년사』(1912년, 150번 항목 참조), 『총독정치』(1918), 『조선독립소요 사론』(1921), 『이조사대전』(1922년, 177번 항목 참조), 『조선문화사대전』(1924년, 182번 항목 참조) 등이 있다.

[내용] 이 책은 조선고서 『징비록』을 발췌 · 역출한 것으로 조선연구회본 제10집의 별책이다(47번 항목 참조).

148) 조선통사朝鮮通史

저자	하야시 다이스케	출판년월	1912년 8월
판형	국판	페이지 수	608쪽
발행처	도쿄 부산방	소장처	일본 국회도서관

저자는 역사가로서 도쿄고등사범학교 교수를 지낸 문학박사다. 소전小傳 및 저작에 관해서는 88번 항목 참조.

1892년에 『조선사』 5책을 저술하고, 1902년 『조선근세사』 2책을 저술하여 이를 간행한바 있다. 참으로 성기고 남루한 두찬(杜撰)으로서 지금 이것을 보면 부끄럽고 괴로워서 견디기 힘들며……최근 서점 부산방의 주인이 요시다(吉田) 박사를 통해 나에게 그 책을 편술할 것을 부탁했다. 나는 이미 연구를 중지한 상태였으므로 사양하였으나, 간청을 뿌리치기 힘들었다. 그래서 예전에 조선사를 간행한 뒤 어떤 이를 위해 기초(起草)했던 옛 원고를 꺼내 수정을 가하고 부족한 곳을 보충해 개창(開創)부터 병합에 이르기까지의 일을 약술하고, 조선통사라는 제목으로 펴내기로 했다.(자서)

『조선통사』는 이후 상해에서 진청천陳淸泉이 한역漢譯했다(『역사총서 조선통사』 1934년 4월, 상무인서관商務印書館 간행).

〈목차〉

장	제목	장	제목	장	제목
서언		제4장	조선 태조의 창업	제10장	만주의 입구(入寇) 및 조선의 항복
(전기) 고조선 삼국 고려시대		제5장	태종과 세종의 치적	제11장	당파의 알력
제1장	고조선의 개발	제6장	세조의 사적(事蹟) 및 대전(大典)의 제정	제12장	문화의 부흥
제2장	삼국의 분립 및 통일	제7장	사림의 화(禍)	제13장	외척 및 왕족의 전자(專恣)
제3장	고려의 흥망	제8장	임진(壬辰) 이전의 외교 및 재정	제14장	여러 외국과의 관계
(정기(正紀)) 이조시대		제9장	임진 · 정유의 난	제15장	러일충돌의 영향 및 일한의 병합

149) 조선최근사朝鮮最近史

저자	도카노 시게오, 나라자키 간이치	출판년월	1912년 8월
판형	국판	페이지 수	295쪽
발행처	도쿄 봉산당(蓬山堂)	소장처	도쿄경제대학

재한 신문기자인 저자 도카노 시게오戸叶薫雄와 나라자키 간이치의 호는

각각 민당民堂과 게이엔이다.[37] 나라자키는 이 책 이외에 『한국정미정변사』(1907년, 130번 항목 참조)를 간행했다.

> 저자는 보호협약이 성사될 무렵을 전후하여 붓을 들었다. 경성에 부임하라는 임무를 받은 이래 조선에 오랜 시간 머물렀다. ……내외와 표리의 상세한 사정을 빠짐없이 채구(採究)하여 반도의 최근 활력과 진상을 전하는 데 다소 기여하기를 바라며……이 책은 단지 그들의 전설이나 기록만을 나열·점철한 것들과는 그 구성을 달리한다.(자서)

〈목차〉

장	제목	장	제목	장	제목
서언		제6장	정미(丁未)의 정변	제12장	한국병합론 제창
제1장	일한관계의 연혁	제7장	신협약의 체결	제13장	대한(對韓)정책의 전개
제2장	보호협약의 체결	제8장	군대의 해산	제14장	병합조약의 성립
제3장	보호기관의 설치	제9장	한국 황실의 혁신		
제4장	초기 통감정치	제10장	후기 통감정치		
제5장	헤이그밀사의 출현	제11장	이토 전 통감의 조난(遭難)		

37 도카노 시게오는 경성일본인 상업회의소 서기장과 『대한일보』의 사장을 역임하였고, 나라자키 간이치는 『오사카매일신문』의 경성 특파원으로 근무했다. 도카노는 후에 도치기현의 지방지인 『시모츠케신문(下野新聞)』의 사장을 역임했다. 나라자키는 『흥아건설의 기초지식(興亜建設の基礎知識)』(1940년), 『만주·지나·조선-신문기자 삼십년 회고록(満洲·支那·朝鮮－新聞記者卅年回顧録)』(1934년) 등의 저서를 남겼다.

150) 이조오백년사李朝五百年史

저자	아오야기 난메이(青柳南冥)	출판년월	1912년 9월 (1913년 3판)
판형	국판	페이지 수	552쪽
발행처	경성 조선연구회	소장처	일본 국회도서관

저자는 재한 문필가로서 본명은 아오야기 쓰나타로다. 약전에 관해서는 147번 항목 참조.

> 내가 조선에서 지낸 것은 대략 10여년 정도이며 일찍이 말직을 얻어 궁중에 출입했다. 이후 이조사(李朝史)의 편찬을 담당했으나 사료를 수집하다 반년쯤 지났을 무렵 한일병합이 이루어져 글을 쓸 경황이 없었고, 결국 이조사 편찬기획도 중지되었다. 그 무렵 나는 직제에서 물러나고 재야에 묻혀 조선연구회의 편찬사업에 종사했다. 이조사 편찬은 반드시 궁중이 진행해야만 하는 사업은 아닐 것이다. 나 스스로 이를 완성하겠다고 기약한 이래 세상의 어지러운 바람에 휩쓸리면서도 독필(禿筆)을 들어 편찬을 시작했고…….(자서)

〈목차〉

편	제목
제1편	태조의 조(朝)
제2편	세종의 조
제3편	태종의 조
제4편	세종의 조
제5편	문종의 조
(이하 이(李)왕조에 이르는 27편을 새로 고침)	

151) 신라사新羅史

저자	후쿠다 요시노스케(福田芳之助)	출판년월	1913년 6월
판형	국판	페이지 수	436쪽
발행처	교토 와카바야시 춘화당 (若林春和堂)	소장처	일본 국회도서관

저자에 대해서는 자세히 전해지는 바가 없다. 권두에 핫토리 우노키치服部宇之吉[38] 박사의 서문이 실려 있다.

> 저자는 일찍이 조선어를 배웠고, 조선사 연구에 뜻을 두어 수많은 책을 섭렵하였다. 조선에 수년간 머물다가 직을 내려놓고 오직 연구에 전념했으며, 그 후 약 30여 년간 조선사 중에서도 가장 밝히기 힘들다는 상고사(上古史) 연구를 대성하였다. 친한 벗의 금옥과 같은 책이 허망하게 서랍 속에 잠자는 것을 안타깝게 여겨 이를 세상에 공개할 것을 권했는데, 저자는 번번이 연찬이 아직 깊지 못해 내놓기 부끄럽다며 사양하였다. 마침 한국병합이 이루어져 일한의 상고 관계를 밝히는 일이 매우 중요해졌다. 두어 차례 출간권유를 반복하자 저자는 마지못해 이를 수락하고 원고를 여러 군데 수정한 뒤 마침내 이를 인쇄하게 되었다.(핫토리 서문)

38 핫토리 우노키치(1867~1939) : 중국과 독일에서 유학하고 도쿄제국대학에서 지나철학강좌 주임을 맡았다. 공자와 예학을 연구했으며, 1926년 도쿄제국대학 문학부장으로서 경성제국대학 총장을 겸임하였다. 퇴임 후에는 동방문화학원의 이사장으로 활동했다.

〈목차〉

장	제목	장	제목	장	제목
(제1기 창업시대)		(제2기 삼국시대)		(제3기 일통시대)	
제1장	신라전기	제1장	삼국혼투(混闘)의 제1기	제1장	당나라 세력의 구축(驅逐)
제2장	서라벌의 육촌	제2장	지나문명의 동점	제2장	수성시대
제3장	국가 초창기 남방(南方)과의 관계	제3장	삼국혼투의 제2기	제3장	내물계의 왕대
제4장	신공황후의 친정기(親征期)	제4장	삼국혼투의 제3기	제4장	태봉고려 및 후백제의 분립
제5장	부여종의 남하	제5장	삼국통일	(별록)	

152) 조선역사지리朝鮮歷史地理 제1권 · 제2권(2책)

— 역사조사보고 제2

저자	남만주철도주식회사 編	출판년월	1913년, 1922년
판형	국판	페이지 수	670쪽
발행처	도쿄 마루젠(丸善)주식회사	소장처	도쿄경제대학

남만주철도주식회사는 문학박사 시라토리 구라키치白鳥庫吉[39]를 감수자로 위촉하고 만선역사지리의 조사를 진행했다. 『만주역사지리』(2책)가 그 첫 번째 성과라면, 이 책은 두 번째 성과에 해당한다. 세 번째 성과는 『분로쿠 게이초의 역文祿慶長の役』(156번 항목 참조)이다. 『조선역사지리』는 쓰다 소키치가 집필했다.

39 시라토리 구라키치(1865~1942) : 일본 근대동양사학의 확립자로 평가받는다. 도쿄제국대학 사학과 졸업 이후 학습원 교수 등을 역임하였다. 조선고대사 연구에 이어 만철의 만선역사지리조사부를 이끌며 중국과 서역의 역사지리를 아우르는 연구를 주도했다.

이 책은 계통적인 지리상의 연혁을 서술한 것이 아니다. 신라 통일시대 이후의 사적 및 군현의 위치 구획 등은 삼국사기 및 고려의 지리지, 동국여지승람 등을 통해 대부분 추정할 수 있으나, 삼국분립시대 이전 각국의 강역 및 성지(城地), 고려시대 북경(北境)의 변천에 관해서는 역사적으로 기재된 바가 없다. 따라서 전자는 굳이 여기에서 다시 기술할 필요가 없고, 후자는 특수한 고증이 필요하다. 이 책에서 반도의 전반(全般)을 아우르는 계통적 서술을 시도할 수 없었던 이유다.(예언)

〈목차〉

제목		제목		제목	
제1권		제8	신라정벌 지리고	서언	
서언		제9	나제(羅濟) 경계고	제15	고려 서북경의 개척
제1	패수고	제10	백제전역 지리고	제16	고려 동북경의 개척
제2	삼한강역고	제11	고구려전역 신라진군로고	제17	윤관 정략지(征略地)고
제3	백제 위례성고	제12	당나(唐羅)교전 지리고	제18	원대 고려 서북경의 혼란
제4	호태왕 정복지역고	제13	신라 북경(北境)고	제19	원대 고려의 동북경
제5	장수왕 정복지역고	제14	후백제 강역고	제20	고려말 압록강 상류지방의 영토
제6	진흥왕 정복지역고	(지도 6점)		부록	왜구지도에 대해
제7	임나강역고	제2권		(지도 5점)	

153) 삼국사기三国史記 50권(9책) – [도쿄] 문과대학 사지총서

저자	–	출판년월	1913년 12월
판형	국판 화장	페이지 수	–
발행처	도쿄 요시카와 홍문관	소장처	도쿄대학

『삼국사기』 50권은 1145년 김부식이 찬진撰進했다. 『삼국유사』와 함께 조선고사朝鮮古史의 쌍벽을 이룬다. 이 책은 쓰보이 구메조 박사, 구사카 히로시가 가가加賀번의 마에다 가문前田家이 소장한 정덕임신正德壬申(1512) '경주간본'을 저본으로 삼고, 여기에 '고노에近衛본', '간다神田본', '가나자와金沢본', '이노우에井上본' 등을 가지고 보정한 것이다. 또한 『삼국유사』, 『동국통감』, 『동사회강』, 그리고 중국의 정사와 『자치통감』 등을 참조한 교정을 추가했다.

『삼국사기』의 현존 최고본으로 간주되는 경주판본은 고전간행회가 영인 · 출판한바 있다(경성, 1931). 일반적인 활자본에는 샤쿠오 슌조의 '조선군서대계본'(제1집, 1909년, 46번 항목 참조), 아오야기 쓰나타로의 '조선연구회본'(제2기 제2 · 3집, 47번 항목 참조) 대역과 일역본, 이마니시 류 교정 '조선사학회본'(1928) 등 여러 판본이 있다. '고전간행회본'은 1964년 도쿄에서 학습원대학 동양문화연구소가 국판菊判으로 축인縮印하여 중간重刊했고, '조선사학회본'은 1941년의 제3판이 결정판인데 이를 1971년 도쿄의 국서간행회가 중간한바 있다.

154) 일한관계로 본 대마도연구日韓関係よりの対州研究

저자	시데하라 다이라	출판년월	1913년 12월
판형	46배판	페이지 수	47쪽
발행처	히로시마(広島)고등사범학교 지리역사학회	소장처	도쿄경제대학

저자는 1870년 9월 오사카에서 태어났다. 시데하라 기주로幣原喜重郎[40]

남작의 친형이다. 1893년 도쿄제국대학 국사과를 졸업하고 가고시마 조사관造士館 교수를 지냈다. 야마나시山梨중학교장, 경성중학교장, 도쿄고등사범학교 교수, 한국정부 학정참여관, 문부성 시학관視學官, 히로시마고등사범학교장 및 문부성 도서국장을 거쳐 다이호쿠제국대학 총장을 지냈다. 사학자면서 특히 조선에 정통한 것으로 유명하다. 조선에 관한 논저가 많다. 『한국정쟁지』(1907), 『조선교육론』(1919), 『조선사화朝鮮史話』(1923년, 187번 항목 참조), 『남도연혁사』, 『만주관』, 『식민지교육』, 『학교론』, 『세계소관론世界小觀論』 등을 저술했다.

올해 8월 히로시마사범고등학교에서 문부성이 개최한 하계(夏季)강습회가 열렸는데, 문학박사 시데하라 선생이 조선사강요(綱要)를 강술했다. 강연에서 대마도에 관한 이야기가 나왔는데, 이것이 의외로 청중들의 관심을 불러일으켰고 여러 가지 질문이 쏟아졌다. 선생은 대마도가 아직 세상에 널리 알려지지 못한 점을 안타깝게 여겨 논문을 집필하고 이 책에 게재했다.(범례)

〈목차〉

장	제목	장	제목
제1장	대마도 지리연구상의 착안점	제4장	별폭(別幅), 간품(看品), 구청(求請), 체재료(滯在料), 도해량(渡海糧) 및 육물(陸物) 등에 대해

40 시데하라 기주로(1872~1951) : 외교관이자 정치가로서 제3고등중학교를 수석으로 졸업하고 도쿄제국대학 법과대학을 다녔다. 이후 외무성에 들어가 인천과 부산영사관에서 근무했다. 1924년 외무대신이 된 이후 국제협조노선을 취한 걸로 잘 알려져 있다. 패전 이후 1945년 10월 내각총리대신에 임명되었다.

장	제목	장	제목
제2장	가길조약(嘉吉條約)과 경장조약(慶長條約)을 성립시킨 정신의 이동(異同)	제5장	사무(私貿) 및 대마도 요진(要津)의 변천
제3장	송사선(送使船)의 종류 및 그 의의	제6장	대마도에서 본 국교의 매개

155) 평양발전사平壌発展史

저자	평양민단역소(平壌民団役所) 編	출판년월	1914년 7월
판형	국판	페이지 수	524쪽
발행처	평양부 평양민단역소	소장처	시카타문고

민단제民団制 철폐를 앞두고 사실史實 기록을 편찬하자는 논의가 1913년부터 이루어졌고, 이듬해 2월 편찬이 시작되었다.

> 마침내 시민이 이십 년 만에 각고의 경영을 거쳐 오늘날 평양을 개척하게 된 사력(事歷)을 편술하기에 이르렀다. 민회 의장 오바 간이치(大庭寛一),[41] 동 의원 모모세 히로노스케(百瀬広之助), 마쓰모토 데쓰(松本哲), 쓰보카와 도라지로(坪川寅次郎) 네 사람을 편찬감독으로 추천하고, 편찬위원에는 오다와라 마사토(小田原正人), 스즈키 마사히코(鈴木正彦), 후루쇼 진타로(古庄仁太郎) 세 사람과 그 외 두 명을 보조원으로 초빙했다. 구마가이(熊谷) 민장(民長)이 직접 주임을 맡아 3월 1일에 붓을 들었고, 낮과 밤을 가리지

41 오바 간이치(1865~1916) : 죠슈(長州)번 출신. 도쿄제국대학 법과를 졸업하고 내무성에서 근무하다가 1897년까지 내무고문관으로 조선에 체재하였다. 일본으로 돌아가 에히메(愛媛)현 지사를 지냈으며, 이후 다시 조선에 건너와 1910년 초대 경성부윤(京城府尹)에 취임하였다.

않고 편찬에 임했다.(예언)

〈목차〉

편	제목	편	제목	편	제목
제1편	평양의 유래	제7편	운수교통	제13편	천도론
제2편	거류 내지인의 연혁	제8편	농업	제14편	분로쿠의 역과 평양
제3편	행정 및 사법경찰	제9편	경제	제15편	평양의 포위 공격
제4편	교육	제10편	평양거류민단	제16편	러일전쟁 당시의 평양
제5편	위생	제11편	풍경론		
제6편	종교	제12편	목단대(牧丹臺)와 대동강		

156) 분로쿠 게이초의 역文禄慶長の役 정편正篇 제1

– 역사조사보고 제3

저자	남만주철도주식회사 編	출판년월	1914년 8월
판형	국판	페이지 수	358쪽
발행처	도쿄 마루젠주식회사	소장처	도쿄경제대학

이 책은 앞서 소개한 『조선역사지리』(역사조사보고 제2, 152번 항목 참조)에 이어 간행된 것으로, 시라토리 구라키치 박사가 감수하고 이케우치 히로시池内宏[42]가 집필했다. 본편은 정편正篇, 별편別篇, 부편附篇의 세편으로 논술될 예정이다. 그중 「별편 제일第一」은 같은 집필자에 의해 1936년 2월 『동양문고논총 제25』로 간행되었다.

42 이케우치 히로시(1878~1952) : 도쿄 출신이며 막말 『양이론(攘夷論)』을 쓴 유학자 이케우치 다이가쿠(池内大学)의 손자다. 도쿄제국대학 사학과 졸업 후, 만철 조사부에 들어가 시라토리 아래서 조선과 만주의 역사지리를 연구했다. 조선의 유적 조사에 다수 관여했다.

〈목차〉

장	제목
제1장	히데요시의 대외적 태도
제2장	선왕팔조(鮮王八朝)의 명과 통신사의 내조(來朝)
제3장	정명(征明)의 계획과 그 준비
제4장	정선수행(征鮮遂行)의 사정 (그림 3점)

157) 조선고적조사략보고朝鮮古蹟調査略報告

저자	–	출판년월	1914년 9월
판형	46배판	페이지 수	150쪽
발행처	경성 조선총독부	소장처	架藏

이 책은 1911년과 12년의 고적조사에 관한 보고를 합친 약식보고서로서, 1909년도 조사 『조선예술의 연구』와 1910년도 조사 『조선예술의 연구 속편』에 이어서 보고된 것이다. 이전의 조사들과 지역 및 조사원이 동일하며 『조선예술의 연구』 속편이라고도 할 수 있다. 조사를 담당한 것은 세키노 다다시關野貞, 다니이 사이이치谷井済一, 구리야마 슌이치栗山俊一 세 사람이다.

이 책은 고적조사 촉탁원 공학박사 세키노 다다시, 문학박사 다니이 사이이치, 공학사 구리야마 슌이치가 제출한 조선고적조사의 약식보고서다. 기록된 내용은 비록 제강(提綱)에 지나지 않지만, 역사의 고증 및 문예, 학술, 미술의 연구에 이바지하는 바가 적지 않으므로 이를 인쇄하여 집무의 참고로 제공한다.(서언)

158) 만선지리역사연구보고滿鮮地理歷史研究報告 1책~16책

저자	–	출판년월	1915년 2월 ~1941년 12월
판형	국판	페이지 수	각 책 300쪽 내외
발행처	도쿄 마루젠주식회사	소장처	도쿄대학

남만주철도회사가 역사조사실을 설치하여 만주 및 조선에 관한 역사지리적 조사를 개시한 것은 1908년이었다(152번 항목 참조).

이 조사는 문과대학교수 문학박사 시라토리 구라키치가 주재한 것으로 성과의 일부는 다섯 권의 보고서로 이미 공표되었다. 그런데 이와 같은 단순한 학술연구는 실제 경영을 목적으로 하는 동 회사의 사업으로서는 다소 불편한 점이 없지 않았다. 이에 동 회사는 도쿄제국대학에서 연구를 계속할 것을 희망했고……문학사 야나이 와타리(箭內亙),[43] 이케우치 히로시, 마쓰이 히토시(松井等)[44]와 쓰다 소키치 네 사람을 촉탁으로 고용하고 올해 1월부터 만주 및 조선의 지리역사 조사에 종사하게 하였다. 조사의 성과를 『만주지리역사연구보고』로서 본 대학에서 공간하고자 한다.(권두)

각 책의 집필자 및 내용은 다음과 같다.

43 야나이 와타리(1875~1926) : 후쿠시마 출신으로 1901년 도쿄제국대학을 졸업하고 제1고등학교 강사로 근무했다. 1908년 만철 역사지리조사부의 부원으로 시라토리와 함께 일했다. 이후 도쿄제국대학 교수를 역임하면서 몽고사를 전문적으로 연구했다.

44 마쓰이 히토시(1877~1937) : 1901년 도쿄제국대학 사학과를 졸업했다. 육군 중위를 거쳐 1906년 도쿄제국대학 사료편찬괘에서 일했으며 1920년 국학원대학 교수 등을 역임하였다. 시라토리와 함께 만철의 촉탁으로 만주사를 연구했으며 발해와 거란사를 주로 다루었다.

〈목차〉

제목
제1책(1915년 12월) 334쪽
물길고(勿吉考)(쓰다 소키치)
실위고(室韋考)(쓰다 소키치)
안동도호부고(安東都護府考)(쓰다 소키치)
발해고(渤海考)(쓰다 소키치)
거란발흥사(契丹勃興史)(마쓰이 히토시)
거란가돈성고(契丹可敦城考) 부 조복고(附阻卜考)(마쓰이 히토시)
(부록) 가돈성 및 조복 위치도
제2책(1916년 1월) 323쪽
요대(遼代) 오고적렬고(烏古敵烈考)(쓰다 소키치)
달로고고(達盧古考)(쓰다 소키치)
금의 병제에 관한 연구(야나이 와타리)
선초(鮮初)의 동북경(東北境)과 여진의 관계(1)(이케우치 히로시)
(부도(附圖)) 오고 및 적렬 위치도/혼동강(混同江) 부근도
제3책(1916년 12월) 552쪽
철리고(鐵利考)(이케우치 히로시)
요의 요동경영(쓰다 소키치)
5대(五代) 시대의 거란(상)(마쓰이 히토시)
요대기년고(遼代紀年考)(마쓰이 히토시)
원대 사회의 세 계급(야나이 와타리)
(부도) 철리고 부도
제4책(1918년 4월) 364쪽
거란의 국군 편제 및 전술(마쓰이 히토시)
송대 거란의 전략지리(마쓰이 히토시)
금대 북변고(쓰다 소키치)
몽고의 고려경략(經略)(야나이 와타리)
선초의 동북경과 여진의 관계(2)(이케우치 히로시)
(부도) 선초 동북경 경략도
제5책(1918년 12월) 366쪽
고려성종기 여진 및 거란과의 관계(이케우치 히로시)
달단고(韃靼考)(야나이 와타리)
북송의 대 거란 방위와 송의 이용(마쓰이 히토시)

제목
요 제도의 이중체계(쓰다 소키치)
선초의 동북경과 여진의 관계(3)(이케우치 히로시)
(부도) 고려 성종조 전후 서북경 경략도/송대 거란의 전략지리 부도
제6책(1920년 3월) 266쪽
상대(上代) 지나인의 종교사상(쓰다 소키치)
원대의 동몽고(東蒙古)(야나이 와타리)
제7책(1920년 6월) 254쪽
고려태조의 경략(이케우치 히로시)
거란에 대한 북송의 배병(配兵) 요령(마쓰이 히토시)
고려 현종조 거란의 침입(이케우치 히로시)
선초의 동북경과 여진의 관계(4) 완(完)(이케우치 히로시)
(부도) 고려태조 경략 참조도
제8책(1921년 3월) 360쪽
백제에 관한 일본서기의 기재(쓰다 소키치)
거란인의 신앙(마쓰이 히토시)
조선에서 동여진(東女眞)의 해구(海寇)(이케우치 히로시)
원대의 관제와 병제(야나이 와타리)
(부도) 대거란 북송배병(配兵) 요령 부도/원대의 동몽고 참조도
제9책(1923년 3월) 311쪽
삼국사기 고구려기 비판(쓰다 소키치)
거란인의 의식주(마쓰이 히토시)
완안(完顔) 씨의 갈라전(曷懶甸) 경략과 윤관(尹瓘)의 구성(九城)의 역(이케우치 히로시)
원조(元朝) 패부고(牌符考)(야나이 와타리)
(부록) 완안 씨의 갈라전 경략과 윤관의 구성의 역 참조도
제10책(1924년 6월) 464쪽
금말(金末)의 만주(이케우치 히로시)
몽고의 고려 정벌(이케우치 히로시)
신선(神僊) 사상에 관한 두세 가지 고찰(쓰다 소키치)
제11책(1926년 9월) 313쪽
한대(漢代) 정치사상의 일면(쓰다 소키치)
금사세기(金史世紀)의 연구(이케우치 히로시)
제12책(1930년 8월) 621쪽
조위(曹魏)의 동방경략 부 관구검(毌丘儉)의 고구려 정벌에 관한 삼국사기의 기사 (이케우치 히로시)

제목
고구려 멸망 후 유민의 반란 및 당과 신라의 관계(이케우치 히로시)
올량합(兀良哈) 삼위(三衛)에 관한 연구(1)(와다 기요시)
전한(前漢)의 유교와 음양설(陰陽說)(쓰다 소키치)
(도판 및 부도) 관구검 기공비 단편탁영(斷片拓影)/조위(曹魏)의 동방경략 참조도/ 통화(通化) 회인(懷仁) 통구(通溝)지방 약도
제13책(1932년 6월) 706쪽
숙신고(이케우치 히로시)
부여고(이케우치 히로시)
명초(明初)의 몽고경략(와다 기요시)
올량합 삼위에 관한 연구(2)(와다 기요시)
유교의 실천도덕(쓰다 소키치)
(부도) 명대 동몽(東蒙) 고도(古圖)
제14책(1934년 6월) 298쪽
백제 멸망 이후의 동란 및 당라일(唐羅日) 삼국의 관계(이케우치 히로시)
명초의 만주경략(상)(와다 기요시)
(부도) 백제 멸망 이후의 동란 참조도
제15책(1937년 1월) 639쪽
물길고(이케우치 히로시)
명초의 만주경략(하)(와다 기요시)
'주관(周官)'의 연구(쓰다 소키치)
(부도) 물길고 부도
제16책(1941년 10월) 257쪽
낙랑군고(이케우치 히로시)
고구려 토멸의 역(役)에서 당군(唐軍)의 행동(이케우치 히로시)

159) 조선고적도보朝鮮古蹟図譜 제1집~제15집

저자	–	출판년월	1915년 3월 1935년 6월
판형	46배판	페이지 수	–
발행처	조선총독부	소장처	일본 국회도서관

조선의 고적조사사업은 1909년 9월 공학박사 세키노 다다시, 문학사 다니이 사이이치, 공학사 구리야마 슌이치 등에게 고건축의 조사 및 보존 계획을 위촉한 것에서 시작한다. 총독부는 그 후로도 계속하여 조선 각지를 조사했으며 유적의 촬영과 실측을 실시하는 한편 발굴조사를 통해 유물을 수집했다. 고적의 보존사업은 박물관과 함께 추진했다. 이 책은 이와 같은 고적조사사업의 일환으로서 그간 수집한 사진을 중심으로 조선 고대문화를 도판으로 소개한 것이다. 1915년부터 1935년까지 전부 15집이 인쇄 · 간행되었다. 이 책은 낙랑樂浪 · 대방帶方시대에서 시작하여 순차적으로 조선시대에 이른다. 각 집의 내용은 다음과 같다.

참고로 제1집부터 제5집까지 각각 50쪽 내외의 해설서가 실려 있다. 최근 명저名著출판에 따라 복각된 것이 있다. 각 집의 내용을 기재해 두겠다.

〈목차〉

집	내용
제1집	낙랑군 및 대방군시대 · 고구려시대(국내성 시대) 1915년 3월
제2집	고구려시대(평양 · 장안성지(城地)) 1915년 3월
제3집	마한시대 · 백제시대 · 임나시대 · 옥저예시대 · 고신라시대 · 삼국시대불상 1916년 3월
제4집	신라통일시대(석탑, 전탑, 사지유구(寺趾遺構), 비찰간(碑刹竿), 지주, 석등, 성지, 종) 1916년 3월
제5집	신라통일시대(왕릉, 불상, 석구, 와전) 1917년 3월

집	내용
제6집	고려시대(궁전지, 성곽, 성지, 사찰, 석탑, 비, 찰간, 지주) 1918년 3월
제7집	고려시대(석등, 종, 불상, 불구, 회화, 왕릉, 묘지, 석관, 석탑) 1920년 3월
제8집	고려시대(도자기) 1928년 3월
제9집	고려시대(금속기) 1929년 3월
제10집	조선시대(4왕궁인 경복궁, 창덕궁, 창경궁, 경희궁에 속하는 건조물) 1930년 3월
제11집	조선시대(성곽, 단, 묘사(廟祀), 학교, 문묘(文廟), 객사(客舍), 사고, 서원, 선유(先儒)주택, 역대 왕릉) 1931년 2월
제12집	조선시대(불사건축, 여기에 고려 말 심원사 대웅전을 덧붙임) 1932년 3월
제13집	조선시대(경상남도 · 전라북도의 불사건축, 전선(全鮮)의 탑파(塔婆) · 묘탑 · 석비 및 교량) 1933년 3월
제14집	조선시대(회화) 1934년 3월
제15집	조선시대(도기) 1935년 6월

160) 용사일기龍蛇日記

저자	이로(李魯)	출판년월	1915년 4월
판형	국판 화장	페이지 수	59엽
발행처	경상남도 진주 개문사(開文社)	소장처	架藏

이 책은 1592년 임진왜란 당시 김성일金誠一(학봉鶴峯)의 활동을 중심으로 경상도의 전황을 기록한 것이다(목판간본). 편자 이로(1544)의 자는 여유汝唯, 호는 송암松巖이며 고성固城 사람이다. 1592년 5월부터 김성일의 막하에 들어가 그를 보좌하였다. 이 책은 김성일의 일본사행使行에서 시작하여 그의 사망까지를 기록하고 있다.

본서는 이 목판간본을 저본으로 삼고 있으며, 진주에 살던 기타가와 이누사부로北川戌三郎가 현지에서 간행한 것이다. 연활자鉛印로 개판開版한 사정 등에 대해서는 아무런 기록이 없다. 기타가와에 대해서도 알려진 바가

별로 없는데, 이 책이 임진왜란의 귀중한 사료라고 생각해서 김성일전傳의 사적事續을 소개한 것으로 보인다.

〈목차〉

제목
용사일기 서
교경상도사민등서(敎慶尙道士民等書)
이송암용사일기(李松巖龍蛇日記) 기 김학봉 사적(記金鶴峯事蹟)
상미장계병서(上未將啓幷序)
용사일기 발(龍蛇日記跋)

161) 일선통교사日鮮通交史 부 부산사附 釜山史 고대기 · 근대기古代記 · 近代記(2책)

저자	부산갑인회(甲寅會) 編	출판년월	1915년 9월, 1916년 10월
판형	국판	페이지 수	332쪽, 706쪽
발행처	부산갑인회	소장처	도쿄경제대학

1914년 3월 신부령新府令의 시행에 의해 민단법民團法이 폐지되었다.

그 최종 시기에 조선총독은 민단의원들에게 기념품 증여보조로 금 1천2백원을 하부했다. 이에 구 민단의원들로 조직된 부산갑인회는 그 유지를 계승하기 위해 해당 보조금 전부를 털어 부산사의 편찬을 기획했다. 그리고 이를 길이 기념하고자 1914년 9월 집필을 시작하여 1915년 4월에 마쳤다.(서)

〈목차〉

장	제목	장	제목	장	제목
전편(고대기)		제2장	총독정치	제12장	교통운수
제1장	서론	제3장	지세(地勢)	제13장	경제
제2장	일한	제4장	기상	제14장	상업
제3장	조선	제5장	각 정청(政廳) 및 자치기관	제15장	상업기관 및 금융
제4장	대마도와 조선	제6장	호구(戶口)	제16장	공업
제5장	종씨(宗氏)와 부산	제7장	교육	제17장	수산업
제6장	외교	제8장	종교	제18장	농사 및 식림(植林)
제7장	명승구적	제9장	위생	제19장	간행물
후편(근대기)		제10장	방화설비	제20장	특설단체
제1장	서언	제11장	항만시설 및 매축(埋築)사업	제21장	잡조(襍俎)

162) 동지연표東支年表

저자	어윤적[45]	출판년월	1915년 12월
판형	국판	페이지 수	426쪽
발행처	경성 보문관	소장처	架藏

이 연표는 조선을 중심으로 중국, 일본의 연호와 서력을 부기한 것이다. 단군 즉위 원년부터 이왕李王 융희 4년(일본 메이지 43년, 서력 1910)까지 각각의 역사적 사항을 각 페이지에 10년씩 한문으로 기입했다.

45 어윤적(1868~1935) : 탁지아문 주사를 지냈으며, 1894년 게이오의숙에 유학하고 돌아왔다. 1896년 도쿄전문학교 정치경제과에 다시 유학하고 돌아온 이후 외부 번역관으로서 주요 외교문서를 번역하는 한편 통역도 맡았다. 1907년 학부 편집국장으로 국문연구소의 위원을 겸하면서 윤치오, 주시경, 이능화 등과 함께 국문정리에 업적을 남겼다. 병합 이후 중추원 참의와 조선사편찬위원, 경기도 참여관 등을 지냈고 한성사범학교 및 한성고등여학교 교장 등을 역임했다.

1971년 국서간행회가 이 연표를 복각본으로 간행했다.

〈내용〉

제목	제목
서력운편(西曆韻編)	마한
역대일람표	신라
고조선	고려
부여	근조선
중조선	

163) 신라사적고新羅寺蹟考

저자	모로가 히데오(諸鹿央雄)[46]	출판년월	1916년 11월
판형	국판 화장	페이지 수	25엽
발행처	경상북도 경주 저자	소장처	架藏

이 책은 과거 경주에 머무른 적이 있는 저자가 한정 출판한 것이다. 저자의 호는 풍랑風浪이며 고적에 관한 지식이 풍부한 것으로 유명하다. 경주사담회慶州史談會 회원이다.

벗의 권유에 따라 경주에 존재하는 신라의 유적 중 사지(寺址)와 사명(寺名)에 관한 책을 지어 동호의 인사들과 나누려고 한다. 이 책이 경주의 고적

46 모로가 히데오(생몰년도 미상) : 1908년 조선으로 건너와 경주에서 대서업을 했다. '경주고적보존회'에서 활동하던 와중에 고적조사를 위해 경주를 찾은 세키노 다다시 등의 관학자, 그리고 사이토 총독과도 교류하며 문화권력을 누렸다. 경주박물관장을 지내던 1933년 장물고매(贓物故賣) 혐의로 기소되어 유죄판결을 받았다.

을 시찰하려는 이에게 길잡이가 되거나 고적보존에 일조할 수 있다면 나의 뜻한 바를 모두 이룬 것이다.(서언)

[내용] 경주의 사원 및 사지 일반을 다루었다. 상단에 소재지, 사명, 사지명을 기록하고 하단에는 전설과 연기緣起의 유래를 기록하였다.

164) 조선사천년사朝鮮四千年史

저자	아오야기 난메이	출판년월	1917년 7월
판형	국판	페이지 수	698쪽
발행처	경성 조선연구회	소장처	일본 국회도서관

저자 아오야기 난메이의 본명은 아오야기 쓰나타로다. 상세한 사항은 147번 항목을 참조.

이 책은 학자나 역사가가 쓴 역사책이 아니다. ……나는 시정의 야사(野史)를 쓰는 일개 글쟁이에 불과하다. 따라서 세상의 학자들이 쓴 역사서와 비교해 방담(放膽)한 단정에 빠질 염려나 방약무인하다는 나무람을 피할 수 없다. 그러나 조선현대의 사조를 우려하는 열성강개의 목소리라는 점에서는 나의 역사책은 세상의 학자나 역사가들에게 한발자국도 뒤처지지 않을 것이다.(자서)

〈목차〉

제목
단군조선
신라 · 고구려 · 백제 합사기(合史記)
고려사기
조선사기

165) 고적조사보고서古蹟調査報告書(17책)

저자	−	출판년월	1916년 ~1934년
판형	46배판	페이지 수	
발행처	경성 조선총독부	소장처	일본 국회도서관

1916년 조선 최초의 고적보존사업이 개시되었다. 같은 해 발포된 고적 및 유물보존규칙을 통해 고적의 보존을 꾀하는 한편, 학자를 초빙해 발굴조사를 실시했으며 매해 해당 연도의 상세한 조사보고서를 간행하여 학계에 발표했다. 또한 별도로 『고적조사특별보고』 7책(169번 항목 참조)을 간행했다. 1936년부터는 조선고적연구소가 간행을 담당했다.

각 연도별 보고서의 내용은 다음과 같다. 한편 최근에 1916년도와 1924년도의 복각본이 간행되었다.

〈목차〉

연도(간행년도)	제목
1916년도(1917년 12월)	저자 : 이마니시 류, 도리이 류조, 세키노 다다시
불암산(佛巖山) 산성지(山城址) 조사보고	

연도(간행년도)	제목
	북한산 유적 조사보고
	경기도 팔군 및 황해도 평산군 유적 유물 조사보고
	고려 제 능묘 조사보고서
	황해 · 평안 남북의 일부 군(一部郡) 사적 고적 조사보고서
	평남 강동군 일달면 고적 조사보고서
1917년도(1920년 3월)	저자 : 이마니시 류, 세키노 다다시, 다니이 사이이치
	경상북도 선산, 달성, 고려, 성주, 근천군, 경남, 함안, 창녕군 조사보고
	평안북도 및 만주 고구려 고적 조사략보고
	황해도 봉산군, 평안남도 순천군 및 평북 운산군 고적 조사보고
	경기도, 전북, 전남 십 군 고적 조사략보고
1918년도(1921년 3월)	저자 : 하마다 고사쿠(濱田耕作), 하라다 요시토(原田淑人)
	제1책 경상북도, 경상남도 고적 조사보고
	(부록) 성주 고적 인골조사(하세베 고톤도(長谷部言人))
1919년도	저자 : 이케우치 히로시
	함경남도 함흥군의 고려지대 고성지(古城址)
1920년도(1923년 3월)	저자 : 하마다 고사쿠, 우메하라 스에지
	김해 패총 발굴 조사보고
1922년도	저자 : 후지타 료사쿠(藤田亮策),[47] 우메하라 스에지, 고이즈미 도시오(小泉顕夫)
	제1책(1924년 3월) 경상남북도 충청남도 고적 조사보고
	제2책(1925년 11월) 남조선의 한대(漢代) 유적
1923년도(1931년 3월)	저자 : 고이즈미 도시오, 노모리 겐(野守健)[48]
	제1책 경상남북도 달성군 달서면 고적 조사보고
1924년도	저자 : 우메하라 스에지
	제1책 도판(1931년 3월) 경주 금관총 식복(飾履)총 발굴 조사보고
	제1책 본문(1932년 3월)
1927년도	저자 : 노모리 겐, 간다 소조(神田惣蔵)
	제1책(1929년 3월) 계룡산 기슭 도요지(陶窯址) 조사보고
	제2책(1935년 3월) 공주 송산리 고적 조사보고
1930년도(1935년 3월)	저자 : 노모리 겐, 가야모토 가메지로(榧本亀次郎)[49]
	제1책 평안남도 대동군 대동강면 오야리 고적 조사보고
1931년도(1935년 3월)	저자 : 아리미쓰 교이치(有光教一)[50]
	제1책 경주 이남리 82호분(墳) 조사보고

연도(간행년도)	제목
1932년도(1936년 3월)	저자 : 노모리 겐, 가야모토 가메지로
제1책 영화(永和)9년 재명전출토(在銘塼出土) 고분 조사보고	
제2책 경주 충효리 석실 고실 조사보고	
1934년도(1937년 3월)	저자 : 사이토 다다시(斎藤忠)
제1책 경주 황남리 황오리 조사보고	
1936년도(1937년 6월)	저자 : 후지타 료사쿠, 우메하라 스에지, 오바 쓰네키치(小場常吉)
제1 조사계획과 그 실시의 경과	
제2 고구려 고분의 조사	
제3 경주의 고분 조사	
제4 부여 군수리 폐사지(廢寺址) 발굴조사	
제5 대구 대봉정(町) 지석묘 조사	
제6 부여 규암면 문양전 출토 유적과 그 유물	
1937년도(1938년 8월)	조선고적 연구회 저자 : 후지타 료사쿠, 하라다 요시토, 우메하라 스에지, 오바 쓰네키치
제1 1937년 고적 조사의 개요	
제2 고구려 고분의 조사	
제3 만달산 기슭 고구려 고분의 조사	
제4 경주 동남산 석불 조사	
제5 니불(泥佛) 출토지 원오리 폐사지 조사	
제6 평양 만수대 및 그 부근의 건축물지(址)	
제7 경주의 신라 통일시대 유구지(遺構址) 조사	
제8 낙랑 토성지의 조사(개략보고)	
제9 낙랑 오야리 제25호분 조사	
제10 부여 능산리 동고분군 조사	
1938년도(1940년 9월)	조선고적 연구회 저자 : 후지타 료사쿠, 오바 쓰네키치, 이시다 시게사쿠(石田茂作), 스에마쓰 야스카즈(末松保和) 등
제1 1938년도 고적 조사의 개요	
제2 평양 청암리 폐사지 조사	
제3 나주 반남면 고분 발굴조사	
제4 부여의 백제사지 조사	
제5 대구부 부근의 고분 조사	
제6 경주 천군리 사지 및 삼층석탑	
제7 대구 대봉정 지석묘 조사	

166) 충청남도사적연표忠淸南道事蹟年表

저자	충청남도 編	출판년월	1918년 6월
판형	국판	페이지 수	72쪽
발행처	충청남도	소장처	架藏

이 연표는 백제건국 이래 일한병합에 이르기까지 충청남도에서 발생한 일, 또는 충청남도와 관련된 사실을 집록하려는 목적에서 저술된 것이다. 그리고 국세(國勢) 전반의 변천을 대관하기 위해 역사상 중요한 관계를 가지는 사항 및 이례적인 사항, 혹은 제도문물의 연혁에 관한 주된 사항 등을 중앙에서 발생한 것과 지방에서 발생한 것을 불문하고 함께 적록(摘錄)하여…….(범례)

충청남도에 관한 사적을 간지, 조선연대, 사적, 일본연대, 지나연대, 1926년까지의 연도 여섯 항목으로 나눈 연표이다. 권두에 「번성기 백제의 강역도」, 「성환成歡 전투에서 청군의 진지 및 일본군 진로 약도」 두 점

47 후지타 료사쿠(1892~1960) : 니가타 출신으로 도쿄제국대학에서 국사학을 전공했다. 1922년 조선총독부 고적조사위원으로 조선에 건너왔으며, 학무국 박물관 주임 및 편수관을 거쳐 경성제국대학 교수로 조선사학을 가르쳤다.

48 노모리 겐(1887~1970) : 세키노 다다시의 친동생이다. 1916년 총독부 촉탁으로 고적조사에 참여했다. 1927년 계룡산 도요지 조사보고 이후 도자기를 다룬 『조선고적도보(朝鮮古蹟圖譜)』 15집의 출판에 관여했으며, 1944년 『고려도자의 연구(高麗陶瓷の硏究)』를 출간했다.

49 가야모토 가메지로(1901~1970) : 나라 출신이며 동양대학 국어한문과를 중퇴했다. 나라여자고등사범학교 도서관에서 근무했다. 1930년 조선총독부 학무국 촉탁으로 고적조사에 참여하여 낙랑고분 등의 유적 발굴 및 박물관 업무에 종사했다.

50 아리미쓰 교이치(1907~2011) : 야마구치 출신으로 교토제국대학 사학과에서 하마다 고사쿠의 지도를 받았다. 총독부 촉탁으로 조선의 고적조사에 참여했다. 1941년 총독부 박물관 주임을 맡아 패전까지 근무했고, 이후에도 문교부 고문으로 호우총 발굴을 지도하는 등 박물관 업무를 관장하다 일본으로 돌아갔다.

이 실려 있다.

167) 사천신채전첩지위적泗川新寨戦捷之偉蹟

저자	도고 기치타로	출판년월	1918년 10월
판형	46판	페이지 수	308쪽
발행처	도쿄 사쓰마번(薩藩) 사료조사회	소장처	도쿄경제대학

임진왜란의 삼대전투로 불리는 벽제관, 울산, 사천신채의 전투 가운데 사천신채의 전사戰史를 다루었으며 시마즈 요시히로島津義弘와 다다쓰네忠恒 부자의 전적을 집록한 것이다. 편자는 해군 중위인 도고 기치타로東郷吉太郎[51]다. 참고로 이 책과 별개로 『사천군선진사적泗川郡船津史蹟』(30쪽, 부도附圖 7점, 1937)이 선진공원보존회의 모리타케 고로森竹五郎에 의해 출판된 바 있다.

〈목차〉

	제목		제목		제목
제1	시마즈 요시히로, 다다쓰네와 사천 신성(新城)의 대첩	제10	가와카미 히사쿠니(川上久国) 사천 어진지	제19	정한위략 초
제2	시마즈 요시히로와 다다쓰네의 감상(感狀)	제11	이로정창(伊労貞昌)각서	제20	조선역록 초
제3	조선국왕 귀환의 서장(書狀)	제12	연변진원(淵辺眞元) 고려군 각(覚)	제21	정한무록 초

51 도고 기치타로(1867~1942) : 사츠마 번사의 자손으로 태어나 청일전쟁과 러일전쟁에 참전했다. 이후 대만총독부 해군참모장 등을 거쳐 1916년 해군 중장으로 진해요항부사령관을 맡았다. 최종 계급은 해군 중장.

제목		제목		제목	
제4	시마즈 요시히사(島津義久)의 서장	제13	요시히로 공(公) 연보 초(抄)	제22	일한고적 초
제5	사천신채전 수주(首注) 진상(進狀)	제14	사천신채전사	제23	조선외구사 초(外寇史抄)
제6	조선 사천진중 및 근모색(鑵毛色) 부기	제15	시마즈국사 초(島津国史抄)	제24	선인이 기록한 풍태합 정한전기 초
제7	사천신채성지의 이나리사(稲荷社), 왜능 및 당병탑	제16	서번(西藩)야사 초	제25	징비록 초
제8	사타케지로우에몬(佐竹次郎右衛門) 유사(遺事)	제17	조선정벌기 초	제26	정한의 역 무구병(武具兵) 양병선(糧兵船)의 준비
제9	사천신채전의 용사 영와(穎娃) 주수(主水)	제18	정한록 초		

168) 조선금석총람朝鮮金石総覧 상 · 하 · 보유補遺(3책)

저자	–	출판년월	1919년 3월
판형	46국판	페이지 수	본문 1,368쪽 (보유 12쪽)
발행처	경성 조선총독부	소장처	일본 국회도서관

이 책은 조선총독부 참사관실이 1913년부터 1916년에 걸쳐 수집한 탁본을 중심으로 조선의 금석문을 편찬한 것이다.

금석의 종류는 비갈(碑碣), 묘표, 시책(諡冊), 묘지, 석표, 석당(石幢), 석각, 석경, 기타 거울, 불상, 탑, 등, 당(幢), 간(竿), 동석주(同石柱), 향로, 사리합, 거울 종류로 연대는 한치군(漢置郡) 때부터 한국까지 이른다. 다만 고려 이전에 속하는 것은 대개 이를 망라했으나 그 이후는 일부분을 게재하는데 그쳤다.(권두)

〈목차〉

	제목
1	신라 처소왕 6년부터 고구려 보장왕 27년까지 (삼국기)
2	신라 문무왕 9년부터 신란 경명왕 8년까지 (신라기)
3	고려 태조 20년부터 고려 공양왕 3년까지 (고려기)
4	조선 태조 2년부터 융희 4년까지 (이씨조선기)

169) 고적조사특별보고古蹟調査特別報告 1책~7책

저자	–	출판년월	1919년 3월 ~1930년 1월
판형	46국판	페이지 수	–
발행처	경성 조선총독부	소장처	일본 국회도서관

조선총독부 고적조사사업의 성과에 관해서는 각 연도별 보고서(165번 항목 참조)가 순차적으로 간행되었는데, 그중 특수한 조사사항을 '특별보고'로서 임시 간행한 것이 이 책이다. 제3책부터는 쇼와(1926) 이후에 간행된 것이지만 편의상 게재한다.

책(간행년도)	내용
제1책(1919년 3월)	세키노 다다시 외 5인
평양부근의 낙랑시대 분묘(墳墓)	
제2책(1922년 3월)	도리이 류조
북만주 및 동부 시베리아 조사보고	
제3책(1924년 9월, 1928년 3월)	하마다 고사쿠, 우메하라 스에지
경주 금관총과 그 유보(3책) (본문 상책, 도판 상 · 하)	
제4책(1925년 3월, 1927년 3월)	세키노 다다시, 다니이 사이이치 등
낙랑군시대의 유적(3책) (본문 상책, 도판 상 · 하)	

책(간행년도)	내용
第5책(1927년 3월)	바바 고레이치로(馬場是一郎), 오가와 게이키치(小川敬吉)
양산 부부총(夫婦塚)과 그 유물(2책) (본문 도판)	
第6책(1929년 8월)	이케우치 히로시
진흥왕의 무자순경비(戊子巡境碑)와 신라의 동북경	
第7책(1929년 3월, 1930년 1월)	세키노 다다시, 다니이 사이이치
고구려시대의 유적 (도판만 2책)	

170) 분로쿠역과 평양文禄役と平壌

저자	시노다 지사쿠(篠田治策)	출판년월	1919년 8월
판형	46판 화장	페이지 수	130쪽
발행처	조선 평안남도교육회	소장처	시카타문고

저자는 도쿄제국대학 법과대학을 졸업했으며 러일전쟁에서 노기군乃木軍[52]의 국제법 고문으로 종군했다. 1912년 간도통감부 파출소 사무관, 통감 비서관, 평안남도지사, 이왕직장관, 경성제국대학 총장 등을 역임했다. 간도문제의 권위자로 알려져 있으며 『간도에 관한 국제쟁의 및 일러전역 국제공법』(1922)이라는 학위논문을 제출했다. 저서에 『간도문제에 관한 회고』(1927), 『남한산성의 개성사開城史』(1927), 『백두산정계비』(1938) 등이 있다. 『분로쿠역과 평양』은 평안남도에서 지낼 당시에 행했던 강연 기록으로 평안남도교육회가 내방자 배포용으로 간행한 것이다.

52 러일전쟁에서 러시아의 뤼순요새를 공략한 육군대장 노기 마레스케(乃木希典)의 부대를 말한다. 노기는 러일전쟁 이후 메이지천황의 명령을 받아 학습원 원장으로 재직하면서 황태손 히로히토의 교육에도 관여했다. 1912년 메이지천황의 장례식 당일 부인 시즈코와 함께 자결한 일화로 유명하다.

평양은 조선의 구도(舊都)로서 멀리는 단군, 기자, 낙랑, 고구려부터 가깝게는 분로쿠, 일청의 역에 이르기까지 수많은 사적이 있는데……이 책은 그 사실(史實) 중 우리나라와 가장 관계가 깊은 분로쿠역 부분을 기술한 것으로서, 관광객 가운데 역사에 취미가 있는 사람들에게 설명의 편의를 제공하기 위해 기획된 것에 지나지 않는다.(서)

〈목차〉

	제목		제목
1	정명군(征明軍)의 위용	7	강화(講和)문제
2	국도(國都)의 점령	8	명 대군의 내습
3	평양의 함락	9	평양의 대격전
4	미인 계월향	10	유키나가(行長)의 평양퇴각
5	명병의 전멸	(부록) 평양 지방의 역사	
6	후방과의 연락		

171) 조선평안남도 의주군 서부의 고려시대 고성지

朝鮮平安南道義州郡の西部における高麗時代の古城址

저자	이케우치 히로시	출판년월	1919년 9월
판형	46국판	페이지 수	130쪽(도판11매)
발행처	도쿄제국대학	소장처	일본 국회도서관

저자는 도쿄대학 사학과를 졸업하고 만철 만주지리역사 조사부에 들어가 조선사를 담당했으며, 1925년 도쿄대학 교수에 임용되었다. 문학박

사이자 학사원 회원이다. 저서에 『조선의 문화』, 『조선사연구 중세 제2』, 『분로쿠 게이초의 역』, 『원구元寇의 신연구』, 『만선사연구』, 『통구通溝』 등이 있다. 1952년 11월 1일 사망했다.

이 책은 1918년 가을 저자가 조선 출장 중 10월 2일부터 10일에 걸쳐 평안북도 의주군 서부에서 수행한 고성지 조사결과를 기술하고, 이를 기록과 비교하면서 저자의 견해를 밝힌 것이다.(서언)

〈목차〉

장	제목
제1장	서언
제2장	현재의 고성지
제3장	고려조 초기의 압록강 방면 형세
제4장	현존 고성에 대한 기록상의 고찰
연대표	
색인	
삽도 제9도/도판 제8(축척 2만5천분의 1)/부도 3점(의주군 서부 지형도, 고려 서북면 주진 위치도, 대동여지도)	

172) 근대조선사료近代朝鮮史料

저자	–	출판년월	1919년 11월
판형	국판	페이지 수	59쪽
발행처	육군성 인쇄	소장처	架藏

이 책은 군대의 필요에 따라 번각된 듯하다. 1919년 11월 20일 육군성

인쇄라는 표기가 있고, 내가 가지고 있는 판본에는 표지에 검은 글씨로 '저자 선인鮮人, 성명 미상, 원문 한문'이라고 적혀있다. 내용은 다음과 같다.

〈목차〉

	제목
1	이태왕 즉위(원치 원년) 후 패망에 이른 원인
2	민후(閔后)의 행위
3	갑자(甲子, 태황제 원년, 원치 원년) 이래 제신(諸臣)의 죄
4	태왕(太王)의 사실(事實)

173) 종가와 조선宗家と朝鮮

저자	다카하시 쇼노스케(高橋章之助)	출판년월	1920년 10월
판형	국판	페이지 수	141쪽
발행처	경성 저자	소장처	架藏

저자는 군마현 사람으로 1889년 메이지법률학교를 졸업하고 변호사를 거쳐 1903년 중의원 의원에 당선되었다. 1905년에 도한度韓하여 1909년 경성에서 변호사를 개업했고, 경성 거류민단 의원과 의장 등을 지냈다.

이 책은 종가(宗家)[53]가 비밀리에 소장해온 금석문고(金石文庫)를 주된

53 대마도의 번주 가문으로 메이지유신 이후 화족(華族)으로서 백작(伯爵) 작위를 받았다. 저자 다카하시는 「자서」에서 당주 소우 시게모치(宗重望)와의 교우를 언급하며 대조국교(對朝國交)의 거점이었던 대마도와 종가(宗家)의 역사를 되짚어야 한다고 말한다. 1931년 덕혜옹주와 결혼한 백작 소우 다케유키(宗武志)는 시게모치의 사촌이자 양적자(養嫡子)로서 종

자료로 삼는 한편, 조선총독부에 보존된 원(元) 한국 궁내부 규장각의 고문서를 섭렵하고 다시 시데하라 박사 및 기타 여러 사람의 저술을 참고한 것이다. 귀중(貴衆) 양원 의원을 비롯한 요로(要路)의 관헌에 배포하기 위해 급히 집필한 것으로, 순서 배열이 조루하고 문사(文辭) 체재(體裁)가 조악하다는 질책을 피할 수 없겠지만, 이는 추후 다시 시간을 내서 증보·수정할 것이다.(제언)

〈목차〉

장	제목
	「부산화관도(和館圖)」
제1장	대마도와 조선의 지리 및 경제적 관계
제2장	통문(通文)조약의 세 번의 변천
제3장	메이지유신 전후의 종가(宗家)
제4장	화관(和館) 설치와 그 경영
제5장	화관 부지 점유의 근본적 의의
제6장	메이지유신 후 화관 토지 건물의 처분
제7장	종가(宗家) 계보
	(부록) 전설 및 고증

174) 삼국유사三国遺史 5책 – 교토제국대학 문학부총서 제6

저자	–	출판년월	1921년 3월
판형	46판 영인	페이지 수	각 책 50엽
발행처	교토대학 문학부	소장처	도쿄대학

이 책은 『삼국사기』(153번 항목 참조)와 함께 조선고사古史의 쌍벽을 이룬

가의 37대 당주였다.

다. 『삼국유사』의 전본 중 가장 오래된 것은 정덕임신正德壬申(1215) 경주 판본이다. 그 완전한 것을 1916년 이마니시 류 박사가 입수했는데, 교토대학 문학부가 이를 46판 5책으로 축사 · 영인하여 『교토제국대학 문학부 총서 제6』으로 간행했다. 권두에 이마니시본 출현의 의의를 상술한 나이토 도라지로內藤虎次郎[54] 교수의 서문이 실려 있다.

175) 장백산에서 본 조선 급 조선인長白山ヨリ見タル朝鮮及朝鮮人

저자	스기 보난	출판년월	1921년 8월
판형	46판	페이지 수	361쪽
발행처	경성 동주회(同舟會)	소장처	架藏

저자 스기 보난杉慕南은 경성부회의원 스기 이치로베杉市郎平로 다음과 같은 저작이 있다. 『대만사정』, 『대일본 군기의 역사』, 『대외국시와 군비 충실안』 등.

> 조선인은 사천년의 역사를 긍지로 삼고 있으나, 이 역사는 낙동강, 한강, 대동강반(畔)을 중심으로 보면 장님이 코끼리를 그리는 편견에 빠질 수 있기에 반드시 장백산을 중심으로 보아야만 한다, 종래의 한사(韓史)는 이 점에 유감이 있다. 내가 이 책을 집필한 연유는 통속을 주된 소재로 삼아 장백

54 나이토 도라지로(1866~1934) : 시라토리 구라키치와 함께 다이쇼, 쇼와시대를 대표하는 동양사학자. 호를 사용해 나이토 고난(湖南)이라 부를 때가 많다. 아키타 출신이며 아사히신문 기자와 대만일보 주필 등으로 활동하기도 했다. 1907년부터 교토제국대학에서 동양사학을 가르쳤으며, 이후 가노 나오키(狩野直喜) 등과 함께 동양사의 '교토학파'를 육성했다.

산을 중심으로 하는 사천년 흥망의 사적을 극히 간명하게 개평(槪評)하기 위해서다.(서언)

〈목차〉

장	제목
제1장	총설
제2장	고조선과 전(前) 삼한
제3장	삼국정립과 반도 통일
제4장	고려조시대
제5장	이조오백년
제6장	독사여담(讀史餘談)
(부록) 파미르 고원에서 본 일본의 위치	

176) 군사적 비판 풍태합 조선역軍事的批判 豊太閤朝鮮役

— 일본학술보급회 '역사강좌'

저자	스기무라 유지로	출판년월	1922년 1월
판형	국반절판	페이지 수	298쪽
발행처	일본학술보급회	소장처	架藏

이 책은 일본학술보급회 제2기 '역사강좌'로서 간행된 것이다. 저자 스기무라 유지로杉村勇次郎는 퇴역군인으로 교토대학 문학부에서 우치다 긴조內田銀藏,[55] 기다 사다키치 등에게 역사학을 배웠다.

55 우치다 긴조(1872~1919) : 도쿄 출신. 일본경제사의 개척자로 알려져 있다. 주저는 『일본근세사(日本近世史)』와 『일본경제사의 연구(日本経済史の研究)』 등이다.

이 책은 전문적 연구에 도움을 주기보다 일반 독자에게 통속적인 군사지식을 보급하는 것에 주안점을 두고 있다. 이를 위해 주로 논평을 적고 있으나 이해를 돕기 위해 전쟁의 경과를 간단하게 표시하여 권말에 덧붙임으로써 독자의 열독에 도움이 되고자 한다.(서)

〈목차〉

장	제목	장	제목
제1장	서론	제7장	수군
제2장	준비	제8장	명군
제3장	통수	제9장	한국에 대해
제4장	편제	제10장	강화(媾和)
제5장	병수(兵數), 병기	제11장	결론
제6장	급양(給養)	(부록) 풍태합조선역 경과표	

177) 이조사대전李朝史大全

저자	아오야기 쓰나타로	출판년월	1922년 7월
판형	국판	페이지 수	966쪽
발행처	경성 조선연구회	소장처	일본 국회도서관

저자 아오야기 쓰나타로(호 난메이)의 약전 및 저작에 대해서는 147번 항목 참조.

생각건대 이조의 역사는 표면의 사실을 재현했다고 해서 결코 역사의 사명을 완수했다고 할 수 없다. 특히 노론과 소론의 알력에 관해서는 모든 기록 및 논술에 대한 정곡을 기록하고 진상을 포착하기 위해 고심하지 않으면 안 된다. 이조에는 사실은 있어도 역사는 없으며, 역사가는 있으나 역사는 없다. 나는 이러한 견지에 입각하여 이 책을 편술했다.(예언)

이 책은 최근 명저출판사에 의해 복각되었다.

〈목차〉

178) 벽제관대전기碧蹄館大戰記

저자	와타나베 무라오(渡辺村男)	출판년월	1922년 9월
판형	46판	페이지 수	270쪽
발행처	도쿄 민우사	소장처	도쿄경제대학

저자의 호는 축천筑川이며 지쿠고사筑後史 연구자다.

이렇게 저렇게 전황을 기술한 것은 수없이 많지만, 당시 군에 참가했던 아마노하라우에몬(天野原右衛門)이 서술한 조선군 이야기가 그 사실을 잘 갈파하고 있다. 그리고 무네시게(宗茂)에게 극진한 대접을 받았던 석유(碩儒) 안도 세이안(安東省菴)은 저서 다치바나전공록(立花戰功錄)에서 당시 쇼군가보(將軍家譜) 태합기(太閤記) 등에 무네시게의 공렬(功烈)을 서술하지 못한 것이 유감이라고 직접 적고 있다. 세이안의 근엄한 인격으로 보건대 그 저서를 신뢰하고도 남는바가 있으며, 또한 입재구문기(立齋舊聞記)는 야나가와(柳河)의 구기(舊記)전설 등을 고사(考査)하고 그 전황(戰況) 및 전후의 일을 상술하고 있다. 오직 이 세권의 책을 탐구하여 전황사(戰況史)를 편찬하는바, 일한한(日漢韓)의 책을 여기에 보충하여 벽제관대전기(碧蹄館大戰記)라는 제목을 지었다. 본기(本記)를 강(綱)으로 삼고, 상술한 세 책의 전편을 실어 그 목(目)으로 삼는다.(자서)

〈목차〉

제목	
1	대전기(大戰記)
1	아마노하라우에몬 조선군이야기
1	다치바나전공록
1	입재구문기
1	대전기 보유(補遺)
1	(부록) 시가(詩歌) 수간(手簡) 등
발(跋)	

벽제관 전역戰役 관련 문헌으로는 하세가와 모토이長谷川基 대위의 『조선역의 경개梗概와 벽제의 전戰』(1930), 와타나베 긴조渡辺金造(호는 도수刀水, 육

군소장)[56]의 『벽제의 전-부附 행주의 전』(1924년 간행)과 『벽제전사』(1938) 등이 있다.

179) 조선사강좌朝鮮史講座 제1호~제15호

저자	-	출판년월	1923년 9월, 1924년 11월
판형	국판	페이지 수	매호 250쪽 내외
발행처	경성 조선사학회	소장처	일본 국회도서관

본 강좌는 오다 쇼고가 회장을 맡았던 조선사학회가 강의록 형식으로 매달 1회 회원에게 배포한 조선사 강의록이다. 일반사 강의, 분류사 강의, 특별 강의 및 부록으로 이루어져 있으며, 1923년 9월 제1호를 낸 이래 1924년 11월 제15호로 완결되었다. 집필자 및 강의내용은 다음과 같다.

〈내용〉

제목
『일반사』
조선상세사(오다 쇼고)
중세사(오기야마 히데오(荻山秀雄[57]), 세노 우마쿠마(瀨野馬熊)[58])
조선근세사(세노 우마쿠마)
조선최근세사(스기모토 쇼스케(杉本正介), 오다 쇼고)
조선역사지리(오하라 도시타케(大原利武))
『분류사』
조선재정사(아소 다케키(麻生武亀))

56 와타나베 긴조(1874~1965) : 육군군인이자 역사가로서 호는 도수다. 대만군 참모장에 취임한 경력이 있다. 퇴역 후 주로 사이타마현의 사적을 연구했다. 주요 저서로 『히라타 아쓰타네연구(平田篤胤研究)』(1942년)가 있다.

제목
일조관계사(가야하라 마사조(栢原昌三))
선만관계사(이나바 이와키치(稲葉岩吉)[59])
조선어학사(오구라 신페이(小倉進平)[60])
조선민족사(이나바 이와키치)
조선학예사(홍희(洪憙))
조선불교사(이능화)
조선사회제도사(무라야마 지준)
『특별강의』
조선 구(舊) 사회사정(가토 간가쿠(加藤灌覚))
조선금석문(가쓰라기 스에지(葛城末治))
해류(海流)와 민족(오하라 도시타케)
고려판 대장경에 대해서(스가노 긴하치(菅野銀八))
국문, 이두(吏吐), 속요(俗謠), 조자(造字), 속자, 차훈(借訓) 등(아유카이 후사노신)
조선고적 및 유물(후지타 료사쿠)
고구려의 천남생묘지(泉男生墓誌)에 관해(이나바 이와키치)
풍수에 관해(무라야마 지쥰)
조선 고창(高昌) 설(偰)씨 세계(世系)(이나바 이와키치)
울산성과 아사노마루(淺野丸)(세노 우마쿠마)
삼한의 귀화인(미우라 히로유키)
조선유학대관(다카하시 도루)
근역사조(槿域思潮)(와타나베 아키라)
조선사관계도서 해제(오기야마 히데오, 스가노 긴하치)
조선도기(陶器) 개요(가토 간가쿠)
만상(湾商)(이나바 군잔(이와키치))
분로쿠역 당시 경성에 있었던 일본군 여러 장군 진지의 고증(오다 쇼고)
조선 및 만주의 국호계통에 대해(오하라 도시타케)
『임시특별강의』
진재(震災)와 선만자료의 일망(佚亡)에 대해(이나바 이와키치)
문성공(文成公) 안유(安裕)의 영정(影幀)에 대해(가야하라 마사조)
명양협(鳴洋峽)의 해전과 통제사(統制使) 이순신(가야하라 마사조)
『부록』
조선역대왕 가계보(오하라 도시타케)
조선사편람(스가노 긴하치)

180) 청주연혁지清州沿革誌

저자	오구마 슌포(大熊春峯)	출판년월	1923년 10월
판형	46판	페이지 수	178쪽
발행처	충청북도 청주 저자	소장처	시카타문고

저자는 청주에 거주하는 신문인으로서 본명은 오구마 야사부로大熊弥三郎다. 춘봉春峯은 호다.

필자는 청주에 대략 십여 년 거주했지만 돌이켜보면 청주를 위해 충분히 공헌하지 못한 것 같아 후회된다. 그러므로 적어도 무언가 한 가지는 남겨서 마음의 위안을 삼고 싶었다. 얼마 전 지우(知友)와 만나 우연히 청주의 과거에 대해 이야기했는데, 당시의 사적이 사람들의 기억에서 몹시 희미해지고 있는 것을 느꼈다. 그렇게 세월이 지나가면 점점 잘못된 구비(口碑)가

---

57 오기야마 히데오(1883～?) : 에히메 출신. 교토제국대학 사학과를 졸업하고 1914년 이왕직 촉탁으로 조선에 건너와 도서실에서 근무했다. 1921년 교과용도서 편찬사무 촉탁으로서 조선사 편집 및 교과서 편집을 담당했으며, 1923년 총독부 도서관장에 임명되었다.

58 세노 우마쿠마(1875～1935) : 구마모토 출신. 와세다대학 졸업 후 대만에서 총독부의 문서 편찬 등을 담당했으며, 1910년 만철 조사부로 옮겨갔다. 이후 1916년 조선으로 건너와 중추원의 조선인명사전 편찬사무를 위촉받았다. 이후 총독부의 조선사편찬위원회에 촉탁으로 참여하였고, 조선사학회에서 활동하면서 중세·근세사를 연구했다. 저작에 『조선사대계』와 유고집 『세노 우마쿠마 유고(遺稿)』 등이 있다.

59 이나바 이와키치(1876～1940) : 니가타 출신으로 호는 군산(君山). 고등상업학교 부속외국어학교에서 중국어를 배우고 북경에서 유학했다. 만철 조사부에서 근무했으며, 조선총독부 조선사편수회 간사로 활동했다. 만주에 건국대학이 세워지자 교수로 부임했다.

60 오구라 신페이(1882～1944) : 센다이 출신. 도쿄제국대학 언어학과 졸업 후, 우에다 가즈토시(上田万年)의 국어학 연구실 조수를 거쳐 1911년부터 조선총독부에서 근무했으며 조선어를 연구했다. 1926년에 경성제대 교수로 임명되었으며 1933년부터는 도쿄제국대학 언어학과 교수를 겸임했다. 주요 저서로 『국어 및 조선어를 위하여(国語及朝鮮語のため)』, 『조선어와 일본어(朝鮮語と日本語)』, 『조선어 방언의 연구(상·하)(朝鮮語方言の研究(上·下)』 등이 있다.

전해지고 사실(史實)이 인멸될 염려가 있으므로 지금이라도 그 연혁을 기술할 필요가 있음을 통감하였다. 이를 통해 전도유망한 우리 청주가 어떠한 경로를 거쳐 발전해왔는가를 세인들에게 소개하고자 한다.(자서)

〈목차〉

181) 벽제의 전碧蹄の戦 – 부 행주성 전附、幸州城の戦

저자	와타나베 긴조 演	출판년월	1924년 1월
판형	46판	페이지 수	57쪽
발행처	조선 제20사단	소장처	도쿄경제대학

이 책은 육군소장 와타나베 긴조渡辺金造가 1924년 1월 행했던 전사戰史

연구 강연을 인쇄한 것이다.

우리의 목적은 전술의 연구이지 사실의 검증이 아니므로 다소 사실과 다른 점이 있더라도 크게 개의치 않았습니다. 다만 가급적 사실과 어긋나지 않도록 노력했습니다.(서언)

〈목차〉

제목	제목	
벽제 전투 이전의 개설	(부록)	
양국 군대의 전법 및 병기	제1	중요사항 일람표
지형의 약설	제2	일본군 전투서열
일본 제장(諸將)의 군의(軍議)	제3	명군 전투서열
명군의 상황	제4	행주성 전투
벽제 전투	제5	지형, 배치, 전투 등의 삽화 7점
벽제 전투에서 얻은 교훈		

182) 조선문화사대전朝鮮文化史大全

저자	아오야기 쓰나타로	출판년월	1924년 2월
판형	국판	페이지 수	1,277쪽
발행처	경성 조선연구회	소장처	시카타문고

저자에 대해서는 147번 항목 참조.

이 책은 우선 역사상 사실을 조사하고, 이전에 조사했던 옛 원고를 수정하면서 빠진 부분을 보완한 것인데 참고자료의 불완전함 및 단간영묵(斷簡

零墨)의 아쉬움이 있다. 또한 편사(編史)의 고심은 나의 상상을 뛰어넘는 것이었다. 이 책은 아직 편사의 형태를 갖추었다고 말하기 어렵고, 나아가 독창적이고 참신한 기사라 칭할 만한 것도 없다. 다만 세상의 박학과 선지(善智)를 가지고도 완벽한 조선 편사를 쓰는 것은 어렵다고 생각되므로 이 책을 출판한다.(자서)

〈목차〉

편	제목	편	제목	편	제목
제1편	서론	제10편	조선군정사	제19편	이조붕당사론
제2편	판도적 정치사	제11편	조선음악사	제20편	조선오례지(五禮誌)
제3편	조선민족사론	제12편	조선전제(田制)사	제21편	조선외교사
제4편	조선유학사	제13편	조선문화의 제2기	제22편	조선교통사
제5편	조선성씨록	제14편	조선의학사	제23편	조선통신사
제6편	조선교육사	제15편	조선재정사	제24편	조선미술사
제7편	조선종교사	제16편	조선화폐사	제25편	조선의 연(軟)문학과 야담
제8편	조선문화의 제1기	제17편	조선외구(外寇)와 문화의 동천	제26편	조선왕세사
제9편	조선행정사	제18편	조선문화의 제3기	제27편	조선문화사를 논하다

183) 일본조선 비교사화日本朝鮮比較史話 – 국사강습록国史講習録 제16권

저자	요시다 도고 述	출판년월	1924년 8월
판형	국판	페이지 수	138쪽
발행처	도쿄 국사강습회	소장처	일본 국회도서관

이 책은 국사강습록의 과외科外 강의로서 비교사화比較史話를 서술한 것이다. 요시다 도고는 니가타현 출신의 사학자로서 와세다대학 교수를 지낸

문학박사다. 저서에 『도쿠가와정교고德川政教考』, 『연혁고증沿革考証』, 『일본독사지도』, 『도서倒敍일본사』, 『대일본지명사서』, 『일한고사단』(1893년, 90번 항목 참조) 등이 있다.

〈목차〉

장	제목
제1장	국세(國勢)의 이동(異同)(상)
제2장	국세의 이동(중)
제3장	국세의 이동(하)
제4장	양국 내부의 관찰
제5장	한인이 본 일본
제6장	학술상의 추향(趨向)
제7장	경제상의 사항

184) 고적급유물등록대장초록古蹟及遺物登録台帳抄録 – 부 참고서류

저자	–	출판년월	1924년 9월
판형	국판	페이지 수	253쪽
발행처	경성 조선총독부	소장처	일본 국회도서관

1916년 이래 조선총독부 고적 및 유물보존규칙에 따라 등록된 고적과 유물은 193건에 이른다. 이에 등록대장을 초록하고 지방별로 배열하여 참고에 도움을 주고자 한다.(권두)

[내용] 등록번호별 색인. 1924년 현재.

185) 일본전사 '조선역'日本戦史「朝鮮役」 본편 문서부록(3책)

저자	–	출판년월	1924년 9월
판형	국판	페이지 수	1,144쪽
발행처	참모본부	소장처	架藏

이 책은 분로쿠와 게이초 두 번에 걸쳐 히데요시가 명나라를 정복하기 위해 출진한 '조선역' 을 참모본부가 전사戰史기록으로서 편찬한 것이다. 본편부기 617쪽, 문서보전 527쪽, 부표 · 부도 27점의 3책으로 간행되었다.

(1) 고래로 조선역을 우리나라 사람은 조선진(朝鮮陣), 고려진(高麗陣) 또는 정한역(征韓役)으로 불렀으나 실은 정명역(征明役)의 단서(端緖)로 보아야한다. 이 책은 전례(前例)를 따라 전지(戰地)의 이름을 취해 조선역이라 칭한다. ……(6) 수집한 문서 및 보전은 그 수가 너무 많아서 일일이 채록할 수가 없으므로 그 긴요한 것만을 담았다. (7) 기타 범례 및 도쿄제국대학의 편년사료 등을 참작한 것은 모두 오케하자마(桶挟間) 전투[61] 이하 각 전투의 전례를 따른 것이다.(범례)

〈목차〉

장	제목	장	제목
제1편 기인(起因) 및 전역 전의 형세		제11장	아군의 계획 조치 및 경과의 개요
제1장	일명선 삼국의 관계 및 일선의 교섭	제12장	명선군의 계획 및 조치

61 1560년의 오케하자마 전투에서 오와리국(尾張国)의 다이묘 오다 노부나가(織田信長)는 스루가국(駿河国)의 이마가와 요시모토(今川義元)를 기습해 승리하였다. 이로 인해 오다 노부나가는 그 세력을 넓히게 되었고, 도쿠가와 이에야스는 이마가와 일족의 지배에서 벗어나는 계기를 맞았다. 전국시대의 중요한 전환점으로 평가된다.

장	제목	장	제목
제2장	아군의 군비	제13장	거제도의 해전
제3장	명선군의 군비	제14장	아군의 행동
제2편 전(前) 역		제15장	명선군의 울산 공격
제4장	아군의 계획 및 조치	제16장	명선군의 재거(再擧)
제5장	명선군의 계획 및 조치	제5편 결과	
제6장	아군의 상륙 및 전진	제17장	양군의 반사(班師)
제7장	명군의 부원(赴援)	제18장	양군의 상벌
제8장	진주성 공략	제19장	일선의 수호
제3편 강화		(부기)	
제9장	강화교섭	경과일람표, 부표, 부도	
제10장	강화 중 양군의 정황	문서, 보전	
제4편 후(後) 역			

186) 계림鷄の林

저자	요시오카 겐타로(吉岡堅太郎)	출판년월	1924년 12월
판형	46판	페이지 수	197쪽
발행처	경성 저자	소장처	架藏

저자는 조선고미술 감식자로 경성 미술구락부 소속이다.

이 보잘것없는 책을 상재하게 된 저자의 주지는 조선의 고미술, 특히 어떤 의미에서 거의 예술적 완성의 영역에 도달한 고려조 및 이조의 도자기에 대해 다소의 소개를 시도하는 것에 있다. 저자의 진의는 이 책의 가장 마지막 부분인 3편에 있으며, 그 이외에는 일반 독자에게 미술품을 소개하기 위해 추가한 부분이라 할 수 있다.(서)

〈목차〉

	제목
1	조선기담 불사의 약수
2	창작 옛날이야기
3	차화일속(茶話一束)
4	어떤 골동품상과의 대화
5	고려도자기
6	이조도자기
	경주 구경

187) 조선사화朝鮮史話

저자	시데하라 다이라	출판년월	1924년 12월
판형	46판	페이지 수	531쪽
발행처	도쿄 부산방	소장처	도쿄경제대학

이 책은 조선사의 여러 문제를 21회에 걸쳐 평이하게 서술한 것이다.

〈목차〉

화	제목	화	제목	화	제목
제1화	일조관계의 간단한 연혁	제8화	일선관계로 본 대마도	제15화	공하망(恭夏望)
제2화	조선의 기자유적과 기록	제9화	삼은(三隱)	제16화	관우(関羽) 숭배
제3화	소시모리(曾尸茂梨) 의 위치와 구마나시노미네(熊成峰)	제10화	이율곡	제17화	효종이 청을 치려고 꾀한 사정
제4화	지나정부가 조선을 지배한 최초의 경험	제11화	아시카가(足利)학교의 조선본(本)	제18화	수원의 현륭원(顯隆園)
제5화	경성의 고탑	제12화	분로쿠역과 아군의 경성점령	제19화	간도국경의 담판
제6화	조선의 소위 왜구	제13화	농성(籠城)의 울산	제20화	조선보호지(志)

화	제목	화	제목	화	제목
제7화	삼포와 삼향	제14화	성곽	제21화	천도교 · 시천교

188) 낙랑군 시대의 유적楽浪郡時代ノ遺跡

–고적조사특별보고 제4책

저자	–	출판년월	1925년 3월 1927년 3월
판형	–	페이지 수	도판 38 본문 26
발행처	조선총독부	소장처	일본 국회도서관

이 책은 조선고적조사위원 세키노 다다시, 다니가와 사이이치, 구리야마 슌이치, 오바 고키치, 오가와 게이키치, 노모리 겐이 한무제가 설치한 낙랑군(평안도)의 유적을 조사한 특별보고서 제4책이다. 1925년 도판 250매(2334점)과 지도 2매를 간행하고 1927년에 본문 428쪽, 삽도 300점, 지도 1매를 간행하였다.

〈목차〉

편	제목
	예언
	목차
	본문 삽도 목차
	서언
제1편	낙랑 치지(治址)
제2편	낙랑군시대의 고적
제3편	점선(秥蟬)현 치지
제4편	낙랑군시대의 전와(塼瓦) 및 기타 공예품

189) 상고반도통치 이면사上古半島統治裏面史

저자	이와모토 요시후미(岩本善文)	출판년월	1925년 5월
판형	국판	페이지 수	491쪽
발행처	경성 동방문화연구회	소장처	시카타문고

저자는 잡지기자로 활동하면서 조선사연구에 뜻이 있어서 이 책을 완성했다고 한다.

멀리 신대(神代)의 과거부터 신공황후의 신라친정(親征)까지, 또한 신라, 백제, 임나, 고구려, 외지나(外支那)의 역대 조실(朝室)에 대한 우리 조정의 내치와 외교책을 서술하고, 마지막으로 덴지(天智)천황이 반도를 포기하게 되는 상하 1천 수백 년간에 이르는 고대 우리나라의 반도통치의 이면을 관찰하는 한편 거기에서 어떤 새로운 암시를 얻기 위해 고심했던 저의 연구를 기록한 것입니다.(자서)

〈목차〉

편	제목	편	제목
서론		제7편	우리 반도통치가 이완되었던 시기
제1편	유사 이전의 일선관계	제8편	오토모노 가나무라(大伴金村)의 백제임나 병합책
제2편	신공황후 친정 이전의 일선관계	제9편	반도정치의 혼란시대
제3편	신공황후의 신라친정	제10편	수와 당 양실의 반도 진출과 우리 반도통치가 종말을 맞이한 시기
제4편	신공황후의 반도통치	결론	
제5편	반도에 국위가 가장 확장되었던 시기	부록	
제6편	고구려의 남하운동이 치열했던 시기		

190) 조선문화사연구朝鮮文化史硏究

저자	이나바 군잔(君山)	출판년월	1925년 9월
판형	국판	페이지 수	378쪽
발행처	도쿄 웅산각(雄山閣)	소장처	도쿄경제대학

저자는 문학박사 이나바 이와키치로서 군잔君山은 호다. 동양사의 권위로 조선과 만주 관련 저작이 많다. 야마구치고등상업학교 및 육군대학 등의 강사를 거쳐 조선총독부 수사관修史官, 건국대학교수를 지냈다. 1942년 5월 23일 병으로 사망했다. 향년 65세.

저서로는 『북방지나』(후루사와 호쿠메이古沢北冥 공저, 1902), 『청조전사』(1914), 『만주발달사』(1915), 『지나제정론帝政論』(1916),『근세지나십강』(1916), 『지나의 군정과 병제』(1917), 『지나정치사 강령』(1918), 『근대지나사』(1919), 『최신지나사강화』(1915), 『광해군시대의 만선관계』(1919), 『증정 만주발달사』(1936), 『전前 만주의 개국과 일본』(1936), 『석량釋椋』(1936), 『지나근세사강화』(1938), 『신동아건설과 사관』(1939), 『만주사통론』(1940) 등이 있다.

『조선문화사연구』는 『동아경제연구』지를 비롯한 여타 잡지에 발표한 논문에 수정을 가해 한 권으로 묶은 것이다.

〈목차〉

제목		제목		제목	
1	조선정치사의 과정	7	조선 만주와 지나의 관계	13	조선 고창 설씨 세계(世系)
2	조선사회사의 일단면	8	지나 및 만주 조선과 일본의 관계	14	고구려 천남생의 묘지(墓誌)에 대해

제목		제목		제목	
3	조선 성(姓)의 유래	9	성덕태자의 외교	15	진재(震災)와 선만 사료의 일망(佚亡),
4	조선의 전설 및 사상의 해방에 대해	10	고대조선과 지나의 교통	16	북선의 여진어 지명
5	일선문화의 역사적 차별	11	낙랑문화의 연구에 대해	17	근대지나와 정형(政型)의 변천
6	조선문화사의 측면관	12	한의 효문묘(孝文廟) 동종(銅鐘) 명식(銘識)	18	정통론 사상에 대한 비판

191) 군산개항사群山開港史

저자	호다카 마사키, 무라마쓰 히로유키	출판년월	1925년 12월
판형	국판	페이지 수	338쪽
발행처	군산 호다카 마사키	소장처	도쿄경제대학

저자 호다카 마사키保高正記는 후쿠오카福岡 사람으로 도시샤同志社에서 배우고 항해업에 종사했다. 군산 호리상회屆商會 주임으로 조선에 재류했다.

무라마쓰 히로유키(村松祐之) 군의 도움을 받아 이 책을 편찬할 수 있었다. '현재의 군산'에 관한 기사, 즉 신사, 학교, 교육회, 오구라 요네키치(大倉米吉) 씨의 사업, 사원, 기독교회, 후지간척지(不二干拓地) 및 재판소 등의 연혁을 무라마쓰 군이 담당했고, 기타 여러 항목에 대한 서사와 평론은 호다카의 재량에 따랐다. 서술의 책임을 위와 같이 나눈다.(범례)

참고로 이 책 외에 군산에 관한 문헌으로 『군산부사』(1935), 『군산개항전사』(1935)가 있다.

〈목차〉

장	제목	장	제목	장	제목
제1장	총설	제10장	군산 거류민단 시대	제19장	군산 제학교
제2장	금강 계곡의 사적 가치	제11장	군산상업회의소	제20장	군산교육회의 연혁
제3장	공미제도의 연혁	제12장	군산 축항(築港) 문제	제21장	오구라 요네키치 씨의 사업
제4장	조선의 화폐제도	제13장	호남철도	제22장	군산의 종교
제5장	군산 각국 거류지회	제14장	군산 미곡상조합 연혁	제23장	전주지방법원 군산지청 연혁
제6장	군산 이사청의 개설	제15장	군산 미계(米界) 중심세력의 소장사(消長史)	제24장	군산 전기사업의 연혁
제7장	아마노(天野)부윤(府尹) 재임 십년간의 군산	제16장	「바다의 군산」	제25장	군산 장래의 도시계획
제8장	일본인회 시대	제17장	군산항 해운의 연혁	제26장	군산항 제일선의 영양지(군산지도 및 사진 수 점)
제9장	러일전역의 영향	제18장	군산신사		

192) 조선병합사朝鮮併合史

저자	샤쿠오 슌조	출판년월	1926년 3월
판형	국판	페이지 수	1,034쪽
발행처	경성 조선급만주사	소장처	일본 국회도서관

저자의 호는 동나東邢로서 동양대학 철학과를 졸업하고 1900년 부산 개성학교의 교원이 되었다. 1908년 경성에서 잡지 『조선급만주』를 창간하고 그 경영에 임했다. 1920년 아오야기 쓰나타로 등과 『경성일일신문』을 창간했으나 얼마 못가 그만두고 상경한 뒤로는 저술에 전념했다. 이후 다시 경성에서 '조선급만주사'를 세워 사장이 되었다.

이 책의 제목은 병합사이지만 이조초기부터 시작하여 이조 오백년간의 사건을 기술했으며, 특히 이태왕(李太王) 44년간을 대원군 섭정시대, 이태왕 친정시대, 통감시대로 나누어 서술했다. 병합에 관해서는 가장 많은 분량을 사용했으며 병합의 표리 내외에 있는 모든 사상(事像)을 수집했다. 마지막 부분에서는 병합 후의 총독정치와 조선의 상태, 그리고 독립소요사건을 기술하여 현재는 물론 장래의 문제까지 다루었다. 따라서 병합사라기보다는 조선최근사라 칭하는 편이 타당하겠다.(예언)

〈목차〉

제목	제목	제목
(병합 전의 조선)	이태왕의 친정 30여년	총독정치
이조의 일반	통감정치	제2세 하세가와 총독시대
이태왕의 44년	한국의 병합	제3세 사이토 총독시대
대원군의 집정	(병합 후의 조선)	조선의 장래

193) 백제관음百濟観音

저자	하마다 세이료(淸陵)	출판년월	1926년 5월
판형	46판	페이지 수	680쪽
발행처	도쿄 이데아서원	소장처	架藏

저자의 본명은 하마다 고사쿠로 1881년 오사카에서 태어나 1905년 도쿄제국대학 문과대학을 졸업했다. 1909년 교토대학 강사, 1913년 조교수를 거쳐 1917년 교수에 취임했다. 1938년 7월 25일 58세로 사망했다.

저서에 『희랍기행』(1918), 『경상북도남도 고적조사보고』(1922), 『경주금관총과 그 유보遺寶 상·하권』(우메하라 스에지 공저, 1924 · 1928), 『경주금관총』(1932) 등이 있다.

나의 이 잡연한 문집의 제목을 무엇으로 정할지 상당히 고민했다. 고심 끝에 책 앞머리에 실은 백제관음의 이름을 따서 '백제관음'으로 정했다.(책 말미에)

〈목차〉

제목
백제관음상
경주의 대발견
경주금관총 발굴
조선의 고적
기생상(妓生狀)
그 외 50편(세목 생략)

한편 이 책은 헤이본샤平凡社에서 복각되었다.

194) 조선사화와 사적朝鮮史話と史蹟

저자	아오야기 쓰나타로	출판년월	1926년 7월
판형	국판	페이지 수	1,029쪽
발행처	경성 조선연구회	소장처	架藏

저자에 관해서는 147번 항목 참조.

세상에는 조선사를 편찬하는 자가 많다. 그러나 이면의 비사와 사적에 붓을 적시는 이는 없다. 이 책의 고대사는 내가 기저(旣著)의 정수를 초출해 그 문사를 손보았고, 근세사화는 세상에 공개되지 않은 비사를 전색(詮索)하여 그 연멸(煙滅)을 막는 한편 변화에 대비해 후세에 전하고자 한다. (예언)

최근 명저출판으로 복각되었다.

〈목차〉

제목	제목	제목	제목
단군신화	종씨(宗氏)의 삼포사관	개성	남한산성
기자묘(箕子廟)	풍태합 정한사화	벽제관	조선의 병서와 무기
신라의 혁거세	부산진 성지(城趾)	행주산성	군용봉수(烽燧)사화
김수로왕의 묘(廟)	동래성지	거짓 화의(和議)	숙종대왕 폐비사화
계림사화	작원관(鵲院關)	장문포	송우암(宋尤庵)
제주도 삼신인	김해성	한산도	대원군과 왕비
백제성지	상주성	남원성	자객 홍종우
신라일통의 영웅	조령(鳥嶺)과 탄금대	전주성	괴걸 이용상
삼국문화사화	충주	소사	암행어사
승도(僧道)와 고려 태조	한강의 전(戰)	창원성	천우협
원구(元寇) 및 여구(麗寇)	한양성	명량협	최수운 (崔水雲)
만월대	거제도해전	진주성	법부고문 호시 도루(星亨)
고려의 공녀	용인의 전	순천해상의 전	최익현
이조 태조의 탄생지	임진강의 전	기요마사(淸正)와 호승 송운(松雲)	이태왕과 기쿠치 겐조
왜구사화	함흥성	울산성	헤이그밀사 비화
고려문화사화	해정창(海汀倉)	사천 신축	일진회 이면사
경복궁	연안성	순천성	한국병합야화

제목	제목	제목	제목
이태조와 집안의 소동	경성(鏡城)	노량의 전	에타이야기 (穢多物語)
불교쇠멸사화	평양성	호걸 이순신	사이토 대총독
세조대왕묘위사화	진주성	관제묘	
성종대왕폐비사화	경주성	모하당(慕夏堂)사화	
연산군	길주성	강화도	

195) 일한정종소원日韓正宗溯源

저자	하마나 히로스케	출판년월	1926년 12월
판형	국판	페이지 수	689쪽
발행처	도쿄 희문당(喜文堂)서점	소장처	일본 국회도서관

하마나 히로스케浜名寛祐의 호는 조광祖光이다. 조동선曹洞禪의 행자이며 청일, 러일 두 전쟁에 육군 주계감主計監으로 종군했다. 만주 모 사원에서 고문서를 발견했는데 평소 우국개세憂國慨世의 정을 금할 수 없어 이 책을 지었다고 한다.

〈목차〉

권	제목
1	정종범의(正宗汎議)
2	왜한통증(倭韓通証)
3	신송서전 전서(神頌叙伝前序)
4	신송서전 역사편

2. 전기

196) 임경업전林慶業伝

저자	–	출판년월	1881년 10월
판형	미농판(美濃判) 화장(和裝)	페이지 수	56장
발행처	도쿄 외무성장판	소장처	架藏

이 책은 조선시대 무인 임경업(충민공)의 전기를 외무성이 언문체로 도쿄에서 출판한 것이다. 권말에는 "임경업전을 언문으로 번역해서 사람들에게 전하는 것은 동국충신의 전기를 통해 만민의 모범으로 삼기 위해서다"라고 쓰여 있다.

임경업의 자는 영백英伯이고 호는 고송孤松으로 평택 사람이다. 충주 달천에서 태어나 어린 시절부터 말 타기와 활쏘기에 뛰어났고 광해 무오년 무과에 급제했다. 인조 때 이괄의 난이 일어나자 조정의 부름을 받고 나아가 크게 공을 세웠다. 광해군과 인조 두 조정에 걸쳐 외란(대명對明, 대금對金)을 겪었고 끝내 참살을 당했다. 향년 53세, 시호는 충민이다. 충렬사는 충청북도 충주읍에 있다.

메이지시대 전기에 외무성이 이 책을 출판한 것에는 아마 다음과 같은 사정이 있을 것이다. 도쿄외국어학교에 조선어학과가 설치된 것은 1880년 3월이었다. 학생은 관비유학생이 대부분이었고 1881년 조사에서는 한어韓語 학생이 27명으로 기록되어 있다. 또한 같은 해 1월 조선어학 서적으로 유명한 아메노모리 호슈雨森芳洲의 『교린수지交隣須知』 4권이 외무성에서 출판되었다. 『임경업전』은 『교린수지』 출판으로부터 10개월이 지난 1881년 10월, 마찬가지로 외무성에서 출판되었다. 두 권 모두 도쿄외국어학교 조선어학과에서 학생용 교과서로 사용되었다.

그밖에 최남선이 저술한 『임충민공실기林忠愍公実記』(조선총서 12권, 1914년, 48번 항목 참조)가 있다.

197) 조선명사 김씨언행록朝鮮名士 金氏言行録

저자	스즈키 쇼고 編	출판년월	1886년 11월
판형	46판	페이지 수	136쪽
발행처	도쿄 박문당	소장처	架藏

편자 스즈키 쇼고鈴木省吾에 관해서는 지바현의 무사계급이라는 것 이외에 자세히 전해지는 바가 없다. 책의 교열은 이토 기요카쓰伊東清勝가 담당했다.

이 책은 1884년 조선국에서 독립당과 사대당 사이의 알력이 시작되어 이것이 큰 소동으로 번지고, 이윽고 독립당 영수인 김옥균이 일본으로 건너가 태평양의 고도인 오가사와라(小笠原) 섬에 호송되기까지의 자료를 수집하여 기록한 것으로……김씨언행록이 아니라 조선변란전말서라고 제목을 붙여야 한다는 사람도 있으나……김씨의 언행에 직

접 관계있는 항목만을 통독하는 것보다 오히려 당시의 전말을 알아야 이해할 수 있는 부분이 있으므로, 편자가 김씨의 언행을 기록하면서 특별한 의미를 담아 사변의 전말을 병기한 것이다.(서언)

김옥균 전기에 관한 문헌에는 마쓰모토 마사즈미松本正純의 『김옥균 상전金玉均詳伝』(1894년, 199번 항목 참조)과 『김옥균』(1916년, 215번 항목 참조), 고균편찬회古筠編纂會의 『김옥균』(상권, 1944) 등이 있다.

여기서는 목차를 싣지 않고 아래에 내용을 적시한다.

〈내용〉

회	제목	회	제목
제1	1884년 한국의 정치정세	제9	일본공사관원 사상자
제2	우정국 축연	제10~14	거류민 조난상황
제3	다케조에 공사와 국왕	제15	이노우에 가오루 일행이 내한하여 수호조약을 맺다
제4	한국정부 개혁	제16	톈진조약을 맺다
제5~6	다케조에 공사, 국왕을 호위하다	제17	김옥균 일본으로 망명하다
		제18	자객 지운영과 김옥균
제7	일본공사관 습격 받다	제19	김옥균의 동정 및 이홍장에게 보낸 서한
제8	일본공사관에 화재가 발생하여 다케조에 공사 일행이 인천으로 피난하다	제20	김옥균 오가사와라 섬으로 호송되다

198) 분로쿠정한 수사시말

조선 이순신전文祿征韓水師始末 朝鮮李舜臣伝

저자	석향생(惜香生) 編 시바야마 히사노리 撰	출판년월	1892년 1월
판형	46판	페이지 수	52쪽
발행처	도쿄 수교사	소장처	架藏

편자는 경성에 거주하는 사학자 석향생이라고 하는데 아마 오다기리 마스노스케小田切万寿之助[62]로 추정된다(후술). 석향생이 엮은 내용을 육군 보병대위 시바야마 히사노리柴山尚則가 『해행사기사偕行社記事』 제82권 부록으로 출판한 것이다.

나의 벗 석향생이 조선에서 직접 저술한 수군통제사 이순신전을 보내 주었다. 이를 읽어 보니 당시 해전의 상황을 매우 자세하고 확실하게 설명하고 있었다. ……아아, 대마도 서쪽의 진도, 그 동쪽 파도 드넓은 바다에서 눈물로 얼룩진 분로쿠의 실패를 깨끗이 씻어줄 사람 과연 누구인가? 느끼는 바 적지 않아 해행사기사에 기록하니 사원 모두가 거울로 삼기를 바란다.(시바야마 히사노리 기록(시바야마는 1892년 5월 20일 고베에서 병사))

이 전기는 징비록과 환영수로지(環瀛水路誌) 두 책을 골자로 삼고, 여기

62 오다기리 마스노스케(1868~1934) : 요네자와번의 번사로서 호는 부향(富響)이다. 도쿄외국어학교 지나어과를 졸업하고 1884년 외무성 유학생으로 톈진에 파견되었다. 영사관 서기생, 일등영사, 상해총영사관등을 역임하며 명성을 쌓았다. 1905년 관직을 사임하고 요코하마정금은행(橫浜正金銀行)에 들어가 대지(對支)차관사업에 종사했다. 1934년 9월 요코하마정금은행 재임 중 67세의 나이로 병사했다.

에 일본외사, 국조보감, 연려술, 조야회통, 조선지지략 등의 서적을 참고해 급하게 원고를 마무리 지은 것입니다. 글의 퇴고가 불충분하며 사실의 오인 등도 있는 졸저임을 미리 밝히는 바입니다.(석향생이 시바야마에게 보낸 편지)

석향생은 오다기리 마스노스케로 추정된다. 에나미 데쓰오江南哲夫[63]가 지은 『조선재정론朝鮮財政論』(1895)을 보면 본문 여러 곳에서 석향 오다기리 마스노스케라는 이름으로 달린 평주評注가 확인된다. 이 책을 지은 석향생과 동일인물로 보인다.

〈목차〉

제목
분로쿠정한 수사시말
이순신평전
정한여문(征韓余聞)
석향생이 시바야마 히사노리에게 보낸 서간
「이순신전 부 연표」(212번 항목 참조)

63 에나미 데쓰오(1853~1916) : 아이즈(會津)번 무사계급 출신의 실업가 · 서예가이다. 호는 하농(蝦農). 1889년 가을 인천에서 아오야마 요시시게(青山好恵) 등과 공동으로 인천활판소를 창립하여 조선 내 일본인 인쇄사업의 선구가 되었다. 이후 제일은행 한국지점장, 경부철도 경성사무소장을 역임했다. 재정문제 전문가로 유명하다. 저서로 『홋카이도 개척론 개략』(1882년)이 있다. 1908년 러일전쟁에서 공을 세워 훈장을 받았다.

199) 김옥균 상전金玉均詳伝

저자	마쓰모토 마사즈미(松本正純)	출판년월	1894년 4월 (동년 5월 3판)
판형	46판	페이지 수	156쪽
발행처	도쿄 후생당(厚生堂)	소장처	架藏

마쓰모토 마사즈미는 와카야마和歌山현 출신으로 호는 기산학협紀山學俠이다. 경성의 일본공사관에서 근무했다.

이 책 4장에서는 특히 1884년의 변사를 상세히 서술하고 있는데, 이를 통해 김옥균의 평생에 걸친 포부와 의지를 잘 알 수 있을 것이다. ……김옥균이 상하이에서 불운한 사건을 당했다는 소식을 접하고, 4월 5일부터 글을 쓰기 시작해서 13일에 원고를 완성했다. 단 9일 만에 쓴 것이다. 그로 인해 문장이 조잡한 것은 물론이고 사실에 있어서도 불완전하고 누락된 부분이 많다. 식자들의 보정을 받을 수 있다면 더한 기쁨이 없겠다.(범례)

그밖에 김옥균 전기로서 구즈 겐타쿠葛生玄晫 편 『김옥균』(1916년 3월, 215번 항목 참조), 고균편찬회 편 『김옥균』(상권, 1944)이 있다.

〈목차〉

제목
김씨의 상하이 피살에 대한 지방 각 신문사의 조사(弔辭) 및 갹금(醵金). 그리고 나의 소견
1884년 경성사변의 전말 및 나의 소견 (부록 경성조약/톈진조약)
김씨 1884년 12월 우리나라에 망명한 이후의 전말
김씨 일화의 한 예
김씨 올해 3월 10일 도쿄를 출발해 상하이에서 피살당하기까지의 전말

200) 김옥균 총살사건金玉均銃殺事件

저자	나구라 가메구스 編	출판년월	1894년 4월 (동년 6월 3판)
판형	국판	페이지 수	75쪽
발행처	오사카 나쿠라 소문관(名倉昭文館)	소장처	架藏

이 책은 김옥균이 1894년 3월 27일 상하이의 호텔 동화양행에서 홍종우에게 암살당한 사건의 전말을 모아 기록한 것이다. 사건 3개월 후에 발행된 것으로 당대의 유명세를 이용한 출판이었다. 권두에 마에다 긴조前田錦城가 한문으로 서문을 남겼으나 편찬자 나구라 가메구스名倉龜楠에 관한 자세한 기술은 보이지 않는다.

201) '일청한' 신삼국지'日清韓'新三国志

저자	와다 도쿠타로(和田篤太郎)[64] 輯	출판년월	1894년 9월
판형	국판	페이지 수	126쪽
발행처	도쿄 춘양당	소장처	架藏

이 책은 청일전쟁이 한창일 때 엮은 것이다.

일청한 삼국 인물의 기이한 언행을 서술하고 그 일생을 널리 알리기 위한 것으로, 시간이 남아서 써 본 글에 불과하다. 그렇지만 이 책을 읽으면 일본인의 민첩함, 청인의 탐욕, 한인의 나약함, 그리고 이들의 그러한 성질을 만들어 낸 삼국의 형세와 오늘날에 이르게 된 원인을 충분히 알 수 있을 것이다. 또한 역사의 뒷면이라 할 수 있는 소사(小史)를 알 수 있다.(나카이 기타로(中井喜太郎)[65] 서)

[목차] 목차는 게재하지 않는다. 삼국 관계자의 일화, 인물평론, 단편 가십거리 등을 수록했다.

64 와다 도쿠타로(1857~1899) : 기후현 출신의 메이지시대 출판인이며 춘양당의 창업자다. 1882년 무렵부터 번역서 등을 출판했고, 이후 문예서적에 주력하여 히라우치 쇼요(坪内逍遥), 오자키 고요(尾崎紅葉) 등의 저작을 출판했다. 1889년 『신소설』을 창간했다.

65 나카이 기타로(1864~1924) : 야마구치(山口)현 출신의 메이지~다이쇼시대의 저널리스트다. 1889년 제국대학을 중퇴하고 요미우리신문사에 입사했다. 1898년 동아회를 조직하고 이후 『한성신보』 사장과 경성민단장 등을 지냈다.

202) 현금 청한인걸전現今淸韓人傑伝

저자	스기야마 요네키치	출판년월	1894년 9월
판형	46판	페이지 수	85쪽
발행처	도쿄 스기야마(杉山) 서점	소장처	架藏

편자는 유춘정주인留春亭主人이고, 판권장에 적힌 저술 겸 발행인은 스기야마 요네키치杉山米吉다. 권두에 사진 동판으로 이홍장, 정여창, 원세개, 대원군, 박영효, 민영준의 초상이 실려 있다.

이 책의 제목은 청한인걸전이지만, 그 목적은 최근의 한일교섭사건에서 청일개전에 이르는 시기를 중심으로 양국 현재 주요인물들의 출생지, 경력 등을 알리는 점에 있다. 이를 통해 폭넓게 활동한 양국의 인물을 망라할 것이다.(서언)

[목차] 「청국」 이홍장 외 10명, 「한국」 대원군 외 29명의 간략한 전기를 기술하고 있다.

203) 일청한호걸담日淸韓豪傑譚 정편正編

저자	경운일사(耕雲逸史) 輯	출판년월	1894년 10월
판형	국판	페이지 수	91쪽
발행처	오사카 문총사(文叢社)	소장처	舊藏

계림8도에 풍운을 몰아쳐서 천둥번개를 번쩍이고 언덕을 치는 급류가 격

렬하게 하늘을 밀어내는 장관은 청일교전이 벌어지고 있는 오늘날만의 광경이 아니다. ……지금은 삼국에서 가장 뛰어난 인물들의 기량을 알 필요가 있다. 내가 일찍이 들은 바 있는 삼국 영웅호걸의 언행을 기록하여 세상 사람에게 전함으로써 오늘날 인물들의 기량과 비교해 어떠한 우열이 있는지 알리고자 한다.(서언)

〈목차〉 조선 부분을 약기한다

제목
에노모토 다케아키(榎本武揚)[66]와 이홍장
오이시 마사미(大石正巳)[67]의 조선담판
가토 다카아키(加藤高明)[68]와 조선공사
대원군을 괴롭히는 나팔소리
다이이(ダイイー)와 조선병사
조의연(趙義淵), 조선에 기선회사 설립
대원군과 가지야마 데스케(梶山鼎介)[69]
조선의 고용교사 닌스테드(Nienstedt)의 기담
(삼국정치가 및 장교 초상)

66 에노모토 다케아키(1836~1908) : 에도 출신 정치가로서 네덜란드 유학 이후 막부의 해군봉행(奉行)에 임명되었다. 보신전쟁에서는 하코다테(函館)의 고료카쿠(五稜郭)에 은둔하면서 정부군과 교전하다가 투항했다. 특별사면 이후 홋카이도 개척사가 되었다. 후에 러시아와 상트페테르부르크 조약(1875년)을 체결했고, 문부장관 · 외무장관 등의 장관직을 역임했다.

67 오이시 마사미(1855~1935) : 메이지~다이쇼시대의 정치가.

68 가토 다카아키(1860~1926) : 아이치현 출신의 외교관 · 정치가. 오쿠마 시게노부 외무장관의 비서관 겸 정무과장, 중의원 의원, 도쿄일일신문사 사장 등을 지냈다. 1924년 호헌3파를 결성하고 이듬해 수상이 되었다. 보통선거권, 치안유지법을 제정했다.

69 가지야마 데스케(1848~1933) : 야마구치현 출신이며 막말~메이지시대에 무사, 정치가로 활약했다. 보신전쟁에서는 보국대 군감을 맡았다. 미국, 영국 등에 유학한 후 육군 참모국에서 근무했다. 내무성 지리국장, 조선변리공사 등을 거쳐 중의원 의원이 되었다.

204) 재한 인사명감在韓人士名鑑

저자	나카타 고노스케(中田孝之介)	출판년월	1905년 6월
판형	국판	페이지 수	182쪽
발행처	목포 목포신보사	소장처	架藏

1904년 당시 재한 일본인명감으로 목포신보사가 편집한 것이다. 각지에 거주하는 402명의 약력을 기록하고 '이로하' 순으로 배열했다. 권두에 각계 208명의 초상사진을 게재하고 부록으로 「한국최신사정韓國最新事情」이라는 제목 아래 현황을 알리는 기사 13건을 덧붙였다.

> 자진해서 한산(韓山)으로 향했으며, 참담했던 경영을 마침내 오늘날의 성공으로 바꾸어 냈다. 이러한 일들을 어찌 전하지 않을 수 있겠는가? 이 책은 한국에 재류 중인 우리나라 신사와 상공인의 성공 사례를 표창하는 한편, 대한(對韓)무역과 그밖에 다양한 방면에 연고가 있는 우리 본국의 신사와 상공인을 소개하여 발전을 거듭하고 있는 대한경영의 이로운 무기로 삼고자 한다.(출판의 취지)

〈목차〉

[인명감人名鑑] 부산, 대구, 경성, 용산, 인천, 진남포, 평양, 원산, 군산, 강경, 마산, 목포 등 각지 재주자의 이름.

205) 경인실업가열전京仁実業家列伝 — 부 경인편람附京仁便覧

저자	야나기하라 고(柳原蛟) 編	출판년월	1905년 8월
판형	국판	페이지 수	266쪽
발행처	인천 편자	소장처	架藏

책의 제목은 경인실업가열전이지만 반드시 성공한 사람만을 다룬 것은 아니다. ……실업계의 부족한 부분을 보충하는 공적과 실업계와 밀접한 관련이 있는 이력을 채집하여……실업가열전의 성명은 찬동을 받은 것이다. 경인편람은 각각의 사정이 다를 수 있는 경인 두 지역을 다루기 때문에 조잡하고 정밀하지 못한 부분이 있을 수 있다. 특히 1904년도 수출입표와 같은 것은 인천이 정밀한 것에 반해 경성은 신빙성이 거의 없는 자료밖에 없었던 점이 심히 유감스럽다.(서언(초상사진 삽입))

206) 재한성공지구주인在韓成功之九州人

저자	다카하시 다치카와	출판년월	1908년 5월
판형	46판	페이지 수	168쪽
발행처	나가사키 호여호(虎与号)서점	소장처	일본 국회도서관

저자는 승려다. 권두에 스즈키 덴간이 서문을 남겼다.

다카하시 다치카와(高橋刀川) 씨는 나라 안을 자력으로 여행하며 그 고통을 맛보았고, 나아가 한국을 돌아다니며 곳곳의 인가를 방문한 끝에 『재한성공지구주인』이라는 산물을 가져오게 되었다. 나는 이것을 읽고 다치카와 씨가 오카데라야마(岡寺山) 관세음 화상에게 득도를 얻어 도쿠단보(獨湛房)라는 법호를 받았던 인연을 떠올렸다. 성공하는 자는 관음경에 열거되는 바, '관세음보살의 이름을 수지(受持)하면 무량하고 가없는 복덕의 이익을 얻는다'는 것은 바로 이를 가리킨다.(스즈키 리키(鈴木力) 서)

[내용] 야마구치 다헤山口太兵衛,[70] 다이치 다다스케大地忠助, 스스무 덴마進展馬, 후치가미 사다스케渕上貞助 등 17명을 평전 형태로 기술했다.

207) 명호 이토 공작嗚呼伊藤公爵 – 부 한국합병론附韓国合併論

저자	에노모토 마쓰노스케(榎本松之助) 編	출판년월	1909년 2월
판형	국판	페이지 수	26쪽
발행처	오사카 에노모토(榎本)서방	소장처	舊藏

1909년 10월 26일, 이토 히로부미가 하얼빈 역에서 흉변을 만나 쓰러졌다. 이 책은 사건을 다룬 신문기사를 수집하여 기록한 것으로, 사건 일주일 후인 11월 1일 오사카에서 출판되었다.

70 야마구치 다헤(1866~1934) : 가고시마현 출신으로 1884년 조선으로 건너가 무역업을 시작했다. 조선상업은행 이사 및 경성전기 이사를 역임하는 등 경성실업계의 중진이 되었다.

〈내용〉(목차는 게재하지 않고 대략의 내용만을 적어둔다)

제목
변을 당한 순간 및 그 전후 모습
이토 공에 대한 기억
일화, 약력 등

208) 이토 공과 한국伊藤公と韓国

저자	하라다 도요지로(原田豊次郎) 編	출판년월	1909년 11월 (동년 12월 재판)
판형	국판	페이지 수	119쪽
발행처	경성 일한서방	소장처	舊藏

저자는 법학자로서 경성일보 주필을 지냈다.

이토 공이 3년 정도 한국을 위해 심혈을 기울였던 업적들을 시간 순으로 기술했다. ……이 책에서 사용한 자료의 출처는 경성일보가 많고, 통감부 시정연보의 각부 보고서류, 국제법잡지, 동방협회월보, 동양시보, 외교시보 등도 참고했다. 본인의 저서가 아닌 편저로 기재한 것은 이 때문이다.(예언)

〈목차〉

장	제목	장	제목	장	제목	장	제목
제1장	서언	제7장	1907년 7월의 일한협약	제12장	이토 공과 한국원로	제17장	이토 공의 한국고별
제2장	일한보호관계 성립	제8장	이토 공과 태자태사(太子太師)	제13~14장	한(韓)황제의 남북행행(行幸)(1·2)	제18장	한국에서 이토 공의 마지막 연설

장	제목	장	제목	장	제목	장	제목
제3~5장	이토 공과 시정개선	제9장	1907년 협약과 관제개정	제15장	통감으로서의 마지막 연설	제19장	사법권 위임각서
제6장	이토 공과 한국내각	제10~11장	1908년의 한국(1 · 2)	제16장	이토 공의 통감사임	제20장	이토 공의 흉변과 한국
						(부록) 이토 공이 남긴 글	

209) 현대 한성의 풍운과 명사現代漢城の風雲と名士

저자	호소이 하지메	출판년월	1910년 5월
판형	국판	페이지 수	271쪽
발행처	경성 일한서방	소장처	架藏

저자의 호는 후애吼崖로서 언론인이다. 도쿄아사히신문사 기자로 출발했으며 회사를 그만둔 뒤 남북중국을 유람했다. 돌아오는 길에 조선의 사태를 파악하고 조선문제 연구에 뜻을 품은 이후 일한전보통신사에 적을 두고 조선언론계에서 활약했다. 1921년 봄에 직접 자유토구사를 주재하면서 『통속조선문고』(49번 항목 참조)와 『선만총서』(50번 항목 참조)를 간행했다. 그밖에 『조선문화사론』(1911년, 144번 항목 참조), 『정쟁과 당폐』(1914), 『벌족죄악사』(1919), 『지나를 보고支那を観て』(1919), 『선만의 경영』(1921, 24번 항목 참조), 『조선문학걸작집朝鮮文學傑作集』(1924), 『조선문제의 귀추』(1925, 29번 항목 참조), 『국태공의 눈초리』(1929), 『여왕민비』(1931) 등 많은 저서를 남겼다. 이후 도쿄로 옮겨와 국책구락부 대표로 활동했다. 1934년 10월 19일 사망.

일한관계가 이제 겨우 근본적 해결을 향해 걸음을 재촉하는 가을, 만약 머지않아 일대 혁명기에 봉착한다면 반드시 한국 정객들의 행동에 세인의 주의가 집중되는 사태가 벌어질 것이다. 불손하다는 비난을 감수하면서도 이 책을 펴내는 이유다. 집필을 시작해서 붓을 놓기까지 전부 23일도 걸리지 않았다. 장풍(長風) 기쿠치 겐조 선생이 최근 대원군전을 저술하고 있기에 틀림없이 다망할 것임에도 불구하고 친절하게 교열을 맡아주었고 오류를 꼼꼼히 지적해 주었다.(자서)

〈목차〉

장	제목	장	제목
제1장	서론	제6장	한성의 청년 정치인
제2장	덕수궁과 창덕궁		(부록) 양반의 쇠망/평제(平齊)선생과 이완용/한정당의 현황/경성의 연혁
제3장	현임 내각대신		
제4장	한성정계의 원로		
제5장	한성정계의 거물		

210) 조선최근외교사 대원군전朝鮮最近外交史 大院君伝

―부 왕비의 일생

저자	기쿠치 겐조	출판년월	1910년 10월
판형	국판	페이지 수	345쪽
발행처	경성 일한서방	소장처	架藏

저자 기쿠치 겐조는 언론인(국민신문 계열)으로서 호는 장풍산인(長風山人)이다. 자세한 약력은 111번 항목 참조. 대원군전 집필은 이미 오래전에 구상했다고 한다.

그런데 집필을 시작하려고 지금까지 수집한 재료를 비교해 보니 사실과 상당히 많은 차이가 있었고, 또한 처음 듣는 사건 등은 오류를 바로 잡고 그 진상을 더욱 파악할 필요가 있어서 도중에 붓을 놓을 수밖에 없었는데…… 그래서 전기(傳記)의 형식을 변경하고 되도록 주위의 관련사건과 인물에 대해 설명함으로써 간명함을 기하고자 했다. 대원군의 전기라기보다는 최근외교사론으로 칭하는 편이 더욱 적절할 것으로 생각되므로 가급적 대원군을 중심으로 근세사를 편술하는 한편, 왕비 및 국왕의 성격과 행동까지 최대한 자세하게 기술하였다.(편집의 유래)

〈목차〉

제목
대원군전기 개설
왕위계승과 제1차 섭정
왕비 및 왕비당의 발흥
대원군 제2차 섭정
제3차 섭정
대원군의 말로
왕비의 일생

211) 조선귀족열전朝鮮貴族列傳

저자	오무라 도모노조	출판년월	1910년 12월
판형	46배판	페이지 수	263쪽
발행처	경성 조선연구회	소장처	架藏

저자는 마쓰에松江 사람으로 청일전쟁에 종군했다. 1896년 이후 오사카

아사히신문의 기자로 활동하다가 1908년 4월에 퇴사하고 조선으로 건너가 조선신문 객원기자 및 경성 거류민단의원이 된다. 1913년 경성상업회의소 서기장이 되었고 1930년 이사에 올랐다. 편저서에 『조선강연』(1910년, 17번 항목 참조), 『경성회고록京城回顧錄』(1922) 등이 있다.

〈목차〉

제목
이 왕가의 영광
이조 선보(璿譜)
창덕궁 이왕전하
덕수궁 이태왕전하
왕세자 이근전하
이강 공 전하
이희 공 전하
후작, 백작, 자작, 남작 등 76명의 간단한 전기를 기록

212) 이순신전 부 연표李舜臣伝附年表

–수교사기사水交社記事 제11권 제2호 부록

저자	–	출판년월	1913년 6월
판형	국판	페이지 수	30쪽
발행처	도쿄 수교사	소장처	架藏

모두 한문으로 쓰였다. 한국서적을 번안한 것으로 추정되나 출전은 밝히지 않았다. 권두에 '야지마 해군소장 기송矢島海軍小將寄送'이라 적혀 있다. 권말에 이순신 연표가 첨부되어 있으며, 해군 수교사의 기관지 제11권 제2호 부록으로 간행되었다. 참고로 다른 이순신전으로 시바야마 히사노리

가 편찬한 『분로쿠정한 수사시말 조선 이순신전』이 있다.(1892년, 198번 항목 참조)

213) 조선신사대동보朝鮮紳士大同譜

저자	오가키 다케오(大垣丈夫) 編	출판년월	1913년 12월
판형	국판	페이지 수	1,236쪽
발행처	경성 조선신사대동보 발행사무소	소장처	架藏

편자[71]에 대해서는 자세히 알려진 바가 없다. 권두에 '금릉 오가키 다케오 식金陵大垣丈夫識'이라는 서문을 한문으로 남겼는데 적절히 독해하여 중요한 내용을 아래에 적어 둔다.

> 나는 일찍이 본국에 있을 때부터 조선을 우러러보며 예의의 나라로 여겼다. 바다를 건너온 날 조선의 선비와 어울렸다. 조선의 선비는 나를 보고 역사가라 했으며, 과거 만성(萬姓)의 계보를 가진 자가 그것을 나에게 보여주었다. 이를 보니 대가(大家), 세족(世族), 명공(名公), 석유(碩儒), 도덕(道德), 문장(文章), 절행(節行), 훈업(勳業), 죽백(竹帛)이 하늘의 별과 같았다. ……전후 4천 년의 활달을 생각해 보면 그러한 융성은 당연한 것이다. ……세상은 이미 새로워졌고 계보도 옛것이 되었다. 그렇지만 어찌 이를

71 오가키 다케오(1862~1929) : 이시카와현 출신의 메이지~다이쇼시대 신문기자. 1899년 도쿄에서 『사쿠라신문』을 창간했고 1905년 이토 히로부미의 인정을 받아 한국으로 건너갔다. 대한자강회와 대한협회의 고문을 맡았으며 무력을 통한 한국병합에 반대했다. 후에 경성통신사 사장 역임.

보존하고 계승하지 않을 수 있을까? 이에 붓을 들었다. 두루 경도부군(京道府郡)부터 시작하여 찬성을 얻었고, 11월에 계보와 공훈 백여 개를 얻었다. ……각각의 가풍을 기술하고 세덕(世德)을 진술했으며, 구석구석까지 모두 하나로 모아서 제시한다.(서)

총 1천236쪽의 두꺼운 책이다. 또한 운양 김윤식이 서문을 남겼다.

214) 조선서화가열전朝鮮書画家列伝

저자	요시다 에이자부로(吉田英三郎)	출판년월	1915년 7월
판형	46판	페이지 수	214쪽
발행처	경성 경성일보사	소장처	架藏

저자는 1906년에 한국으로 건너갔으며 통감부 감사관을 거쳐 동양척식주식회사에 입사, 이후 서선西鮮합동전기 전무를 지냈다. 저서에는 『조선지朝鮮誌』(1911년, 285번 항목 참조), 『면제의해面制義解』(1917), 『궁시의해弓矢義解』(1933) 등이 있다.

나는 서화에 다소 취미를 가지고 있어 몇 해 전 조선지를 저술하면서 참고용으로 읽었던 책 중에 조선의 서가 및 화백에 관한 전기를 수집하여 번역해 두었다. 신라부터 이조에 이르기까지 500명의 소전(小傳)을 보관하다가 우연히 올해 공진회가 개최한 시정(始政)기념 모임이 있어 거기에서 이를 책으로 엮게 되었다. 이번 기념행사에 초대받은 내지인들에게 조선미술

을 소개하는 기회를 얻은 것이다. 원고를 꼼꼼히 다듬고 자구를 정리하여 책을 간행했다.(자서)

[내용] 삼국사기, 해동역사 등을 바탕으로 조선의 화가 약 500명의 향관鄕貫과 화력畵力을 기술하고, 이를 성 · 자 · 호 · 자획의 순서로 배열했다. 부록으로 「조선연표」, 일본지나서양연표 대조 99쪽을 첨부했다.

215) 김옥균金玉均

저자	구즈 겐타쿠 編	출판년월	1916년 3월
판형	국판	페이지 수	164쪽
발행처	도쿄 편자	소장처	架藏

이 책은 김옥균 서거 23주기를 맞아 배포용으로 인쇄된 것이다. 편자 구즈 겐타쿠는 '도스케東介'라는 다른 이름으로도 불린다. 흑룡회를 조직하고 대륙발전론자로 활약했으며, 김옥균을 알선한 적도 상당히 많았다. 1926년 2월 8일 63세로 사망했다.

다른 김옥균전으로 스즈키 쇼고 편, 『조선명사 김씨언행록』(1886년, 197번 항목 참조), 마쓰모토 마사즈미, 『김옥균 상전』(1894년, 199번 항목 참조), 고균편찬회, 『김옥균전』(1944) 등이 있다.

〈목차〉

장	제목
제1장	서언

장	제목
제2장	김옥균과 일본의 교섭관계
제3장	김옥균과 한정(韓廷)정책
제4장	김옥균의 망명 및 최후
(부록) 명사의 실화와 회고담	

216) 이노우에 가쿠고로 군 약전井上角五郎君略伝

저자	후루쇼 유타카(古庄豊) 編	출판년월	1919년 2월
판형	국판	페이지 수	216쪽
발행처	이노우에 가쿠고로 군 공로표창회	소장처	架藏

'이노우에 가쿠고로 군 공로표창회'(발기인은 다나카 헤이하치田中平八,[72] 후쿠자와 모모스케福沢桃介,[73] 사쿠라우치 유키오桜内幸雄,[74] 우노 쓰루타로宇野鶴太郎 등)가 사업의 일환으로 전기 편찬을 계획했다. 구보 덴즈이가 위원을 맡아 1919년 봄부터 편찬을 시작했다.

원래 대체적인 방침을 정하고 메이지 역사의 일부로서 후세의 참고자료가 되기를 바라는 동시에 상세·정밀한 내용을 목표로 500여 쪽의 책 한 권을 편찬하고자 했다. 이를 위해 계속 재료를 수집했으나 사건이 복잡하고

72 다나카 헤이하치(1834~1884) : 나가노현 출신의 에도~메이지시대의 실업가.

73 후쿠자와 모모스케(1868~1938) : 사이타마현 출신의 메이지~다이쇼시대의 실업가. 후쿠자와 유키치의 사위이며 전력사업에 힘을 쏟았다. 오사카송전(大阪送電, 이후 대동전력(大同電力)으로 개칭) 등을 설립하고 기소(木曽)강에서 대규모 수력발전을 개발했다. 1912년 중의원 의원이 되었다.

74 사쿠라우치 유키오(1880~1947) : 시마네현 출신의 다이쇼~쇼와시대의 정치가·실업가·변호사.

국면이 광대하여 단기간에 완성하기가 도저히 불가능했다. 게다가 공로표창회는 이번 기획을 서둘렀으며 독촉 역시 매우 엄격했다. 따라서 유감이기는 하나 이전의 안은 폐기하고 지극히 간단한 책을 만들기로 결정했다. 이미 수집한 재료를 취사선택하고 이노우에 군에게 직접 들은 이야기를 토대로 대략의 형태를 갖추어 책을 출판하게 되었다. 구보 덴즈이 (발(跋))

참고로 최근 곤도 요시오 편, 『이노우에 가쿠고로 선생전』(1943)이 출판되었다.

〈목차〉

장	제목	장	제목
연보		제10장	최근 행동
제1장	서언	「편찬여록(編纂餘祿)」	
제2장	수양(修養) 시절	이노우에 가쿠고로 군의 노래에 대하여 (도야마 에이치(遠山英一)[75])	
제3장	조선정부 고문	일본제강소의 공업과 이노우에 가쿠고로 씨 (고야마 다이키치(小山代吉))	
제4장	미국이주와 복역	소년 시절의 이노우에 가쿠고로 군 (다카하시 기쇼(高橋義章))	
제5장	대동단결과 제국의회	이노우에 가쿠고로 군과 나 (다나카 신시치(田中新七))	
제6장	홋카이도탄광, 철도주식회사의 확장	홋카이도에서 벌인 이노우에 선생의 사업과 무로란(室蘭)항의 발전 (나라사키 헤이타로(楢崎平太郎)[76])	
제7장	정우회의 제명처분과 중립	사업적인 면에서 본 이노우에 가쿠고로 군 (후쿠자와 모모스케)	
제8장	외국 사채 모집과 내외 합동창업	연단 위에서의 이노우에 가쿠타로 (고쿠보 기시치(小久保喜七)[77])	
제9장	탄광, 제강 두 회사 중역 사임	시사문제와 이노우에 가쿠고로 군 (사쿠라우치 유키오)	
		(사진판 27점)	

217) 조선재류구미인 병 영사관원명부朝鮮在留欧米人並領事館員名簿

저자	–	출판년월	1922년 12월
판형	46판(횡철)	페이지 수	69쪽
발행처	조선총독부	소장처	架藏

본 명부는 올해 9월말 조선에 재류하는 유럽, 미국의 각국 영사관원에 대해 조사했던 내용을 기초로 작성한 것이다(예언)

이 명부는 그 후 1923년, 1924년, 1927년에 『조선재류구미인명부朝鮮在留欧米人名簿』로 간행되었다.

〈내용〉

제목
약자해(略字解), 재류 지명 대조
색인(알파벳 순서)
영사관 일람
각 도별 표
조선재류 유럽 · 미국인표

75 도야마 에이치(1863~1955) : 나가노현 출신의 시인으로 와카(和歌)를 연구했다.

76 나라사키 헤이타로(미상) : 홋카이도 삿포로에 본사를 두고 산업기계 등을 판매하는 종합무역회사 나라사키(ナラサキ)산업의 창업자다.

77 고쿠보 기시치(1865~1939) : 이바라키현 출신의 메이지~쇼와시대의 자유민권운동가 · 정치가.

218) 초상인 조선고금명람전肖像人 朝鮮古今名覧伝

저자	조선 홍문사 編	출판년월	1923년 6월
판형	국판	페이지 수	495쪽(사진 42장)
발행처	홍문사 도쿄지사	소장처	架藏

이 책은 단군기자 이후,

군접집합(群接集合)을 취산귀일(聚散歸一)하여 독자에게 간단한 장서의 편의를 제공하는 것이 목적이다. 역대 인물이 찬연하게 빛낸 문화성대의 도덕, 은일(隱逸)의 충효절의, 문장학술의 공훈사업, 행의명석자(行誼名碩者)를 연대별로 서술하고, 하나하나 널리 고찰하고 수집한 고문을 촬요(撮要)했다.(서문)

〈목차〉

제목
신라조(14씨)
고구려조(6씨)
백제조(6씨)
고려조(91씨)
이조(422씨)

219) 조선민정자료 홍이계의 사적朝鮮民政資料 洪耳谿の事蹟

저자	마쓰다 고	출판년월	1924년 12월
판형	국판	페이지 수	57쪽
발행처	경성 조선총독부	소장처	架藏

이 책은 홍양호(이계耳溪)의 사적 중 특히 치산치수 사업을 기술한 것으로 조선총독부 촉탁 마쓰다 고松田甲[78] 가 집필한 것이다. 홍이계는 영종조 사람으로 영종실록, 국조보감, 동문휘고를 편찬했다. 관판중추부사 겸 이조판서를 거쳐 1802년 79세로 세상을 떠났다. 시호는 문헌이다.

〈목차〉

제목	
1	치수와 식수(植樹)
2	경륜
3	학문
4	저술
5	주거와 자손

78 마쓰다 고(1864~1945) : 일본의 측량기술자이자 한시 시인, 저술가이다. 조선총독부 촉탁 시절 『일선사화(日鮮史話)』 등을 저술하여 일본과 조선의 역사적 교류를 밝혔다.

3. 지지 · 기행

220) 조선지략朝鮮誌略

저자	도조 다모쓰(東条保) 編	출판년월	1875년 2월
판형	국판 화장	페이지 수	31장
발행처	도쿄 송풍당(松風堂)	소장처	舊藏

친구가 어떤 모임에서 대마도에 놀러가 글을 하나 얻어 왔는데 조선에 관한 내용이었다. 그런데 그것이 상당히 자세하여 국사의 참고로 삼고, 또한 서양인이 기술한 부분을 편찬하여 이 책을 만들었다. ……역대를 서술함에 있어서 일본사에 관해서는 내가 과문하기에 오류가 많을 것이나 다행히도 여러 사람들이 이를 바로잡아 주었고……관제 · 교통 · 물산 · 풍속 등의 사건은 2편에서 상세하게 다룰 것이다.(범례)

위의 내용을 보면 이 책의 원전은 대마도 상관象官[79] 오다 이쿠고로小田幾五郎[80]의 『상서기문象胥紀聞』으로 추정된다. 제2편이 출판되었는지는 의문이다. 편자에 대해서는 알려진 바가 거의 없다.

79 역관을 달리 이르던 말.

80 오다 이쿠고로(1755~1832) : 12살 경에 조선으로 건너가 부산 초량왜관에서 조선어를 습득하고 대마도 후추(府中)번 통사를 역임했다. 만년까지 조선 연구에 몰두했으며 저서로는 『상서기문』, 『초량화집(草梁話集)』, 『조선사서(朝鮮詞書)』 등이 있다.

〈목차〉

제목	제목	제목	제목
조선총설	임나	고구려	팔도
(사기)	탐라	고려	도서
백제	발해	(지리)	산천

221) 조선국지지적요朝鮮国地誌摘要

저자	곤도 호로쿠	출판년월	1876년 3월
판형	46판 화장	페이지 수	35장
발행처	시습사(時習舍)	소장처	架藏

저자 곤도 호로쿠近藤保禄는 도치기현의 무사계급이라는 것 이외에는 자세히 전해지는 바가 없다. 서문에 따르면 『조선명승지朝鮮名勝志』라는 원고도 끝마쳤다고 하나 출판여부는 명확하지 않다.

최근 지리학은 하루하루 발전을 거듭하고 있다. 스승 가타기하라 요시나가(樫原義長)가 대청일통지(大淸一統志) 및 통감을 중심으로 기행과 지도 등을 발췌 · 참조하고 새로운 설을 수집 · 보충하여 조선명승지를 탈고했다. 스승이 책상 머리맡에서 말하기를 그 나라 땅이 광대하니 지금 지명의 요령을 얻어 명승지를 완성하고 싶다고 한다. 스승의 말을 듣고 급히 인쇄를 시작하고 원고를 발췌했다. 수미일관하지 못하고 문장도 매우 졸속하여 실로 박식한 사람들의 조롱을 피할 수 없겠지만 지명을 알기 쉽게 전하는 장점이 있을 것이다. 독자들이 보기에 조악하고 잘못된 부분을 알려주면

이를 보충하겠다.(예언)

〈목차〉

제목	제목	제목	제목
위치	연혁	공조(貢租)	팔도
토지의 경계	거리	물산	(조선국팔도구분도)
형세	거민(居民)	경성	

222) 조선 귀호여록朝鮮帰好余録 5권(3책)

저자	이시바타 사다(石幡貞)	출판년월	1878년 12월
판형	국판	페이지 수	각 권 50장 내외
발행처	도쿄 일취사(日就社)	소장처	架藏

저자[81]는 후쿠시마福島현 사람으로 호는 동옥東獄이다. 야스이 소켄安井息軒[82]의 문하에서 공부했으며 시문과 한학을 즐겼다. 1876년 11월 관명을 받아 부산공관에 주재했다. 1882년 사변 당시 외무 4등속으로 하나부사 요시모토花房義質 공사[83]와 함께 경성에 주재하며 조선사변을 겪었다. 이후 제2고등학교[84] 교수가 되었다. 이 책은 부산공관 주재 당시의 조선내

81 이시바타 사다(1839～1916) : 후쿠시마현 출신의 한학자. 1871년 외무성에 입성하였으며 조일수호조약 체결에 관여했다. 1882년에 귀국했다. 저서에 『귀호여담』, 『동옥문초(東獄文抄)』 등이 있다.

82 야스이 소켄(1799～1876) : 에도～메이지시대의 유학자.

83 하나부사 요시모토(1842～1917) : 오카야마현 출신의 메이지시대 외교관. 조선과 러시아공사로서 외교 면에서 활약했다. 임오군란 때 공사관이 습격을 받자 탈출하여 귀국했다가 재취임하여 제물포제약을 체결했다. 이후 궁내성 차관, 추밀고문관을 거쳐 일본적십자사 사장을 역임했다.

84 제2고등학교 : 중학교령(1886년)으로 전국에 설립된 5개 학교 중 하나로 1887년에 미야기현에 설립됐다.

지여행기로 모두 한문으로 쓰였다.

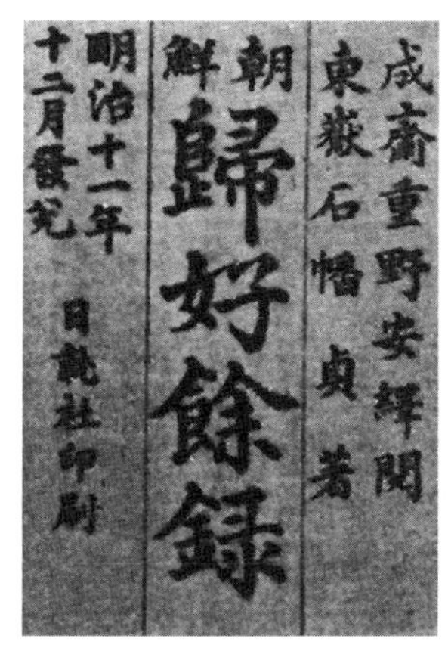

그밖에도 이시바타 사다는 1882년의 사변 조난기를 시문으로 초고한 『한성조난시기漢城遭難詩記』(1884)를 남겼다.

> 이 책은 순서를 가리지 않고 들은 대로 기록했다. 시도 있고 글도 있으며, 화제(畵題), 기사(紀事), 기행(記行)도 있다. 장소도 한 곳에 그치지 않고 부산 · 동래 · 소안(所安) · 마로(馬路) · 제물 · 강화 · 통진 · 김포 · 양천 · 양화진 · 한성 등, 친숙하게 경험했던 곳들로 붓을 움직였다. ……우리 두 나라가 수호조약을 맺지 않았다면 이 책은 없었을 것이다. 하늘이 나에게 공무의 여가를 주지 않았다면 이 책은 없었을 것이다. 수호조약과 공무의 여가가 이 책을 만들었다. 그래서 제목을 귀호여록으로 지었다.(예언)

성제成齊 시게노 야스쓰구重野安繹[85] 박사의 책에 대한 평가가 덧붙여져 있다.

85 시게노 야스쓰구(1827~1910) : 에도~메이지시대의 역사학자. 메이지유신 이후 수사관에서 『대일본편년사(大日本編年史)』 편수를 맡아보면서 실증사학을 주장했다. 이후 제국대학 교수가 되었고 국사학과를 설치했다. 1890년 귀족원 의원이 되었다. 한학자로도 알려져 있다. 저서로 『고본국사안(稿本国史眼)』(공저), 『국사종람고(国史綜覧稿)』 등이 있다.

〈목차〉

권	제목
1	부산 백영(百詠)
2	동래 증답(贈答)
3	한성 재필(載筆)
4	반송(磐松) 여음(餘韻)
5	잡문
조선어학교칙	
제생의원고시대(濟生醫院告示代)	
종두조례(種痘條例)	
여하상방신서(與河上房申書)	
황랑태기(晃朗台記)	

223) 조선팔역지朝鮮八域誌

저자	청화산인(靑華山人) 原撰 곤도 마스키 補譯	출판년월	1881년 1월
판형	46판	페이지 수	248쪽
발행처	도쿄 일취사	소장처	架藏

원저자 청화산인靑華山人의 본명은 이중환이고 자는 휘조, 호는 청담이다. 숙종 경오년(1690)에 태어나 영조 때 사망했다. 조선 각지의 형승形勝을 기록한 팔역지는 조선지리서의 백미로 불리며 사본으로 전해졌다. 택리지, 산수록, 박종지博綜誌, 진유승람震維勝覽, 총화總貨 등으로도 불렸다. 이 책은 1910년 고서간행회총서의 제13집 『팔역

지』(46번 항목 참조)로, 그리고 1912년 6월 최남선이 주재한 조선광문회총서 『택리지』(48번 항목 참조)로 출판된 바 있다. 1902년 발행된 『한국연구회담화록』 제1호 부록으로 『총화』 전문이 번각되기도 했다. 1921년의 『통속조선문고』 제8집(49번 항목 참조)에 시미즈 겐키치清水鍵吉의 초역이 실렸다. 1885년에는 중국의 오장경吳長慶이 한문으로 번역하여 출판한 적도 했다. 중국판은 곤도 마스키近藤真鋤[86]의 역서를 한역한 것이다.

곤도 마스키는 1880년 외무성 7등 출사관리관으로 부산에 주재하면서 『팔역지』의 등본謄本을 입수했고, 이를 읽고 느낀 바가 커서 조선연구에 임하기 시작했다. 달레[87]의 저서, 에노모토 다케아키가 번역한 『조선사정朝鮮事情』[88] 등이 앞서 간행된 바 있으나, 지리를 기술한 부분이 없다는 것을 안타깝게 여긴 곤도는 『팔역지』를 초역하기로 마음먹었다. 여기에 물산, 호구, 실지견문기 등을 더해서 책을 출판했다.

곤도는 미에三重현 사람으로 호는 납헌訥軒이고 한학을 즐겼다. 1882년 4월 인천이 개항되자 초대영사로 부임했다. 같은 해 7월 경성에서 사변이 일어나자 하나부사 공사 등과 함께 귀국했고, 1893년에는 주한대리공사로서 방곡령 교섭을 담당했다.

> 이 책은 조선인의 손으로 만들어진 것이다. ……그 산천의 위치와 주군

86 곤도 마스키(近藤真鋤, 1840~1892) : 시가현 출신의 에도~메이지시대의 의사, 외교관. 1870년 외무성에 들어가 부산영사를 지냈으며, 1887년 조선대리공사를 역임했다.

87 클로드 샤를 달레(Claude Charles Dallet′, 1829~1878) : 프랑스의 선교사. 1877년 전도를 위해 동양으로 출발하여 일본, 중국, 인도차이나 등지에서 전도활동 중 사망했다. 저서로 『조선교회사(Histoire de I'Eglise de Corée)』(1874년)가 있다.

88 프랑스어로 된 클로드 샤를 달레의 원저 『조선교회사』를 봄베가 네덜란드어로 번역하고, 그것을 다시 에노모토가 서문만 발췌·번역하여 『조선사정』이라는 제목으로 출간했다.

(州郡)의 형세를 매우 간명하게 한눈에 알아볼 수 있다. 이제 우리나라와 조선은 활발한 수교통상을 나누고 있는데, 이러한 때 사정(事情)에 관한 책만 있고 지리지가 없는 것이 유감이었다. 사람들이 이 책을 교정 · 번역해서 널리 알리면 만일의 대비가 될 것이라 했다. 나는 과연 그렇다고 생각해 조선의 지식인들에게 부탁하여 우선 잘못된 곳을 바로잡고, 이를 일본어로 번역했다. 대전회통(大典會通)을 참고하여 각 도를 책의 앞부분에 위치시키고, 지방제세(制勢)의 내용을 뒷부분에 두었다. 또한 내가 예전에 탐구했었던 물산 · 품목과 개인적인 기행문을 삽입하는 등 여러 증보를 더하여 두 권으로 만들었다. 그렇지만 일부러 제목을 바꾸지 않고 원래의 뜻을 지키려했다.(제언)

〈목차〉

제목	제목	제목	제목
1권	강원도	부산기	인천 · 경성기
총설	황해도	2권	교동기
평안도	전라도	충청도	
함경도	진강기	아산만기	
원산진기 (元山津記)	경상도	경기도	

224) 조선지지朝鮮地誌

저자	사카네 다쓰로(坂根達郎)	출판년월	1881년 7월
판형	국판 화장	페이지 수	51장
발행처	오사카 저자장판	소장처	架藏

저자에 관해서는 야마구치현 무사계급 출신이라는 것 이외에는 밝혀진 바가 없다. 권두에 하나부사 요시모토가 묵서로 쓴 「산하역력山河歷歷」이라는 상찬, 그리고 동판 「조선경성의 진경朝鮮京城の眞景」 그림이 첨부되어 있다. 책의 곳곳에는 경성, 통진, 부산, 동래, 원산의 그림을 배치했다. 부록으로 「조선국전도」 1장을 첨부했다. 총론에서는 위치, 지세, 역사, 풍속 등을 서술하고, 팔도의 지지地誌를 기재했다. 목차는 없지만 소제목은 다음과 같다.

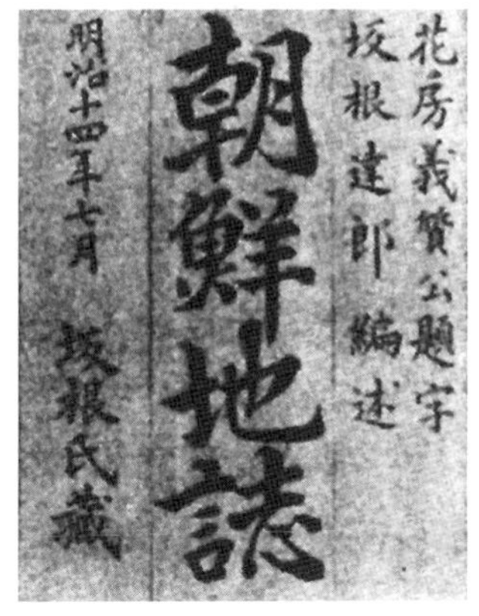

〈목차〉

제목	제목	제목
총론	전라도	함경도
경기도	경상도	평안도
충청도	강원도	황해도

225) 조선국지朝鮮国志 건 · 곤

저자	세키네 로쿠자부로 訓点	출판년월	1883년 3월
판형	46판 화장	페이지 수	70장
발행처	도쿄 마루야젠시치(丸屋善七)	소장처	架藏

이 책의 출전은 서언에도 적혀 있는 바와 같이 미상이지만 중국의 서적을 저본으로 번각한 것이다. 권두의 서문을 통해 책의 내력을 알 수 있다.

모두 한문으로 쓰였지만 일본어로 번역하여 중요한 내용을 인용해 둔다.

> 마루젠(丸善)의 주인이 조선국지라는 것을 입수했는데, 이를 인쇄하여 세상에 내놓으려 하면서 서문을 나에게 맡겼기에 읽어 보았다. 조선고금의 연혁, 주군, 지리, 풍속, 물산의 개략을 기술한 이 책은 읽기에 평이했다. 또한 청국교섭의 사적(事蹟)을 기술한 부분은 다른 책에서는 볼 수 없는 내용이었다. 저자의 이름은 빠져 있지만 청국 사람의 저술임이 확실하며, 학자의 연구에 일조하리라 생각된다. 현시점에서 매우 유용한 책에 틀림없다. 세키네 야와라(関根柔).(서)

서문을 쓴 세키네 야와라는 시인으로 호는 '치당癡堂'이다. 1882년『시사신보』에 입사했고 시단을 담당했다. 저서로는『동경신사東京新詞』등이 있다. 1890년 5월 50세로 세상을 떠났다. 훈점[89]을 단 세키네 로쿠자부로関根録三郎는 누구인지 알 수 없다. 출판사 마루야젠시치의 예언에 아래와 같은 내용이 적혀 있다.

> 이 책은 교토 사람인 기쿠치 모 씨가 청국유학 중에 필사하여 가져온 것이다. 원서의 목각판은 없으며 사본만 전해진다고 한다. 그래서 별본과 대조해 볼 수가 없다. ……근대 청국과의 교섭사정을 기술한 부분에 다른 책에는 보이지 않는 내용이 있으므로 역사가들에게 참고가 될 것이다. 이를 위해 넉넉지 못한 살림에도 불구하고 이 책을 인쇄한다. 마루야 주인(예언)

89 훈독에 부호를 단 것.

〈목차〉

제목	제목	제목
권1	권3	고조선
역사 · 연혁	도성	명환(名宦)
권2	산천	토산
팔도개략	권4	

226) 계림지지鷄林地誌

저자	우쓰키 사다오(宇津木貞夫)	출판년월	1883년 5월
판형	국판 화장	페이지 수	49장
발행처	도쿄 내외병사신문국	소장처	架藏

저자는 교토의 사족출신이며 참모본부 7등출사로서 오랫동안 육군에 근무했다.

이 책은 청국 서적인 『독사방여기요(讀史方輿紀要)』를 발췌하고 원문에 증감을 더한 것이다. 따라서 그 내용이 청국에 편중되어 있다. 독자가 이를 이상하게 여길 수 있으므로 책 안에 인용된 서적과 저자의 성명 등을 모두 삽입할 필요가 있다. 다만 이러한 첨삭을 더하면 글이 지루해지고 뜻이 통하기 어려워지므로 원문을 그대로 따랐다.(범례)

〈목차〉

제목	제목	제목	제목
(경기도)	임둔성	북악산	한강
개주성	탄례성	신숭산	양화도

제목	제목	제목	제목
환도성	풍덕성	강화도	벽제관

이하 각 도의 지지, 연혁을 기술하고 권말에 부록(탐라, 읍루, 부여, 옥저, 예맥, 백제, 신라, 유귀流鬼, 발해)과 세계지도, 계림지도 3점을 첨부했다.

227) 조선팔도지朝鮮八道志

저자	고마쓰 스스무(小松運)	출판년월	1887년 4월
판형	46판	페이지 수	116쪽
발행처	도쿄 동산당(東山堂)	소장처	架藏

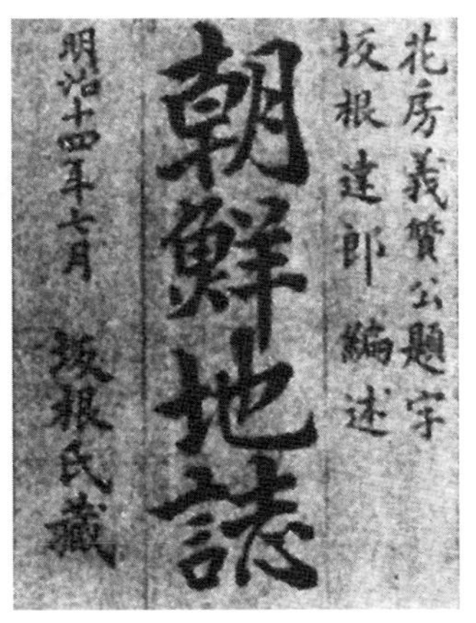

저자는 후쿠시마현 출신이며 1879년 원산항 개항과 함께 육군 일등군의로서 원산에 주재했다.

명을 받아 원산에 온 지 3년, 평소 여유가 생기면 곧장 명산과 큰 강을 돌아보면서 수려하고 호방한 경치를 찾았다. ……이 나라의 군적(群籍)을 수집하여 그 핵심을 초역하는 한편, 여기에 나의 실제 견문을 참작하고 마쓰바라 가쿠시로(松原覚四郎)에게 기록을 부탁하여 작은 책자를 하나 만들었다.

이 책은 상초기문(象肖紀聞),[90] 징비록, 고려사, 조선부(朝鮮賦), 대전회통,

공사촬요(攷事撮要) 등의 핵심 내용을 초역한 것에 우리나라 고금의 책을 참고하는 한편 내가 실제로 견문하고 검토한 내용을 참작해서 편술했다.(범례)

〈목차〉

제목	제목	제목	제목
총론	연혁	상업	전라도
위치	정체(政體)	공업	강원도
분계	인정	의사	황해도
지세	풍속	경기도	함경도
지질	교법	경상도	평안도
기후	학업	충청도	(조선전도약도)

228) 조선지지략朝鮮地誌略 8권

저자	육군참모본부	출판년월	1888년 11월
판형	국판 화장	페이지 수	각 권 100장
발행처	–	소장처	도쿄대학 도쿄경제대학

육군참모본부가 편찬·간행한 지지다. 각 도별 8권(8책)이 간행되었다.

이 책은 정원[91]의 지리과가 편찬한 『일본지지제요(日本地誌提要)』의 체제에 따라 여지승람, 읍지, 통사, 동국문헌비고, 조선여지지, 동국통감 등의

90 상초기문(象肖紀聞) : 상서기문(象胥記聞)의 오자로 보인다.

91 정원(正院) : 1871년 7월 14일 폐번치현이 단행된 이후 같은 달 29일 이루어진 관제개혁을 통해 좌원, 우원과 함께 태정관에 설치된 기관이다. 3원 중에서 중추적인 위치를 담당했으며, 정원을 태정관으로 부르기도 한다.

서적 및 파견장교의 보고를 근거로 조선 부주군현(府州郡縣)의 강역, 연혁, 성지관방(城地關防), 인구, 호수 등을 적록 · 수집한 것이다. 전부 8권이며 제목을 조선지지략으로 붙인다.(범례)

현재 1권 경기도 · 2권 충청도 · 3권 함경도는 도쿄대학에, 4권 평안도 · 6권 강원도 · 7권 경상도 · 8권 전라도는 도쿄경제대학에 소장되어있다. 5권 황해도는 미상이다.

〈목차〉

제목	제목	제목	제목
강역	읍치(邑治)	시장	교량
연혁	관직	역원(驛院)	도서항만
면명(面名)	성지관방	산악	사사(社寺)
호수	창고	하천	물산
인구	학교	온천	
전보(田甫)	명승	봉수(烽燧)	

참고로 『조선지지략』 7권(경상도)을 1977년 조선도서복각회가 복각했다.

229) 조선시베리아기행朝鮮西伯利紀行

저자	야즈 쇼에이(矢津昌永)	출판년월	1894년 1월
판형	국판	페이지 수	132쪽
발행처	도쿄 마루젠주식회사	소장처	架藏

저자는 구마모토 사람으로 지리학자다. 이 책을 간행할 당시는 제5고

등중학교[92] 교사였고, 이후 육군대학 교수가 되었다. 『일본지문학日本地文学』, 『일본정치지리』, 『한국지리』(249번 항목 참조) 등을 비롯하여 여러 논저가 있다.

> 1893년 우연히 여름휴가를 받아서 조선에 건너가 인정과 풍물을 살피고, 이어서 러시아령 블라디보스토크를 여행하고 시베리아(西伯利)를 유람했다.(2쪽)

목차의 제목은 여정을 따르고 있는데 여기에는 그 일부를 기재한다.

제목	제목
부산에 상륙하다	강원도 연해의 형세
내지여행에 관해 영사와 담화	관동팔경
부산의 기후 및 지질	해상의 평온
부산거류지의 광경	원산진 입항
조선인의 풍속 및 습관 일반	지금 원산진은 장마철
조선인의 생활 일반	원산영사관 방문
거류지의 잡다한 일	원산진의 무역
조선부인의 용모와 의상	원산거류민의 교육
처음으로 조선의 고유한 냄새가 코를 찌름	원산의 위치 및 기후
한옥의 구조	원산진 거류지의 풍치
한인의 실내 경작 및 그 촌락	백두산은 화산이다
우리 일행에 관한 동아무역신문의 기사	역사로 본 함경도
부산체류 중의 방문자	기선출발 연기
영사의 향응	가을의 추위가 닥침
조선국 쇠퇴의 원인	조선무역에 대한 신상(紳商)의 담화
부산거류지의 유래	원산거리에 대한 소견

92 제5고등중학교 : 중학교령으로 1887년에 설립된 전국의 5개 학교 중 하나.

제목	제목
도쿄마루(東京丸[93])에 타다	원산진 출발
동승자	발문

230) 아시아대륙여행일지 병 청한로삼국평론亜細亜大陸旅行日誌並清韓露三国評論

저자	하라다 도이치로 (原田藤一郎)	출판년월	1894년 3월
판형	46판	페이지 수	454쪽
발행처	도쿄 아오키 숭산당(青木嵩山堂)	소장처	舊藏

저자는 일찍이 실업가를 목표로 갖가지 상업에 종사했지만,

사회는 나의 입신을 허락하지 않았다. 나는 최후의 실망을 안은 채, 결국 집을 떠나 아내와 아이를 버리고 홀연히 국외로 나가려는 큰 결심을 하게 됐다. 그렇게 오타루(小樽) 항구에서 출항한 것이 1892년 1월이었다. 먼저 상하이에 상륙하여 장쑤, 산둥, 허난, 즈리를 여행하고, 톈진, 베이징, 산해관, 보하이, 잉커우, 심양성, 싱징, 퉁화현, 구련성을 지나 조선 의주로 들어갔다. 평안, 황해, 경기 삼도를 거쳐 1892년 11월 경성에 도착했다. 경성·인천에 2개월간 머물고 함경도에서 러시아로 들어가 포세트만, 블라디보스토크항, 임페라토르스키를 지나 코르사코프에 이르렀다. 이곳에서 일본 범선을 타고 일단 홋카이도 소야(宗谷)에 도착했는데, 회오리바람이 불어 가라후토(樺太)의 동해안 미나베쓰(皆別)에 표류하고 말았다. 가까스로 목

93 메이지 시대의 선박명.

숨을 보존하고 삿포로로 돌아온 것은 이듬해 9월 14일이었다.(서)

〈목차〉(조선에 관한 부분을 요약한다)

제목	제목	제목
인천항 약평	상업 · 공업 · 광업 · 농업 · 행정 및 관리(官吏)	조선국을 대하는 우리 상업민
조선국 총론	조선을 상대하는 청국인의 상업	한국에 대한 우리의 정략
조선의 통화	조선화폐제가 내외 상업에 미치는 이해관계	(약도 · 도판 등)

231) 계림기유鷄林紀游

저자	호리우치 마쓰지로	출판년월	1894년 4월
판형	국판 화장	페이지 수	19엽
발행처	도쿄 스하라야 모헤(須原屋茂兵衛)	소장처	시카타문고

이 책은 1890년 봄, 가이甲斐 출신의 호리우치 마쓰지로堀內松治郎(십이봉十二峯)가 친구인 요코야마 게이엔橫山桂園과 함께 한국을 유람하고 그 여행기를 한문으로 써서 군데군데 한시를 실어 화장和裝 한 권으로 묶은 것이다. 여백 상단에 계엄桂巖 미조구치 고溝口恒가 평주를 달아 놓았고, 권말에는 미조구치 고 및 이당履堂 요다 다카시依田孝의 발문을 실었다.

232) 조선지명안내朝鮮地名案內

저자	미쓰하시 센시	출판년월	1894년 7월
판형	46판	페이지 수	49쪽
발행처	도쿄 학농사(学農社)	소장처	架藏

표제의 저자는 미쓰하시 센시三橋僊史지만 판권장의 저작 겸 발행자는 쓰다 센津田仙(난영학자蘭英學者, 농학자)으로 적혀 있다.

이 책은 십 수 년 동안 조선 내지에 머물며 조선의 언어 · 사정 등을 숙달한 프랑스 선교사 몇 명이 서로 의견을 나눈 뒤 편찬한 조선지리자전을 경(經)으로 삼고, 지난 날 내가 같은 지역을 여행하며 조사한 사실 및 우리나라에 재류하는 몇 명의 한국인들에게 들은 내용들을 위(緯)로 편성하여 최근에 펴낸 책이다. ……지명의 배열은 조선문자의 순서를 따르고 있는 지리자전의 순서를 그대로 가져온 것이다. 책 뒷부분에 지명 색인을 삽입하여 열람의 편의를 기했다. ……권말에 첨부한 조선전도는 최근에 조사한 상세한 그림을 수정 · 보완한 것이다.(범례)

〈내용〉(지명은 로마자 철자로 표시했고, 위도 및 경성에서의 거리도 기재했다)

제목
지명 색인
지명 안내
(조선국전도 1점)

233) 북지나 조선 탐험안내北支那朝鮮探検案内

—부 조선사건 유래附朝鮮事件由来

저자	하타노 쇼고로, 스기야마 도라오	출판년월	1894년 7월
판형	46판	페이지 수	178쪽
발행처	도쿄 하야시(林)서방	소장처	架藏

하타노 쇼고로波多野承五郎는 전 톈진 영사관이고, 스기야마 도라오杉山虎雄는 『시사신보』 기자다.

이 책의 내용 중 지나 부분은 하타노 쇼고로 군이 톈진영사 봉직 중 공무의 여가를 얻어 북청을 편력하고 얻은 견문을 구술하고 어부(漁夫)에게 이를 필기하게 해서 조야신문에 게재한 것이다. 조선 부분 및 부록 조선문제의 유래는 어부가 기술한 것이다. 조선 부분은 지나 부분에 합쳤으며, 조선문제의 유래는 대한책(對韓策)이라는 제목을 붙여 마찬가지로 조야신문에 게재했다.(서언)

〈목차〉

제목	제목
「지나 부분」	인천 및 인천 · 경성
「조선 부분」	경성 내 일본인 재류지
부산 및 그 근방	경성
부산 · 인천 간 항로	(부록) 조선문제의 유래

234) 조선지지요략朝鮮地誌要略 – 부 팔도지도

저자	마쓰모토 겐도(松本謙堂)	출판년월	1894년 7월
판형	46판	페이지 수	96쪽
발행처	오사카 나카무라 종미당(中村鍾美堂)	소장처	架藏

일찍이 조선에 동학당의 난이 일어나……우리는 조선의 정세를 조사하고 이를 통해 아시아 동방 100년의 대계를 세워야 했다. 정세를 조사함에 있어 먼저 그 지리를 자세히 조사할 필요가 있었다. ……이 책은 한 권의 소책자에 지나지 않지만, 무엇보다 완전무결하다고 할 수 있다. 여기에 최근의 확실한 재료를 통해 풍습 및 형편 요지의 개략을 포함시키고, 평상시 및 전시에 더불어 이용할 수 있도록 했다. 한산(韓山)의 풍운이 급변하는 오늘날, 본편과 지도를 함께 보는 것은 결코 지나침이 없을 것이다.(서언)

〈목차〉

제목	제목	제목
조선지	경상도	각지의 거리
지방지	황해도	도진(渡津)
경기도	강원도	경성근방 지명
충청도	평안도	토산물
전라도	함경도	(부록) 조선전도/일본과 한국 도량 비교표

235) 조선지리 · 대전쟁朝鮮地理·大戰爭

저자	시라하타 이쿠노스케(白幡郁之助) 編	출판년월	1894년 7월
판형	국판	페이지 수	88쪽
발행처	도쿄 히후미(一二三)관	소장처	舊藏

이 책은 『조선지리』 34쪽 및 『군사사담(軍事史譚) 대전쟁』(몽고습격의 전말) 54쪽의 두 편을 함께 엮은 것이다.

〈목차〉

제목	제목	제목	제목
(조선지리)	언어문자	무례한 문서	축해(筑海)의 패멸
지세	도로	몽고의 국세(國勢)	적장(賊將)의 도주
도서	역사	사명(使命)의 거절	장수의 개선
왕도	정치	적군(賊軍)의 내습	
개항장	(조선전도 1장)	다쓰노구치(龍口)의 참수	
물산	(대전쟁)	십만의 대거(大擧)	

236) 청한연해연강지명전淸韓沿海沿江地名箋

－수교사기사 제49호 부록

저자	오타 요시타카(太田敬孝) 編	출판년월	1894년 8월
판형	46판	페이지 수	37쪽
발행처	도쿄 수교사	소장처	일본 국회도서관

청한 각지 연해의 지명을 가타카나로 표시한 것으로 청국은 성省별, 한국은 도별로 채록했다. 해군 『수교사기사』의 부록이다.

237) 신찬 조선지리지新撰 朝鮮地理誌

저자	오타 사이지로(大田才次郎) 編	출판년월	1894년 9월
판형	46판	페이지 수	262쪽
발행처	도쿄 박문관	소장처	架藏

조선지리편람을 기록한다. ……동번기요(東藩紀要), 상서기문, 조선팔역지, 조선부, 대전회통, 대전조례간례(大典條例簡禮), 휘찬고열제(彙纂考閱除), 초사촬용(抄事撮要), 고려사, 징비록, 조선사정, 조선기문, 조선정체, 조선견문록, 독사방여기요, 그리고 조선해관(朝鮮海關)의 분기별 보고서 등을 참고했다. 여기에 주변 인물들의 이야기를 더했다.(범례)

〈목차〉

장	제목	장	제목	장	제목	장	제목
(제1편)		제2장	민업 · 무역	제5장	풍속	팔도	
총론		제3장	인종 · 인구 · 연혁	(제2편)		경성에서 각 도의 거리	
제1장	지세 · 기후 · 산천 등	제4장	정치체제 · 군제 · 학사(學事) · 종교	각 도 지지		(지도 1장)	

238) 지나조선 병요지리안내支那朝鮮 兵要地理案内

—일명 청한지도지해설一名清韓地図之解說

저자	사토 게이키치(佐藤敬吉)[94] 編	출판년월	1894년 10월
판형	수진판	페이지 수	116쪽
발행처	도쿄 스기야마서점	소장처	일본 국회도서관

94 사토 게이키치(1867~1923) : 메이지~다이쇼시대의 언론인.

이 책은 제목에서 알 수 있듯이 청일전쟁 당시 시국 해설서다.

조선국 부분에서 남부지방은 단지 부산 및 그 부근 지역에 관해서만 약술하며, 경성부근 지방에 대해서는 조금 자세하게 기술한다. 그리고 평양이북은 가장 상세하고 정밀하게 기술한다. 이는 그저 현재의 필요에 따른 것일 뿐 다른 이유는 없다. 또한 이 책은 이미 지도를 가지고 있는 사람을 대상으로 삼고 있으며 휴대하기 편리하도록 소매에 넣을 수 있는 작은 책자로 만들었다.(서언)

〈목차〉

제목	제목	제목	제목
「지나 부분」	부산	평양부	의주부
(상세한 목차 생략)	인천	영변부	창성부
「조선 부분」	경성	안주부	원산진
			(도판 2점/일청한 연락지도)

239) 조선반도의 천연과 사람朝鮮半島の天然と人 – 병사잡지兵事雜誌

저자	–	출판년월	1900년 1월
판형	46판	페이지 수	163쪽
발행처	도쿄 병사잡지사	소장처	도쿄경제대학

이 책은 부제에서 알 수 있는 바와 같이 『병사잡지』의 임시발행판이다. 저자명은 빠져 있으나 궐산생蕨山生이 쓴 서문에 다음과 같은 내용이 있다.

우리 동양각국이 서구 강대국들로부터 받는 피해는 점차 서쪽에서 동쪽으로 파급해 오고 있는 바, 이웃나라들은 이미 침략을 받기 시작했다. ……다음 문제는 분명 조선반도로 올 것이다. ……나는 지식도 얕고 재능도 부족하지만, 이를 반성하기보다 비록 전문적이지 못할지언정 조금이라도 붓을 학문에 적셔서 반도의 땅과 사람에 대해 미리 연구하고자 한다. 독자들이 논지의 천박함과 문장의 치졸함을 책망하지 않고 도리어 나의 뜻을 이해하여 부족한 점을 이끌어 준다면 그 이상의 기쁨은 없을 것이다.(자서)

〈목차〉

240) 청한기행清韓紀行

저자	무라키 마사노리(村木正憲)	출판년월	1900년 7월
판형	46배판 화장	페이지 수	309쪽
발행처	–	소장처	도쿄경제대학

저자는 1868년 오카야마岡山에서 태어나 1891년 도쿄제국대학 법과대학 정치학과를 졸업했다. 대장성시보, 체신서기관 겸 참사관을 거쳐 1900년 4월 청한 양국에 파견되었다. 이 책은 당시의 기행을 글로 남긴 것이

다. 이후 체신사무관, 오사카우편전신국장, 우편환율저금관리국장을 역임했으나, 1906년 우지카와宇治川전기주식회사를 창립하면서 관직을 그만두고 실업계에 입문한다. 게이한京阪토지, 오사카주택, 오사카신용조합 등의 회사에서 중역을 맡았다.

> 청한 양국 파견 명령을 받고 올해 4월 12일에 출발해 5월 27일에 도쿄로 돌아왔다. 기간이 겨우 한 달 반 가량에 불과하고……이번 기행은 짐 꾸리기에도 바빴기 때문에, 이를 공사대소에 따라 기록하려고 한다면 서술의 순서도 맞지 않을 뿐더러 문장을 다듬지도 못할 것이다. 그렇다고 상세한 설명을 더하지 않은 채 자잘한 내용들을 그대로 기록한 것을 세상에 내놓고 싶지는 않다. 독자들이 부디 이 책의 오류와 서투름을 비난하지 않기를 바란다.(서언)

이 책은 사가한정판이다. 제1권 본편, 제2권 삽화, 제3권 부록으로 나누어져 있으며 일정 순서에 따라 기술되었다. 여기에서는 조선 부분의 소제목만 기재한다.

〈목차〉

제목	제목
인천	소학교, 우표저금, 한전 개입(改入)
거류지, 거류일본인 수, 우편국	금융기관, 군산
한전(韓錢) 수입 존폐의 문제	죽도(竹島), 강경, 광주
우표저금의 존폐 문제	목포 재류일본인, 거류민 내역
엽서에 조선 두 글자를 인쇄할지 말지의 문제	거류지 내 관아 및 회사

제목	제목
인천의 금융기관, 인천의 해운업자	영사관 부지를 소유하는 국명
경인철도	목포상업 일반
경인철도 규칙요항	목포세관장 및 총세무사를 만나다
경부철도의 연혁 및 현황	부산우편전화국
경성 의주 간 철도	한국의 우편국
경성 원산 간 철도	임시 전신부의 상황
일한 간 전보요금	한국엽서의 발행
일한 간 우편약관	마산우편국 출장소의 이전
한국과 일본 우편 및 전보국의 관계	부산항구의 풍경
경성을 보지 않고 인천을 떠나다	한국의 일본인론
무카이(向井) · 다무라(田村) 두 사람과 같은 배에 타다	재포항일본인론
목포우편국	

241) 도한견문록渡韓見聞錄

저자	오가와 유조(小川隆三)	출판년월	1901년 5월
판형	46판	페이지 수	39쪽
발행처	시즈오카 시즈오카 민우신문사	소장처	架藏

저자에 대해서는 알려진 바가 거의 없지만 시즈오카현 시미즈시清水市에 사는 실업가로 추정된다. 권두에 조선 복장을 한 저자 사진이 실려있다.

나의 주거지인 시미즈항(清水港)은 1895년 칙령에 따라 무역개항장으로 지정되었지만, 애석하게도 설비에 급급했으며 분발하여 무역사업에 착수하려는 사람도 없었다. 위축에서 벗어나지 못하고 개항의 열매를 얻지도 못하는 상황에 유감을 금할 길 없었다. 한탄스러운 마음에 1900년 10월 분연히 소매를 걷고 친구 미야자키(宮崎)와 제휴하여 상업시찰을 목적으로 도한의 길에 올랐다. ……10월 21일 출발하여 한국 부산항, 목포, 군산항, 인천항, 경성 등을 돌아보고 12월 13일에 귀국했다. 한국에 머문 것은 약 1개월 정도로 그저 스쳐지나가는 시찰에 불과했다. ……이를 기념하고 친구들에게 배포하기 위한 목적으로 조사·견문한 내용을 책으로 편찬한다. (도한의 이유)

〈목차〉

제목	제목	제목	제목
도한의 이유	정부와 인민	장례	중요 수출입품
순유(巡遊)일지	학사	상업	항운업
서언	종교	공업	일본재류민
지세 및 하류	군인	농업	무역의 현황
해안선 및 조석(潮汐)	복장	어업	해관(海關)
기후 및 지미(地味)	가옥	양잠	시읍
도로와 교량	혼인	통화	결론

242) 한국안내韓国案内

저자	가쓰키 겐타로(香月源太郎)	출판년월	1902년 9월
판형	46판	페이지 수	476쪽
발행처	도쿄 아오키 숭산당	소장처	架藏

저자는『간몬신보』의 통신원으로 부산에 주재했다. 이 책은 한국 각 개항장 거류지의 정황을 소개한 안내서다. 목차에 보는 바와 같이 각 거류지의 지도 10장을 부록으로 실었다. 이 책은 같은 해 12월 재판이 발행되

었다. 그밖에 저자의 저서로 『조선국 부산안내』(1901년, 307번 항목 참조)가 있다.

책에 수록한 모든 통계와 일람표는 최근에 조사한 것으로 그 완전함을 자신한다. 각각의 지도는 최근 실측한 것으로 지도에 표시된 부호는 모두 동일하므로 이에 관한 범례는 따로 작성하지 않는다.(범례)

〈목차〉

편	제목	편	제목	편	제목	편	제목
총론		제6편	군산안내	경성시가전도		목포부근지도	
제1편	경성안내	제7편	목포안내	인천항시가전도		마산포부근지도	
제2편	인천안내	제8편	마산안내	진남포 각국거류지 전도		부산시가전도	
제3편	진남포안내	제9편	부산안내	평양시가전도		사진 22장	
제4편	평양안내	(부록)		원산항 일본거류지 시가전도			
제5편	원산안내 (부 성진기(附城津記))	대한국전도		군산시가전도			

243) 로마자색인 조선지명자휘羅馬字索引 朝鮮地名字彙, A catalogue of the Romanized geographical names of Korea

저자	고토 분지로, 가나자와 쇼자부로 共編	출판년월	1903년 3월
판형	36판	페이지 수	88쪽
발행처	도쿄 도쿄제국대학	소장처	架藏

이 책은 도쿄제국대학 교수 이학박사 고토 분지로小藤文次郎[95]가 1900년

95 고토 분지로(1856~1935) : 시마네 출신의 메이지~쇼와 전기의 지질학자. 1886년 제국대학

과 1902년 2회에 걸쳐 조선전도를 답사하면서 기록한 도읍·산천 등의 지명을 기술한 것이다. 여기에 어네스트 사토 등이 저술한 "Manual of Korean geographical and other proper names Romanized"(1882)에 등장하는 지명도 함께 수록했다. 문학박사 가나자와 쇼자부로가 이를 언해철자법에 따라 한글로 바꾸었다. 고토 분지로가 작성한 지도 "Map of Korean Peninsula"(1903년 4월)의 자매편이다.

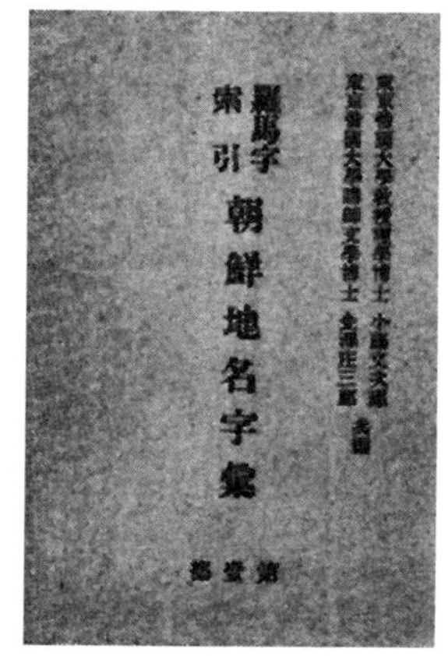

[목차] 제1부에서는 조선음의 로마자 철자 지명에 한자명을 배열했다. 제2부에서는 한자명을 일본음에 따라 알파벳 순서로 배열했으며, 도명道名에 일일이 한자 및 로마자 철자를 부기했다.

참고로 고토 분지로의 업적에는 "An Orographic Sketch of Korea", 『도쿄제국대학 이과대학기요』, 제19책 제1편(1903년 4월, 244번 항목 참조), "Journeys through Korea. Contrib. I.", 『도쿄제국대학 이과대학기요』, 제26책 제2편(1909년 6월, 266번 항목 참조), "Journeys through Korea. Contrib. II.", 『도쿄제국대학 이과대학기요』, 제27책 제12편(1910년 5월, 267번 항목 참조) 등이 있다.

교수에 임명되었다. 화산조사 및 연구로 잘 알려져 있다. 지질학회 및 도쿄지질학회(현 일본지질학회)를 창립했다.

244) 조선산악론朝鮮山岳論, An Orographic Sketch of Korea

–도쿄제국대학 이과대학기요 제19책 제1편

저자	고토 분지로	출판년월	1903년 4월
판형	46배판	페이지 수	61쪽(도판 3점, 지도 1점)
발행처	도쿄 도쿄제국대학	소장처	도쿄대학

도쿄제국대학 교수 이학박사 고토 분지로는 1900년과 1902년에 2회에 걸쳐 총 14개월 동안 조선 지체地體의 구조, 그 중에서도 특히 남한의 지질을 조사했다. 그리고 그 결과를 『도쿄제국대학 이과대학기요』 등에 보고했다. 이 책은 그 첫 번째 보고다. 이어서 『조선의 지질지리적 여행기朝鮮の地質地理的旅行記』(1909년, 1910년 제1 · 2분책, 266번 · 267번 항목 참조)를 냈으며, 가나자와 쇼자부로와의 공저 『로마자색인 조선지명자휘』(1903년, 243번 항목 참조)를 간행한 바 있다. 도쿄제국대학의 기요는 모두 영문으로 적힌 보고서로서 내외 학계의 주목을 받는 지질지리적 연구의 주요한 지침이 되었다.

〈목차〉

245) 조선반도 호걸적 여행朝鮮半島 豪傑的旅行

저자	가쓰라기 덴카	출판년월	1903년 7월
판형	36판	페이지 수	155쪽
발행처	오사카 마타마 정화당(又間精華堂)	소장처	架藏

권두에 고마다 교코駒田旭江 실력實歷, 가쓰라기 덴카葛城天華 편저라고 적혀 있다.

교코는 오카야마 사람으로 일찍이 에미 스인(江見水陰)이 결성한 강수사(江水社)에 객원으로 참가했으나, 사회에 분개를 느끼고 같은 해 초여름 결연히 도쿄를 떠나 단신으로 조선에 건너갔다. 당시의 기행을 적은 것이 바로 이 책이다.(머리말)

〈목차〉

제목		제목	
제1	무일푼으로 도쿄를 출발하다	제11	인천은 분뇨의 소하천
제2	요코하마 정거장에서 묘안이 생각나지 않아 고개를 갸웃하다	제12	묘지에서의 밝은 백중맞이
제3	하룻밤 거처를 무리하게 부탁함	제13	이마도야키(今戶焼)[96]의 오타후쿠(御多福)[97]
제4	2전짜리 차표로 오사카까지	제14	제물포 초입에서의 술회
제5	오사카역사(驛事) 부역의 청원	제15	조선에서의 운명
제6	나카노시마(中之島) 공원에서 노숙	제16	조선에서 도망치듯 빠져나옴
제7	간사이 문사(関西文士)를 두루 방문	제17	이 여행의 미래
제8	여행 예정지의 변경	(부록)	
제9	안키마루(安纖丸)의 식객	지리상의 조선	
제10	조선신보사에 얹혀 지냄	정치 및 사회상의 본 조선	

96 도쿄 아사쿠사의 이마도(今戶) 지역에서 만들어졌던 질그릇을 가리킨다.

246) 도화삽입 만한로안내図画挿入満韓露案内

─부 로군사정로어안내附露軍事情露語案内

저자	가쓰모토 나가쓰기(勝本永次)	출판년월	1904년 3월
판형	36판	페이지 수	180쪽
발행처	오사카 고노무라 여광당(此村藜光堂)	소장처	일본 국회도서관

이 책은 러일전쟁 당시의 시국 출판물로 저자는 신문기자다.

〈목차〉

제목	제목	제목
조선	서해안	유명지 조선음독 방법
조선 13도	진남포	러시아
우편전신	내부 주요지 안내	러시아 군비 · 군대
철도	정강 및 연안 요지	해군
경부 · 경인철도	병제	러시아사정
동해안	일본수비대	만주사정
남해안	행정 및 통화	(만한로 지도/뤼순 부근도)

247) 도한 길잡이渡韓の栞 ─일명 한국사정안내一名韓国事情案内

저자	고스가 이치로(小須賀一郎)	출판년월	1904년 5월
판형	36판	페이지 수	163쪽
발행처	오사카 마타마 정화당	소장처	일본 국회도서관

97 둥근 얼굴에 이마가 앞부분으로 돌출해있고 볼이 부풀어 올라 코가 낮은 여성의 얼굴을 가리킨다.

이 책은 조선을 천하의 지사들에게 소개하려고 엮은 책입니다. 저자는 단지 이 책을 통해서 지사의 뜻을 다할 수 있기를 바랄 뿐입니다.(머리말)

〈목차〉

제목		제목		제목	
1	지세와 일한관계	5	수도와 개항지	9	어류 분포지
2	조류와 일한관계	6	6대강	10	어류 제조법과 먹는 법
3	위치 · 면적 · 인구	7	각 개항지에서 경성으로 가는 방법	11	한국의 기관(奇觀)
4	경계 · 구획	8	금광의 소재지	(한국전도 1장)	

248) 청한로 도항안내清韓露渡航案內

저자	구와무라 쓰네노스케(桑村常之丞)	출판년월	1904년 5월
판형	46판	페이지 수	198쪽
발행처	도쿄 오가와 상영당 (小川尙栄堂)	소장처	舊藏

저자는 신문기자이며, 이 책은 러일전쟁 종군 중에 남긴 원고라고 전해진다.

국민이 모두 앞다투어 러청한 삼국의 지도를 강구하고, 전쟁은 물론 무역과 상업전략 등을 고찰하지 않으면 안 된다. ……이에 지도를 보는 사람에게 안내의 역할을 하기 위해 삼국의 지지(地誌)를 약술한다. 한국은 비교적 자세하게 기술하고, 청국은 주로 즈리와 산둥 두 지역 및 동북 3성에 대해 가급적 상세하게 기술했으며, 러시아는 시베리아 지방을 상세하게 기술하고 다른 곳은 생략했다. 다만 청국은 현재 필요하다고 여겨지는 상하이 및 양쯔강 연안 지방을 다소 상세히 기술했다.(서언)

〈목차〉(청국과 러시아 부분의 상세한 목차는 생략한다.)

제목	제목	제목	제목
(조선 부분)	의주부	인천	경성에서 각지까지의 거리표
경성	창성부	조선팔도의 위치 및 면적	무역상의 거래실상
개성부	원산지	내지여행을 위한 면허장	(지나 부분)
평양부	함흥부	무역상의 마음가짐	(러시아 부분)
영변부	부산	내지여행 문답	

249) 한국지리韓国地理

저자	야즈 쇼에이	출판년월	1904년 9월 (1906년 3판)
판형	국판	페이지 수	214쪽
발행처	도쿄 마루젠주식회사	소장처	도쿄경제대학

저자는 지리학자로서 제5고등학교와 육군대학 교수를 역임했다. 『조선시베리아기행』(229번 항목 참조), 『일본지문학』, 『일본정치지리』 등의 저서가 있다.

이 책은 원래 『고등지리』 제3권 아시아주 부분으로 발간할 예정이었으나, 현재 세인의 희망과 시국의 진행을 고려하여 별책 『한국지리』라는 제목으로 먼저 발행하고 이어서 『청국지리』를 간행할 예정이다.(서언)

〈목차〉

제목	제목	제목	제목
한국	기후	산업	한국 풍속화 해설
지세	생산물	정치	
산맥	주민	처지(處誌)	
수계	교통	조선의 식민적 자격	

250) 한국급구주담韓国及九州談

저자	이토 조지로(伊藤長次郎)[98]	출판년월	1905년 3월
판형	국판	페이지 수	148쪽
발행처	도쿄 저자	소장처	舊藏

저자는 효고兵庫현 농회장農會長이며, 후쿠오카와 구마모토에서 전한 한국여행담을 오쿠이奥井 씨가 필기한 것이다.

모두 한국, 한국이라며 규슈에 관한 이야기보다도 오히려 한국 이야기를 들려달라고 졸라 댔다. 그래서 여행 기념품의 의미로, 그리고 이런 이야기를 좋아하는 사람들에게 배부하여 한국연구에 일조하는 의미로 여행담을 출판하게 되었다.(머리말)

98 이토 조지로(1873~1959) : 효고현 출신의 메이지~쇼와시대의 농업행정가.

〈목차〉(목차는 여행 일정에 따라 날짜별로 이루어져 있다. 한국 부분만 약기한다.)

제목	제목	제목	제목
부산 상륙	경성	직산행(稷山行)·채광	인천·목포
해관세(海關稅)	철도	수원부 농사 시찰	농업경영단체
대구부	풍속담	한국 농업	부산·모지(門司)[99]
종교	한국정부·종족·관리(官吏)·세입세출·화폐·제1은행 경성 지점·금융·동족주의	개성부	(사진 여행도)

251) 남한여행기 경부철도안내南韓旅行記 京釜鉄道案内

저자	야노 구니타로(矢野国太郎)	출판년월	1905년 5월
판형	36판	페이지 수	124쪽(부록 13쪽 사진 8장)
발행처	도쿄 수문관	소장처	일본 국회도서관

나는 작년 겨울 잠깐 여유가 생겨 남한 땅을 밟았다. 그 형세를 조금 시찰하고 귀국했는데 우연히 적선관(積善館)의 나카지마(中島) 씨가 나에게 경부철도안내 편찬을 부탁해 왔다. ……(1)실제 경부철도로 여행하려는 사람에게 도움을 주고, (2)지리역사 연구자의 안내서가 되고, (3)한국의 교육 일반에 대해 독자에게 조금이나마 참고자료가 될 수 있다면 저자의 큰 기쁨이 될 것이다.(자서)

[내용] 남한의 부산, 마산포, 밀양, 대구, 김천, 대전, 성환, 소사, 수원, 인천, 경성 등 각지의 견문을 112개 항목으로 설명한다. 부록의 목차를 아

99 모지(門司) : 일본 규슈의 지명.

래에 기재한다.

제목		제목		제목	
1	한국의 기후와 실업	5	산양철도와 경부철도의 연결	9	직산금광의 근황
2	인천의 기상(氣象)	6	37년의 부산무역	10	거문도 점령에 대한 이나가키(穗垣) 씨 주장의 개략
3	나가모리 씨의 한국에 대한 의견 일부	7	마산철도 공정	한일의정서	
4	한국의 재류일본인	8	군산 강경 간 교통		

252) 일본민족의 새로운 발전장 만한로영지지日本民族の新發展場 滿韓露領地誌

저자	오카베 후쿠조(岡部福蔵)	출판년월	1905년 8월
판형	국판	페이지 수	268쪽(부록 14쪽)
발행처	도쿄 보문관	소장처	일본 국회도서관

(1)이 책은 여러 중등학교 학생 및 소학교 수업의 참고용으로, 그리고 실업가 및 돈벌이를 하려는 일본인에게 참고를 제공하기 위해 편술한 것이다. (2)이 책은 일본과의 관계를 중시하면서 오로지 경제적인 방면에 중점을 두었다.(범례)

〈목차〉

제목	제목		제목		제목
「제1편 한국」	5	기후	11	공업	(지방지)
(총설)	6	농업	12	상업・무역	경기도를 비롯해 함경북도를 13절로 나누어 설명 /(부록 간도)

제목		제목		제목		제목
1	경역(境域) 및 인구	7	임업	13	교통	「제2편 만주」
2	행정	8	광업	14	화폐 및 금융	(각절 생략)
3	지세	9	어업	15	의식주	「제3편 절동로령(絶東露領)」
4	수계	10	목축 및 수렵업	16	한국의 재류일본인	(각절 생략)

253) 한국신지리韓国新地理 – 제국백과전서 제134편

저자	다부치 도모히코(田淵友彦)	출판년월	1905년 9월 (1912년 7판)
판형	국판	페이지 수	338쪽
발행처	도쿄 박문관	소장처	일본 국회도서관

저자는 문학가로서 도쿄 시습사時習舎의 사감을 지냈다. 다른 저서로 『만한여행기』(1907년, 262번 항목 참조)가 있다.

나는 단지 교수용(教授用) 교재를 제공하기 위해서 이 책을 편찬하는 것이 아니다. 한국의 현재를 이해하려는 사람에게 폭넓은 지식을 제공하고, 또한 지리학 연구자의 참고가 되기를 바라고 있다. ……한국산맥의 배치 및 계통에 대해서는 지난 해 고토 박사의 실지조사 결과가 발표된 바 있다. 이 책 역시 고토 박사의 보고에 많은 내용을 기대고 있다. 감사를 전한다.(서)

〈목차〉

편	제목
제1편	지문지리(地文地理)

편	제목
제2편	인문지리
제3편	팔도처지(處誌)

254) 청한여행편람清韓旅行便覧 – 일명 조선지나 기념품一名朝鮮支那みやげ

저자	가이노 고(改野曠)	출판년월	1905년 11월
판형	46배판	페이지 수	87쪽
발행처	오사카 오사카실업신문사	소장처	舊藏

저자는 오사카실업신문사 사주다.

올해 봄 대본영의 특별허가를 받아 직접 청한 양국의 도시와 시골을 두루 살펴볼 수 있었다. 각지에서 때로는 공사나 영사에게, 때로는 군인과 경찰에게, 때로는 관리와 선비, 서민에게 수많은 질문을 하고 가르침을 청했다. 때로는 다섯 치의 짚신발로 천리의 먼 길을 떠나 여러 조사를 했다. 일본에 돌아와 한 권의 책으로 엮었다.(자서)

〈목차〉

제목	제목	제목	제목
(한국 부분)	목포항	(청국 부분)	신민둔
부산항	마산	다롄	산해관
대구부	군산항	뤼순	톈진
경성	원산항 · 성진	진저우	베이징
인천항	토지매매법	다스차오	탕구
진남포	한인의 기호품	랴오양	즈푸

제목	제목	제목	제목
겸이포	한국 내지의 직업	평텐	
평양	여자행상과 여자의사	잉커우	

255) 신증동국여지승람新增東国輿地勝覧 상 · 중 · 하(3편)

저자	–	출판년월	1906년 2월
판형	국판	페이지 수	3440쪽
발행처	경성 후치가미 사다스케(淵上貞助)	소장처	구(舊) 경성대

성종 때 대명일통지를 본떠서 『동국여지승람』을 편찬했고(1481), 중종 때 이를 증보 · 정정해서 55권으로 만들었다(1531). 권두에 약도를 싣고 경기 및 각 도의 연혁, 풍속, 토산, 역원驛院, 시인의 제영題詠 등에 이르는 광범위한 영역을 담은 서적이다.

이 해제본은 당시 한국에 거주 중이던 와타세 쓰네요시, 니시카와 쓰테쓰西河通徹,[100] 후치가미 사다스케 등이 함께 간행을 기획하고, 시데하라 다이라(당시 한국정부 학부참여관)가 인천 일본영사관에서 소장하던 판본을 선정해 출판한 것이다.

일본인의 손으로 만들어진 『신증동국여지승람』 활자본은 이 해제본이 처음이다. 그 외에 『조선군서대계』 5책(1912), 『조선사학회본』 4책(1928)이 있으며, 또한 중추원이 간행한 『신증동국여지승람색인』 정통 2책(1937~1940)이 있다.

100 니시카와 쓰테쓰(1856~1929) : 에히메 출신의 메이지시대 신문기자. 자유민권을 주장하며 『가이난신문(海南新聞)』, 『시나노일보(信濃日報)』, 『아키타사키가케신보(秋田魁新報)』 등에서 기자, 주필 생활을 했다. 1895년 한성 통신원.

256) 한국여행보고서韓国旅行報告書

저자	호리우치 야스키치(堀内泰吉), 다케우치 마사카즈(竹内政一)	출판년월	1906년 2월
판형	국판	페이지 수	208쪽
발행처	고베고등상업학교	소장처	일본 국회도서관

이 책은 고베고등상업학교 생도 표기 외 1명의 한국시찰기로서 교장 미즈시마 데쓰야水島鉄也에게 제출한 보고서다.

> 작년 여름방학 때 한국내지의 경제 정태를 조사하라는 명을 받았다. 여기에 그 결과를 적어 보고서를 대신한다.(권두)

권말에 학생 도메고로留五郎의 보고서 「톈진잡화시찰복명서天津雑貨視察復命書」 19쪽이 첨부되어 있는데 아래 목차에서는 한국부분만 제시한다.

〈목차〉

장	제목	장	제목	장	제목
제1편 총론		제4장	임업	제5편 실업 기관	
제1장	한국여행	제5장	광산업	제1장	정부의 보호장려기관
제2장	한국의 개론	제6장	어업	제2장	교통기관
제2편 국민의 상태		제7장	공업	제3장	금융기관
제1장	정치, 종교 및 교육	제8장	상업	제4장	그 밖의 기관
제2장	의식주	제4편 한국의 농업		제6편 결론	
제3장	풍속 · 습관	제1장	한국과 농업	제1장	식민지로서의 한국
제3편 한국의 산업		제2장	한국농업과 생산요소	제2장	한국에서 일본인의 지위
제1장	농업	제3장	한국농업과 조직	제3장	한인사상의 변천
제2장	목축업	제4장	농산물	제4장	대한정책
제3장	원업(園業)	제5장	농업 결론		

257) 청한지관견清韓之管見

저자	사쿠라이 이치사쿠(桜井市作)	출판년월	1906년 4월
판형	46판	페이지 수	109쪽
발행처	니가타 저자	소장처	架藏

저자는 실업가로서 1872년 6월 니가타에서 태어나 호세이法政대학을 졸업하고 재단법인 적선積善조합의 전무이사, 니가타상업회의소 의원, 니가타 시장 등을 역임했다. 저서로는 『니가타항사新潟港史』(1912)가 있다. 이 책은 적선조합 전무이사 시절의 청한견문기다.

> 작년 9월 초에 친구 와카이 다네지로(若井種二郎) 군과 함께 한국과 청국을 만유했다. 깊게 생각하는 일은 내가 할 수 없는 부분이고……느끼는 대로 생각에 따라 적은 기록이다.(자서)

한편 저자 사쿠라이 이치사쿠는 1909년에 두 번째로 한국을 방문하고, 당시의 시찰기인 『근일록僅日錄』(1909년, 269번 항목 참조)을 간행하기도 했다.

〈목차〉

제목	제목
한국에서 일본이 세력을 휘두르지 못하는 이유	청국보전의 의미
한인을 대하는 방법여하	견외(遣外)대사의 폭렬탄(爆裂彈) 사건
한국의 경제적 발전	청국에서의 열국 간 세력관계
조선의 이면과 북릉(北陵)	한국경영과 통감
잉커우와 다롄	전쟁 이후, 만한지방과 일본 간 해륙 교통기관에 수반하는 해당 시의 장래 관계에 대하여(시참사회(市參事會) 보고)

제목	제목
다롄의 일본인	만한에서 일반 상공업의 정황(니가타상업회의소 보고)
지나인과 영국인	여행일기

258) 청한유종清韓遊踪

저자	가미무라 사이로쿠(上村才六)	출판년월	1906년 8월
판형	국판	페이지 수	132쪽
발행처	도쿄 도쿄당	소장처	架藏

저자의 호는 애검愛劍이고 문장가이며 시인이다. 『신시문新詩文』을 창간했으며 1906년 『이와테공론岩手公論』을 발간하고 사장이 됐다.

청한유종은 1903년 북청과 한국을 유람한 기행이다. 이제 와서 이것을 공개하려니 제때를 놓친 느낌도 들지만, 우선 자연의 풍물을 추억할 수 있고 또한 자연의 추이를 살펴볼 수 있을 듯하다. 다른 사람들이 추천하기에 인쇄한다.(범례)

〈목차〉

제목	제목	제목
서유(西游) 결정	경성에 들어가다	명사(名士)와 선사(仙史)
정도(征途)에 오르다	수감수록(隨感隨錄)	역방(歷訪)
주행(舟行)	객중의 위로	잡기
아카마가세키(赤間関)	경성의 위치	베이징을 떠나다
현해를 건너다	톈진	배에서 지낸 며칠
부산에 닿다	베이징	한양을 지나다
목포에서 임시 정박	여러 친왕(親王)	일본으로 귀향

제목	제목	제목
인천상륙	당나귀 등에서 지낸 며칠	부록

259) 만한시찰담滿韓視察談

저자	하야시 마사요시 術	출판년월	1906년 10월
판형	국판	페이지 수	56쪽
발행처	지바 니시노미야(西宮) 활판소	소장처	舊藏

이 책은 농상무성農商務省 지바현 촉탁 하야시 마사요시林正義의 시찰담을 필기한 것이다. 권두에 안도 슈쿠타로安藤肅太郎의 속기, 저자한정판, 비매품이라고 적혀 있다. 목차는 생략하고 내용을 발췌해 둔다.

〈내용〉

제목	제목	제목	제목
다롄	잉커우	푸순	인천
뤼순 입구	하이청	봉황성	한국의 어업
진저우	랴오양	안동현	지바 마을 이야기
가이핑	톄링	온천	
다스차오	펑톈	한국	

260) 만한순유선滿韓巡遊船

저자	–	출판년월	1906년 12월
판형	국판	페이지 수	304쪽
발행처	도쿄 오사카아사히신문사	소장처	舊藏

이 책은 도쿄 오사카아사히신문사가 러일전쟁의 만한전쟁터 시찰을 위해 1906년 7월 25일 요코하마에서 순유선(巡遊船) 로셋타마루(ロセッタ丸)로 출항하여 8월 25일까지 한 달 동안 순유했던 일기다.(머리말)

순유일정에 따라 스기무라 소진칸杉村楚人冠, 기사키 히로나오木崎弘尙 등의 순유일기를 기록했고, 부록으로 참가회원의 유람 도중 소감을 실었다.

261) 만한여행기념호滿韓旅行記念号

저자	―	출판년월	1907년 3월
판형	국판	페이지 수	144쪽
발행처	학습원 보인회 (学習院輔仁会)	소장처	舊藏

1906년 여름방학을 맞아 정부의 후원으로 전국 학생들이 만한을 여행했다. 이 책은 학습원 학생들의 여행기를 수록한 것으로서, 인솔 교관 시라토리 구라키치의 서문이 권두에 실렸다.

우리 학습원 학생들 중에서 14명이 이번 여행에 참가하게 되었다. 나는 감독자의 일원으로 동행을 명령받았다. ……최근 만한여행을 함께 했던 우리 학원 학생들이 이번 여행을 기념하기 위해 각자 기행문을 써서 소책자를 만든다며 나에게도 기고를 요청했다. 나는 원래 만한에 관한 일이라면 지나치게 흥분하고 만다. ……과거 러일전쟁 때 나는 시국에 관한 누견을 밝히는 글을 몇 편 쓴 적이 있다. 예전에 쓴 글이긴 하지만 여기에 전재

하여 이번 기유(紀遊)를 대신하고자 한다.(서문)

〈목차〉

제목	제목
러시아 국민과 아시아 민족의 관계	만주 소식(오카다 도카(岡田東華))
우리나라가 강성해진 역사적 원인에 대하여	만한여행 가방의 먼지(가노 히사아키라(加納久朗))
일본에 대한 조선의 역사적 정책	백억 금의 보물창고(미조구치 나오스케(溝口直介))
만주의 과거 및 미래	만한여행 잡감(모리 도쓰로(森訥郞))
아시아연구는 전후의 일대 사업이다 (시라토리 구라키치)	비오는 뤼순항(S · S생)
푸순탄광 이야기(에이조(栄城))	만한지방 여행일기의 일절(나카고(中五), 하루키(晴旭))
만한여행일기(여행단원)	만한여행일지의 일절(고이즈미생(小泉生))

262) 만한여행기滿韓旅行記

저자	다부치 도모히코 編	출판년월	1907년 6월
판형	국판	페이지 수	194쪽
발행처	도쿄 시습사	소장처	架藏

이 책은 시습사가 러일전쟁 후 1906년 여름에 만한견학을 위해 사원 20여 명을 파견했을 때의 여행기다. 편자 다부치는 『한국신지리』(1905년, 253번 항목 참조)의 저자이며 당시 사감으로서 동행했다.

우리 시습사는 해마다 여름휴가를 이용해 함께 여행을 떠난다. ……올해 여름휴가는 육군성 및 문부성이 학생단체에게 만한여행의 편의를 제공했는데, 이를 기회로 대륙의 들판에서 커다란 활동을 시도할 수 있었다. …… 그 기념으로 견학을 기록하고 동유동호(同遊同好)의 사람들에게 배포할 요

량으로 내가 약기한 내용에 가스가이(春日井) 사감의 일기 등을 참조해서 편술한 것이 이 여행기다.(서언)

〈목차〉

제목	제목	제목
도쿄 출발	남산의 점령 강화	안동현 도착
모지(門司) 출항, 현해탄 항해	잉커우	안동현 강화
조선해상의 경관	잉커우 무역담	한반도에 들어가다
압록강 전투 및 하마탕(蛤蟆塘) 전투의 실전담	랴오양 관람	평양 모란대를 방문하다
다롄 상륙	동계관산과 북포대 점령의 실전담	경성으로 향하다
뤼순 입구를 향해	푸순탄광을 보다	경성 관람
203고지에 오르다	톄링	경복궁 · 창덕궁 배관
뤼순항구의 폐색선	펑톈	인천 견문
동계관산(東鷄冠山) 북포대(北砲臺)	북릉(北陵) 및 구전(舊殿)을 배관	인천항 무역의 과거와 현재
동계관산 북포대의 점령 강화(講話)	봉안철도에 타다	경성 출발, 본국으로 향하다
남산의 전장을 추도하다	한촌(寒村) 초하구(草河口)	만진한개(滿塵韓芥)

263) 한국만유안내韓国漫遊案内

저자	호리카와 엔(堀川遠)	출판년월	1907년 9월
판형	36판	페이지 수	80쪽
발행처	경성 성문당	소장처	시카타문고

이 책은 먼저 한국의 종단선이 되는 경부 · 경의 양 철도 및 그 지선, 그리고 이와 밀접한 관계가 있는 도시, 주요 항구에 대한 안내로 시작한다. 경성 · 인천 · 평양 · 진남포를 중심으로 여기에 그 근교의 명구승지(名區勝地), 각 관아, 여러 회사, 여관, 그리고 숙박료, 교통비, 한국화폐의 명칭, 여

행에 필요한 한어회화 일부 등을 첨부했다.(서언)

〈목차〉

제목	제목	제목
서언	용산안내	진남포안내
철도안내	인천안내	한국화폐의 명칭
경성 및 부근안내	평양안내	여행에 필요한 한어회화

264) 심수한산瀋水韓山 – 일명 만한기행滿韓紀行

저자	기타무라 사이지로(北村才次郎)	출판년월	1908년 3월
판형	46판	페이지 수	107쪽
발행처	–	소장처	舊藏

저자는 나가노현 우에다上田중학교 교사다. 1906년 여름 전쟁이 끝난 다음 만주와 한국 견학을 위해 학생들을 인솔했을 때 쓴 기행문이다. 출판사명은 적혀 있지 않은 것으로 보아 저자한정판인 것 같다.

> 올해 7월 문부성이 전국 3천5백 명의 학생에게 만한시찰을 경험시켜 준 것은 대단히 적절하며 마땅히 해야 할 일이다. ……나는 우에다 중학교에서 일하고 있으며 감독원의 말단으로 학생들과 함께 여행할 기회를 얻게 된 것을 스스로도 다행이라고 느끼고 있다. 그때 기록한 것에 심수한산이라는 제목을 붙였다.(자서)

〈목차〉

제목		제목		제목	
상권		중권		하권	
1	여행단체, 출발 전	1	펑톈부	1	평양
2	출발, 히로시마 집합	2	톄링·랴오양	2	경성·인천
3	우지나(宇品) 출발, 모지 경유	3	잉커우·펑톈	3	경부철도, 부산 출항
4	조선근해, 다롄 상륙	4	안봉철도·안동현	4	바칸(馬関)에서 해산, 이쓰쿠시마(厳島) 참배
5	뤼순 입구			5	귀향
				기여잡대(記余雜戴)	
				사진 7장	

265) 한국철도선로안내韓国鉄道線路案内

저자	–	출판년월	1908년 4월 (1911년 5월)
판형	국판	페이지 수	64쪽
발행처	경성 통감부 철도관리국	소장처	–

이 안내서는 공무 중 시간이 있는 담당자에게 편찬하게 한 것으로 기존의 안내서와 각 역장의 보고서 등을 재료로 삼았다. 그렇지만 원래 한국에서는 각지의 호수·인구·연혁 등에 관한 확실한 재료를 얻기 곤란한 면이 있으며, 단시일에 원고를 마무리하다 보니 다소 엉성한 부분이 발생할 수밖에 없었다. 이러한 문제는 후일 적당한 시기에 증보를 더해 완성을 기할 것이다.(머리말)

1911년 『조선철도선로안내』라는 증보판이 새로 출판되었다.

〈목차〉

제목	제목	제목
경부선	조선철도의 연혁	인천지선
경의선	경부본선	겸이포지선
(부도, 사진 등)	경의본선	진남포지선
(제2판 목차)	마산지선	(부도, 사진 등)

266) 조선의 지질지리적 여행기朝鮮の地質地理的旅行記, Journeys though Korea – 도쿄제국대학 이과대학기요 제20책 제2편

저자	고토 분지로	출판년월	1909년 6월
판형	46배판	페이지 수	207쪽(도판35, 지도1)
발행처	도쿄제국대학	소장처	도쿄대학

1900년과 1902년에 2회에 걸쳐 14개월 동안 조선의 지질구조, 특히 남선南鮮의 지질을 조사한 고토 분지로 박사의 보고서다. 전문 영문으로 적힌 보고서로 제1 · 제2분책 2책으로 이루어져 있다. 저자의 업적에 대해서는 243번 항목 참조.

참고로 고토 박사의 조사를 보완한 것으로 같은 대학 야베 히사카쓰矢部長克 박사가 『도쿄제국대학 이과대학기요』 제21책 제5편(1906)과 제23책 제9편(1908)에 중생층中生層의 화석 다수를 발견해 그 결과를 발표했다.

〈목차〉

장	제목
	Introduction
I	The First Traverse=Fusan, Ma-san-pho, Chin-jyu, Note on the Geology of the Tract between Mok-pho and Sun-chhyang via Nam-pyöng, Tong-pok and Ok-koa
II	The Second Traverse=Mok-pho, Koang-jyu, Nam-uön, Tai-ku, Yöng-il, Kyöng-jyu
III	The Third Traverse=Kun-san, Chyön-jyu, Chinan, Mai-ka, Quelpart
IV	Summary
	Contents
	Plates

이 보고서의 제2분책은 평안도「홀동금산의 지질과 광산笏洞金山の地質と鑛産」이라는 제목으로 같은 기요로 간행되었다(267번 항목 참조).

267) 조선의 지질지리적 여행기朝鮮の地質地理的旅行記 홀동금산의 지질과 광산笏洞金山の地質と鑛産, Journeys though Korea. Contrib

– 도쿄제국대학 이과대학기요 제27책 제12편

저자	고토 분지로	출판년월	1910년 6월
판형	46배판	페이지 수	32쪽(도판4, 지도1)
발행처	도쿄제국대학	소장처	도쿄대학

〈목차〉

장	제목
	Introduction
A	Topographic Features
B	Geology of the District
C	Ore-Deposits

장	제목
D	Origin of the Ore-Deposits
E	Analyses of Ores
F	The Working of the Mine
G	Auri-ferous Localities in the Environs of the Hol-gol Mine
	Contents
	Plates Ⅰ-Ⅳ

268) 동국명산기東国名山記

저자	성해응(도쿄외국어학교 한국교우회 번각)	출판년월	1909년 7월
판형	화장	페이지 수	51장
발행처	경성 일한서방	소장처	舊藏

이 책은 명산승수기로 알려진 성해응成海應의 저서 『동국명산기』를 번각한 것이다. 성해응은 정조 때 사람으로 창녕 출신이다. 용여龍汝, 연경재研經齋를 호로 썼고 문장이 뛰어나 저술이 많다. 이 책은 도쿄외국어학교 한국교우회 사업의 일환으로 출판된 것으로 경성의 일한서방이 발행・배포했다.

[내용] 경도京都, 기로畿路, 해서海西, 관서, 관북, 호중湖中 등으로 나누어 각각의 명승지를 적은 안내서다.

269) 근일록僅日録

저자	사쿠라이 이치사쿠	출판년월	1909년 9월
판형	국판	페이지 수	134쪽
발행처	–	소장처	舊藏

사쿠라이 이치사쿠는 실업가로 1872년 6월 니가타에서 태어났다. 호세이대학을 졸업하고 재단법인 적선조합 전무이사, 니가타 상업회의소 의원, 니가타 시장 등을 지냈다. 1905년 9월에 한국 및 북청 · 남청을 여행하고 『청한지관견』(1906년 4월, 257번 항목 참조)을 남겼다. 『근일록』은 1909년 2월 두 번째 도한 당시에 남긴 시찰기다.

올해 2월 니가타 시의 용무로 간사이(関西), 규슈(九州) 각지의 수도(水道)를 시찰했는데, 운 좋게도 열흘의 여유가 생겨 다시 한국을 방문하고 경성을 거쳐 평양에 이르렀다. 지난 번 방문과 비교하여 그 진보한 모습에 매우 놀랐다. ……짧은 기간이었지만 이번에 언뜻 본 소감을 기록하여 친구들에게 알리고자 한다.(서)

이 책은 비매품으로 사가한정판이다.

〈목차〉

<table>
<tr><th>장</th><th>제목</th><th>장</th><th>제목</th><th>장</th><th>제목</th></tr>
<tr><td>제1장</td><td>3년간에 걸친 한국의 진보</td><td rowspan="2">제5 ~6장</td><td rowspan="2">한국의 상업과 공업</td><td>제10장</td><td>북한 청진과 우리나라 니가타</td></tr>
<tr><td rowspan="2">제2 ~3장</td><td rowspan="2">통감정치와 한국정치의 관계</td><td colspan="2">부록(재방한 단신)</td></tr>
<tr><td rowspan="2">제7 ~9장</td><td rowspan="2">한국의 농업</td><td colspan="2">사진 몇 장</td></tr>
<tr><td>제4장</td><td>한국의 정치와 실업의 관계</td><td colspan="2"></td></tr>
</table>

270) 조선각도저명지일람표朝鮮各道著名地一覽表

저자	한국주차헌병대본부	출판년월	1910년 1월
판형	절본(折本)	페이지 수	1매
발행처	경성 한국주차헌병대본부	소장처	架藏

이 표는 1909년 12월 말의 조사에 입각하여 한국주차헌병대본부 대원이 휴대할 수 있도록 절본으로 만들어졌다.

이 표는 각 헌병분대의 조사보고를 기초로 주로 관구장(管區長) 소재지의 넓이 · 호수 · 인구 · 관아, 그 외 각 지역의 옛 유적을 기록한 것이다. ……전국을 13도로 나눈 것은 1895년이다. 각 도의 처지(處誌)는 개별적으로 개요를 서술한다.(서언)

271) 속제국대지지 한국남만주続帝国大地誌韓国南満洲

저자	노구치 야스오키(野口保興)	출판년월	1910년 2월
판형	국판	페이지 수	218쪽
발행처	도쿄 메구로서점(目黒書店) 성미당서점(成美堂書店) 합재(合梓)	소장처	架藏

이 책은 내가 이전에 발표한 제국대지지의 속편으로, 우리의 보호국인 한국과 함께 특수한 관계에 있는 남만주에 대한 지리학적 연구사항의 대략을 기술한 것이다. 중등과정 정도의 지리과 교수자료로 사용되기를 기대한다.(예언)

〈목차〉

제목
한국
주민
정치
생업
처지(處誌)
부록 각종 통계표
(지도 · 사진 등)

272) 일한고적日韓古蹟

저자	오쿠다 나오키	출판년월	1910년 4월 (동년 7월 재판)
판형	국판	페이지 수	162쪽
발행처	경성 일한서방	소장처	도쿄경제대학

저자의 호는 경양鯨洋이고 당시 경성일보 기자였다. 훗날 조선총독부 도서관원을 맡았다.

나는 몇 년 전부터 한국 경성에 머무르면서 반도사를 즐겨 연구했고, 여기서 한발 더 나아가 일한전쟁사까지 다루게 되었다. 문필활동으로 분주하다 보니 충분히 연구할 수 있는 여유는 없었지만, 일한사적에 관한 글을 써서 경성일보사 지면에 연재하고 여기에 연구와 보정을 더한 것을 출판하여 동호의 지식인들에게 배부하려고 한다.(자서)

속편으로 『속일한고적續日韓古蹟』(1911년, 282번 항목 참조)이 나왔다.

〈목차〉

제목		제목		제목		제목	
1	동래성의 용사	11	포로가 된 두 왕자	21	6경주 전투	31	강화담판
2	기요마사(清正)의 길안내	12	기요마사와 간도	22	진주성 함락	32	선조 몽진 지역
3	작원관(鵲院關) 함락	13	기요마사의 호랑이 사냥	23	간 로쿠노스케(菅六之助)의 명도	33	정한일지
4	험난한 조령과 충주성	14	항평산(亢平山) 전투	24	울산 신새(新塞)의 전투	34	왜관에서 일어난 일
5	선봉대의 전투	15	벽제리 전투	25	울산 전투	35	신공황후 시대
6	경성과 임진왜란	16	용산창고의 소실	26	황석산 전투	36	임진왜란과 관우묘
7	한(韓) 장수 권율의 용맹	17	거제양(巨濟洋)의 해전	27	남원성 함락	37	이태원의 일본마을
8	임진강 전투	18	벽파정(碧波亭)의 해전	28	전주에서의 패배	38	모하당
9	개성 함락	19	한산도	29	직산 전투	39	일한역사와 산
10	분로쿠(文祿)와 평양	20	순천 해구의 전투	30	정한군의 실력	40	히데요시 독살설

273) 일한사적日韓史蹟

저자	아오야기 쓰나타로	출판년월	1910년 6월 (동년 재판)
판형	국판	페이지 수	324쪽
발행처	경성 마치다 문림당(町田文林堂)	소장처	架藏

저자의 호는 난메이고 사가佐賀현 사람이다. 1899년 상경해서 도쿄철학관에서 수학했다. 1901년 9월에 오사카마이니치신문사 통신원으로 한국에 건너갔으며 나주 및 진도 우편국장을 역임했다. 1909년 한국정부 재정고문부 재무관이 되었고, 그 후 궁내부 촉탁으로 내각에 들어가 도서기록에 종사한다. 이조사의 편찬에도 관여했지만 완성을 보지 못하고 일한병합과 함께 관직에서 물러난 뒤로는 조선연구회를 설립해 조선고서 간행에 진력했다. 아오야기의 사업 및 저작 등에 대해서는 147번 항목을 참조.

『일한사적』은 풍태합의 한국정벌과 관련된 사적, 즉 분로쿠 게이초의 역에서 일본과 한국의 수많은 영웅호걸들이 서로 다투고 분투한 역사를 다룬 것이다. ……『일한사적』은 올해 1월부터 5월까지 조선일보에 연재되었는데……이를 교정 · 보충해서 출판하게 되었다. ……『일한사적』의 전편이 겨우 완성되었고, 이어서 후편을 준비하는 중인데 생업이 바빠서 여유가 많이 없다. 적당한 시기를 살펴 『속일한사적』이라는 제목으로 편찬하여 독자에게 바칠 예정이다.(예언)

〈목차〉

제목		제목		제목		제목	
1	서언	14	길주성	27	장문포	40	사천신채
2	부산진	15	함흥성의 두 왕자	28	한산도	41	순천성
3	동래성	16	연안성	29	황석산 전투	42	노량 전투
4	작원관	17	회령부	30	남원성	43	분로쿠역과 3대묘
5	김해성	18	경성(鏡城)	31	전주	44	노량묘비
6	상주성	19	평양성	32	강진성	45	나고야성터
7	탄금대	20	경주성	33	소사	46	모하당
8	충주	21	행주산성	34	창원성	47	가토 기요마사와 송운(松雲) 선사
9	한강 전투	22	개성	35	명량해협	48	왜구
10	임진강 전투	23	벽제관	36	순천바다의 전투	49	백마강
11	용인 전투	24	거제도	37	임진왜란과 부산	50	제주도
12	해정창	25	진주성	38	성주성		
13	함흥성	26	한양성	39	울산성		

274) 한국명소고적약설韓国名所古跡略說

저자	한국주차헌병대본부	출판년월	1910년 6월
판형	수진판	페이지 수	217쪽
발행처	경성 한국주차헌병대본부	소장처	架藏

이 책은 한국의 각 헌병분대가 조사한 내용을 기초로 이미 간행된 바 있는 전국의 저명지역 일람표에 게재된 명소고적을 편집한 것이다. 저명지역 일람표의 부록에 해당한다고 볼 수 있지만 여기에 얼마간 증보와 정정을 더하여 단행본으로서 손색없게 만들었다.(범례)

〈목차〉(각 도의 순서는 대략 아래 기재한 지역들을 중심으로 북쪽으로 올라갔다가 동쪽으로 돌아서 남하하는 순서를 따르고 있다)

제목	제목	제목	제목
경기	영변	경북	전주
경성	함북	대구	충남
황해	경성(鏡城)	경남	공주
해주	함남	진주	충북
평남	함흥	전남	청주
평양	강원	광주	
평북	춘천	전북	

275) 청한만유여력淸韓漫遊余瀝

저자	쇼다 가즈에(勝田主計)	출판년월	1910년 7월
판형	국판	페이지 수	404쪽
발행처	도쿄 저자	소장처	일본 국회도서관

저자[101]는 구 마쓰야마松山번사 집안에서 태어났다. 1895년 도쿄제국대학 법과대학 정치학과를 졸업하고 곧장 대장성에 들어가 세관사무관·대장서기관을 거쳐 이재理財국장에 올랐다. 1910년 제3차 가쓰라桂 내각의 대장성 차관 및 1913년 제1차 야마모토山本 내각 대장성 차관을 거쳐 이듬해 귀족원 의원에 칙선되었고 이어서 조선은행 총재가 됐다. 이후 데라우치寺內 내각, 기요우라淸浦 내각의 대장성 대신을 역임했고, 1928년 다나카田中 내각의 문부성 대신이 되었다.

101 쇼다 가즈에(1869~1948) : 에히메현 출신의 메이지~쇼와시대의 재정가·정치가. 태평양 전쟁이 벌어지자 일본은 망한다며 절망했다고 한다.

작년 여름 청한 방면을 여행한 적이 있는데 동양협회의 가도타(門田),[102] 모리(森) 두 사람이 강하게 요청하여 일반적인 청한관계의 소견을 십 여 차례에 걸쳐 이야기한 것이 동양시보에 연재되었다. ……지금 이를 보니 사실과 달라진 점들이 있으나 수정하고 첨삭할 여유가 없어서 그대로 인쇄했다.(서언)

〈목차〉

제목	
제1	여정
제2	한국 소견
제3	만주 소견
제4	지나 부분 소견

한국 부분의 소제목만 따로 기재한다.

〈소제목〉

제목
한국재정 대강
경제 대강
무역 대강
농업 대강
공업 대강
광업 대강
교통기관 대강
동양척식회사
잡담

102 가도타 마사쓰네(門田正経, 1862-1924) : 에히메현 출신의 메이지시대 신문기자.

276) 만한만유일기滿韓漫遊日記

저자	쓰네마쓰 다카요시(恒松隆慶)	출판년월	1910년 8월
판형	국판	페이지 수	68쪽
발행처	도쿄 저자	소장처	架藏

저자[103]는 1853년 시마네현 이시미石見에서 태어나 1881년 현회 의원이 되었다. 1894년 중의원 의원에 당선, 정우회 간부로 활약했으며 실업저금주식회사 상담역을 맡기도 했다. 이 책은 저자가 1905년 5월 경부철도개통식 참례, 그리고 러일전쟁 이후 만주시찰 길에 올라 7월 3일 귀국할 때까지 한 달 남짓한 기행을 기록한 것이다. 목차는 없으나 내용은 모두 일기체로 적혀 있다. 산업 · 경제 · 사회 · 풍속 등을 다루고 있으며 사가한 정판으로 나왔다.

> 만한만유일기는 러일전쟁 당시 군대 위문과 점령지 시찰을 겸해 그 땅에 멀리 외유했을 때의 기행을 발췌하여 기록한 것이다. ……일한병합이 이루어진 지금 생각해보면 시세의 변천과 사물의 발전이 놀라워서 감탄을 금할 수가 없다. 그야말로 온고지신의 마음으로 작은 책 한 권을 내놓아 부끄러운 마음으로 욕우(辱交) 제현에게 보낸다.

103 쓰네마쓰 다카요시(1853～1920) : 시마네현 출신의 메이지～다이쇼시대의 정치가 · 실업가.

277) 조선신지리朝鮮新地理

저자	지리연구회	출판년월	1910년 10월
판형	국판	페이지 수	256쪽
발행처	오사카 다나카 송영당(田中宋栄堂)	소장처	도쿄경제대학

병합 이후 오늘날에 이르러 동화설이 성행하고 있다. 만약 동화를 추진하려면 우리는 반드시 그들의 지리, 인정 등에 대한 지식을 가지고 있어야 한다. ……책의 구성은 지문(地文) · 인문 · 지방지의 세 편으로 나누어지며 가급적 독자에게 실익이 되는 내용을 다루고자 했다. 또한 병합이 이루어진 오늘날의 새로운 상황도 조사했다. 신지리(新地理)의 새로움을 잃지 않기 위해서다. 본 연구회에서는 실측상밀조선신지도(實測詳密朝鮮新地圖)를 작성한 바 있다. 이 지도를 왼편에 두고 오른편에는 책을 펼쳐서 전권을 통독하고 지식을 얻음으로써 진실한 신지리를 이해하기를 바란다.(서언)

〈목차〉

장	제목	장	제목	장	제목
제1편 지문		제7장	기상	제3장	교육
제1장	조선	제8장	조류	제4장	정치
제2장	지세	제9장	조석	제5장	화폐
제3장	지질	제10장	생산물	제6장	산업
제4장	산맥	제2편 인문		제7장	교통
제5장	수류(水流)	제1장	주민	제8장	통신기관(우편전신 및 전화)
제6장	기후	제2장	종교	제3편 지방지(13도)	

278) 조선지나 지명사휘朝鮮支那 地名辞彙

저자	네고로 요시토시(根来可敏)	출판년월	1910년 10월 (1913년 11월 4판)
판형	수진판	페이지 수	617쪽
발행처	도쿄 공동출판주식회사	소장처	도쿄경제대학

저자는 지리학 연구자로 『지리사전』, 『지나의 쿨리支那の苦力』[104](1920) 등의 저서를 남겼다.

젊은 시절부터 매일 먹는 밥만큼이나 여지학(輿地學)을 즐겼다. 그렇지만 평소 지명을 찾고 고증하는데 곤란을 겪은 적이 한두 번이 아니었고, 예전에 간행했던 졸저 지리사전을 보니 부족함을 보충하고 지명을 추가해서 보다 폭넓게 편찬해야겠다는 생각이 들었다. 그 뒤로 사정이 허락하는 한 열심히 재료를 모으다 보니 그 양이 의외로 방대해져서 출판하기 쉽지 않았다. 몇 개의 나라와 지방으로 나누어 차례로 정리하기로 마음먹고, 우선 조선과 지나의 지명을 다듬어서 인쇄한 것이 이 책이다.(자서)

[내용] "지명의 칭호는 물론 원래 이름을 따라야겠지만, 여기에서는 편의상 통속적인 일본식 발음을 따른다. ……권말에 50음 색인 및 획인 색인을 첨부한다."

104 지나의 쿨리支那の苦力: 육체노동에 종사하는 하층의 중국인 · 인도인 노동자. 19세기에 아프리카 · 인도 · 아시아의 식민지에서 혹사당하였다.

279) 조선지명색인朝鮮地名索引

저자	조선주차군사령부	출판년월	1910년 11월
판형	46판	페이지 수	45쪽
발행처	–	소장처	架藏

이 색인은 한자사전 양식을 바탕으로 편찬한 것으로 같은 획에 속하는 지명은 다음 글자의 획수에 따라 순서대로 배열했다. 지명 밑에 이수(里數)를 기재하여 거리를 나타내고 조사에 편의를 주고자 그 개략을 표시했다. 거리를 나타내는 기준이 되는 지명은 가급적 유명한 도와 부를 중심으로 삼았다. 그밖에 경부·경의 두 철도의 정거장 소재지를 기재했다.(범례)

[내용] 한자 자획에 따른 지명, 군도 및 거리와 함께 부록으로 「조선 각도 개설」을 첨부했다.

280) 조선신지지朝鮮新地誌

저자	아다치 리쓰엔	출판년월	1910년 12월
판형	국판	페이지 수	315쪽
발행처	오사카 적선관	소장처	架藏

저자는 문필가로서 본명은 시로키치四郎吉, 호는 리쓰엔栗園이다. 『조선지』(1894년, 92번 항목 참조)를 비롯해 『대만지台湾志』, 『과거 해상의 일본인』(1897), 『동양윤리대강東洋倫理大網』(1903), 『신불습합변神佛習合弁』(1905) 등 많은 저서가 있다.

소년 여러분을 위해서……조선반도의 지지를 논하고 여기에 더하여 과거의 역사를 통해 합병이 이루어진 이유를 밝히니, 이를 통해 새로운 영토에 대한 지식을 쉽고 확실하게 익히는 것이 이 책 발행의 목적입니다.(예언)

〈목차〉

장	제목	장	제목	장	제목
제1장	위치와 면적	제7장	교통과 운수	제13장	교육과 종교
제2장	연안과 항만	제8장	국산과 무역	제14장	조선소사(朝鮮小史)
제3장	지세와 도서	제9장	정치와 군비	제15장	조선외교사
제4장	산맥과 하류	제10장	인종과 계급	제16장	조선합병의 전말
제5장	1독부(督府) 13도	제11장	기후와 풍토	제17장	조선에 관한 일화
제6장	도시와 그 연혁	제12장	의식주와 풍속	제18장	조선의 새로운 귀족

281) 조선명승기朝鮮名勝記

저자	와타나베 고(渡辺豪), 니노미야 겐지로(二宮謙次郎)	출판년월	1910년 12월
판형	46판	페이지 수	302쪽
발행처	경성 조선명승기 편찬소	소장처	舊藏

반도 13도의 명승구적 중 중요한 것은 물론 아직 사람들이 잘 모르거나 오랫동안 알려지지 않은 것들을 망라하는 일에 집중했다. 또한 그 역사적 사실에 대해서는 각종 신구서적을 섭렵하여 최대한 정확을 기하고자 했다.(예언)

[목차] 서두에 '조선연혁의 대요'를 논하고 13도의 명승을 기술한 뒤에

말미에 '조선개요'를 첨부했다.

282) 속일한고적續日韓古蹟

저자	오쿠다 나오키	출판년월	1911년 2월
판형	국판	페이지 수	341쪽
발행처	경성 일한서방	소장처	도쿄경제대학

정편 『일한고적』(1910년, 272번 항목 참조)과 합쳐서 한 권을 이루는 책이다. 저자 오쿠타의 호는 경양鯨洋이며 경성일보 기자를 거쳐 총독부 도서 관원이 되었다.

〈목차〉

제목	제목	제목	제목
일한외교의 파탄	나고야에서 사카이하마(堺浜)까지	징비록(유성룡 저)	징비록 권4
히데요시의 이간책	기요마사와 유정(惟政)	징비록 권2	유신 이후 잡지
강화사의 도일	(부록)	징비록 권3	

283) 블라디보스토크 북조선 시찰보고浦潮斯德北朝鮮 視察報告

저자	1911년 10월	출판년월	–
판형	국판	페이지 수	25쪽
발행처	니가타현 스즈키 요시야 (鈴木良也)	소장처	일본 국회도서관

니가타현은 1907년 7월 실업가의 해외시찰단을 조직해 순항선을 보냈다. 제2차 계획으로 이루어진 시도였다.

사람들은 천 톤 이하의 작은 배가 매우 위험하다고 한다. 시찰원 22명…… 우리는 30일간의 해상생활이 매우 안전하다는 것을 증명하는 한편, 원래 바다에 대한 사상이 풍부했던 우리 현민들에게 경종을 울리고 미래를 향해 힘차게 나아갈 것을 제안한다.(서언)

〈목차〉

제목	제목	제목	제목
서언	나남	서호진 및 함흥	경성
블라디보스토크	경성(鏡城)	원산진	잡관(雜觀)
텐진항	성진	부산	결론

284) 일본해지대안日本海之対岸

–블라디보스토크 북조선 순항시찰기浦潮北朝鮮巡航視察記

저자	하야시 세이지(林靜治)	출판년월	1911년 12월
판형	국판	페이지 수	279쪽
발행처	니가타시 적선조합	소장처	시카타문고

저자는 재단법인 적선조합(니가타시)의 주사主事다.

올해 여름 우리 현의 주최로 순항선을 파견하여 블라디보스토크와 북조선을 시찰했다. 불초소생도 다행히 그 일원으로 약 한달 동안 다른 사람들과 동행하며 각지를 돌아볼 수 있었다. 주로 여행 중의 행동을 니가타신문에 송신하는 일을 맡았으며 그밖에 사민(斯民), 국민신문, 다카타일보(高田日報), 니가타공우(新潟公友) 등에도 보고했다. 중복으로 인해 번잡한 느낌도 있지만 훗날의 기념으로 삼기 위해 이를 빠짐없이 모아서 편집했다. ……조선의 상세한 정황에 관해서는 불초소생의 부족한 견문과 보도를 대신하기 위해 『북한안내』, 『북조선안내』 등의 저자에게 청하여 책 내용 중 일부를 초록했다.(머리말)

〈목차〉

제목	제목	제목	제목
대략적인 블라디보스토크 개관	원산에서	고도 평양에서	조선의 외국무역
북선 청진에서	원산 개견(概見)	하기노(萩野)[105] 박사의 조선담	(사진 몇 장)
북선의 정황	북선의 교육과 경제계	시모오카(下岡)[106] 농무국장	
경성(鏡城)에서	부산에서	조선의 농업상태	
성진에서	경성 · 인천에서	가노(加納) 자작의 조선관찰 의견	

285) 조선지朝鮮誌

저자	요시다 에이자부로	출판년월	1911년 12월
판형	국판	페이지 수	906쪽
발행처	경성 마치다 문림당	소장처	시카타문고

105 하기노 요시유키(萩野由之, 1860～1924) : 일본의 역사학자이자 국문학자. 도쿄제국대학 명예교수로 문학박사다.

106 시모오카 주지(下岡忠治, 1870～1925) : 효고현 출신의 메이지～다이쇼시대의 관료 · 정치가.

저자는 도쿄부 출신으로서 일본법률학교를 졸업한 후 1906년 한국으로 건너가 통감부와 조선총독부에서 사무관을 역임했다. 토지조사국 감사관을 마지막으로 관직을 그만두고 동양척식회사에 입사해 각지 지사장을 거쳐 서선합동전기회사 전무이사, 평양상공회의소 특별의원 등을 지냈다. 저서로 『조선서화가열전』(214번 항목 참조)을 비롯해 『거류민단법요의居留民団法要義』, 『면제의해』, 『궁시의해』 등이 있다.

> 나는 조선에 6년간 거주하면서 공무 혹은 사적으로 연안 및 내륙을 여행할 기회를 십여 차례 얻을 수 있었다. 기존의 개항시장과 각 도의 주요 도읍을 비롯해 철도연선의 각 역까지 발자취를 남기지 않은 곳이 드물 정도였다. ……이 글에서 지지(地誌)에 관한 부분은 다른 저자들과는 선택을 달리하여 편찬했는데 하나의 조선부군지로서 부족함이 없고……권두에 총설 1편을 더해 조선지라는 제목을 붙였다.(서)

〈목차〉

제목	제목	제목	제목
연혁	사회계급	임업	충청북도
위치	풍속습관	상업	충청남도
경계	인구	무역	전라북도
넓이	호적	관세	전라남도
연안	종교	도량형	경상북도
지세	교육	공업	경상남도
산악	위생	광업	황해도
해류조석	경찰	수산업	강원도
기상	사법	재정경제	평안남도
토산물	통치기관	통신	평안북도

제목	제목	제목	제목
인종	농업	교통	함경남도
언어문자	척식사업	경기도	함경북도

286) 일선고대지명연구日鮮古代地名の研究

저자	가나자와 쇼자부로	출판년월	1912년 6월
판형	국판	페이지 수	31쪽(로마자 18쪽)
발행처	경성 조선총독부	소장처	架藏

저자는 언어학자이며 문학박사다. 간략한 전기에 대해서는 4번 항목 참조.

이 논문의 취지는 한(韓)종족인 백제 · 고구려 또한 원래는 맥(貊, 고음(古音) pak)족에 속하는 바 조선 주민의 대부분이 북방종족의 남하로 이루어졌다는 것을 언어적인 측면에서 입증하고, 일본 및 조선의 옛 지명 사이에 깊은 관계가 있다는 사실을 주장하는 것이다.

본문 31쪽에 독일어로 된 보충 글 18쪽을 첨부했다. 오스트리아 사람 젠커의 『일본어의 기원』(F. V. Zenker, Ueber den; Ursprung der Japanischen Sprache. Wien, 1931)은 이 책을 참고하여 쓰였다고 한다.

287) 조선에 가는 사람에게朝鮮へ行く人に

저자	도리가 라몬(鳥賀羅門)	출판년월	1914년 8월
판형	46판	페이지 수	176쪽
발행처	도쿄 조선에 가는 사람에게 편찬소	소장처	국회도서관

천 일에 가까운 저자의 조선만유기로 사가한정판이다.

그 기술하는 바가 아직 저급하여 아마 일반 독자는 반쯤 실망할 것이다. ……스스로 돌이켜보니 용서받기 어려울 것 같다.(머리말)

〈목차〉

제목	제목	제목	제목
조선	조선여자	마음 씀씀이	부인 도항자
여행 준비	조선아이	시찰가(視察家)	부산의 농업
조선의 기후	조선의 기풍(奇風)	이전 도항자의 죄	제조업
한인 숙소 및 숙박료	한인의 인정	토지의 민도(民度)	관아
언어	부산항 정별(町別) 호구	판임관 이야기	학교
한인의 풍습	부산	용두산 조합	이하 여러 직업
조선혼	짐꾼	용두산 눈요기	

288) 남일본 한반도 운연과안록南日本韓半島 雲煙過眼録

저자	무라세 요네노스케(村瀬米之助)	출판년월	1915년 5월
판형	46판	페이지 수	292쪽
발행처	가나가와현 아쓰키(厚木) 다케무라(竹村)상점	소장처	架藏

저자가 1905년 4월에 긴키近畿, 주코쿠中国, 시코쿠四国 및 조선을 여행한 기행문이다. 같은 해 12월 나가노의 니시자와西沢서점에서 가쇄假刷(46판, 206쪽)한 것을 주변 지인들에게 나눠 주었는데, 이를 다시 인쇄한 것이다.

뒤돌아보면 이 일기를 가쇄한 것도 벌써 10년 전 일이다. 지금 새로 인쇄하는 이유는 다음과 같다. ……세상의 기행문 대부분이 헛되게도 필치에 기공을 부려서 그저 오락적인 문예작품과 같은 것이 많고……본질적이며 중요한 지리학의 견지에 입각하여 타인상관(他人相關)의 이론을 가지고 물산과 상업을 논하며 사회적인 관찰을 한 것이 지극히 드물다는 사실에 나는 유감을 느낀다. ……이 책의 제목은 여행기이지만, 여행을 빌려 인문지리에 관한 여러 문제를 해결하는 것을 목적으로 삼고 있다. 이 책을 다시 인쇄하는 이유다.(서언)

〈목차〉

제목
긴키 지방
주코쿠 및 시코쿠
조선(내용은 부산, 목포, 인천, 대구, 개성, 평양, 진남포, 겸이포 각지)
규슈
산인(山陰) 및 호쿠리쿠(北陸)

289) 군산안내群山案內

저자	시정 5년 기념 조선물산공진회 군산협찬회	출판년월	1915년 9월
판형	46판	페이지 수	170쪽
발행처	군산부 군산협찬회	소장처	架藏

이 책은 시정 5년을 기념하여 개최된 조선물산공진회에서 군산협찬회가 군산을 잘 모르는 사람들에게 군산을 올바르게 소개하기 위해서 발행한 것이다.(서언)

이 책은 기획, 제판, 인쇄 등을 포함하여 모두 군산 현지에서 제작되었다.

〈목차〉

장	제목	장	제목
제1장	총설	통계표(갑)	
제2장	군산의 개략적인 상황(항만 · 교육 · 종교 · 호구 · 기상 · 위생 · 시가 · 관공서 · 교통 · 통신 · 재정)	군산의 다양한 사항 19개 표	
제3장	군산의 상공업과 금융	무역, 상공업, 금융생산에 관한 통계 28개 표	
제4장	군산 및 상업 영역의 산업	(을)	
(지도) 전북, 충남 2도의 약도		군산 상업 영역에 관한 통계 24개 표	
(사진)군산 상업 지역 풍경 등 20판			

290) 조선여행朝鮮の旅

저자	하라 쇼이치로(原象一郎)	출판년월	1917년 1월
판형	46판	페이지 수	577쪽
발행처	도쿄 엄송당(巖松堂)	소장처	架藏

이 책은 내무관리인 저자가 1914년 여름 관의 용무로 떠났던 조선출장 전후 50일간의 여행일기다.

> 졸자는 지위가 낮은 관리지만, 관의 용무로 조사한 내용이나 직무에 큰 영향을 끼치는 일이 아니라면 조금 자유롭게 기술해도 좋을 거라 생각한다.(서언)

위 언급에서 알 수 있듯이 단순한 여행일기가 아니며 책의 곳곳에서 저자의 조선관과 총독 정치에 대한 비판을 밝히고 있다. 당시 관변의 비난을 받았고 조선에서는 발매가 금지되었다.

[목차] 1914년 7월 12일부터 8월 20일에 이르는 남선 각지 여행을 일정 순으로 기록했다. 권말에 부록으로 개성, 진남포, 평양 각지에서 보낸 23일간의 개략을 실었다.

291) 메이지 계묘 조선기행明治癸卯 朝鮮紀行 – 일명 도한백수渡韓百首

저자	미우라 자이로쿠 遺稿 미우라 겐스케 編	출판년월	1917년 11월
판형	46판	페이지 수	236쪽
발행처	나고야 기중당서점(其中堂書店)	소장처	舊藏

이 책은 나고야 기중당서점 주인인 미우라 겐스케三浦兼助(후에 자이로쿠在六)가 1903년 여름 장사 차 조선을 여행했을 때 썼던 기행문이다. 그가 사

망한 이후 사업을 이어받은 아들 겐스케兼助가 편찬하여 주변 지인들에게 나눠 주었다.

〈목차〉

제목
도한의 목적
출발
그날그날(4일째부터 25일째까지) 기행문

292) 최신 조선지지最新 朝鮮地誌 상 · 중 · 하(3책)

— 조선급만몽총서朝鮮及滿蒙叢書

저자	샤쿠오 슌조 編	출판년월	1918년 2월~7월
판형	국판	페이지 수	1,162쪽(통엽(通頁))
발행처	경성 조선급만주사	소장처	舊藏

저자 샤쿠오 슌조의 호는 동방이며 『조선급만주』를 창간하는 한편 조선고서간행회를 세우고 고서의 번각에 종사했다. 『조선군서대계』(46번 항목 참조)를 완성했으며, 그 후속편이라 할 수 있는 『조선고서목록』(5번 항목 참조)을 간행했다.

> 조선지지에 관한 출판물은 조선을 다룬 다른 출판물에 비교하면 그 수가 매우 적다. ……그래서 본사가 계획한 조선급만주총서 제1집으로 먼저 조선지지를 발행하여 시대의 요구에 답하고자 했다.(서언)

〈목차〉

편	제목
「상편」	
제1편	자연지리
제2편	인문지리
「중편」	
각 도지(各道誌)	
「하편」	
각 도지(부록 · 간도)	

293) 최신 조선지리最新 朝鮮地理

저자	후지토 게이타(藤戸計太)	출판년월	1918년 4월
판형	46판	페이지 수	760쪽
발행처	엄송당 경성점	소장처	일본 국회도서관

저자의 호는 앵악桜岳이다. 대동학회를 주재했고 조선금융경제총서 『무진無盡 및 계의 연구』, 『시치야質屋 및 전당포의 연구』 등 십여 종의 총서를 발간했다. 후에 이 두 권을 하나로 묶어서 『조선금융경제연구총서』(1932)로 발표했다.

이 책은 1913년 12월 29일 조선총독부령 제111호의 도의 위치 · 관할 구역 · 부군 · 명칭 · 위치 · 관할 구역 개정, 그리고 1914년 4월 민단 폐지 이후의 행정구역 및 도부군도면동리(道府郡島面洞里)의 명칭에 따르고 있어서 여행자에게 편리를 제공하며……통계는 최근의 조사에 의하며 특히 인구 등은 1917년 말일 현재의 숫자를 제시한다.(범례)

〈목차〉

편	제목
제1편	전도
제2편	각도
제3편	각지
(부록)	
면명(面名) 색인	
내지 부현군명표	
사할린, 대만, 관동주 지명표	

294) 방린기정訪隣紀程

저자	나이토 히사히로(内藤久寛)[107]	출판년월	1918년 6월
판형	46판	페이지 수	186쪽
발행처	도쿄 민우사	소장처	일본 국회도서관

작년 음력 8월부터 초겨울에 이르기까지 바쁜 와중에도 굳이 시간을 내서 조선, 만주, 지나 각지를 돌아다녔다. 다만 이 여행은 각지의 경제 실황을 시찰하는데 급급하여 풍류의 구경에는 전혀 중점을 두지 못했고 천하의 명산승수를 뒤로 하는 일이 매우 많았다. 이번 여행의 성격상 실로 어쩔 수 없는 일이었다.(권두)

107 나이토 히사히로(1859~1945) : 니가타현 출신의 메이지~다이쇼시대의 실업가.

〈목차〉

제목	제목	제목	제목
여행 출발	펑톈	톈진	난징
부산	창춘	베이징	상하이
경성	하얼빈	한커우	항저우
겸이포	창춘	한양	지난
평양	지린	우창	칭다오
조선개관	푸순	한커우	비견 12개
안동현	다롄	대치(大治)	발저적요(發著摘要)
번시후	뤼순	주장	

295) 조선지지자료朝鮮地誌資料

저자	–	출판년월	1919년 3월
판형	46판	페이지 수	438쪽
발행처	경성 임시토지조사국	소장처	架藏

1910년부터 1918년 11월까지 8년간에 걸쳐 이루어진 조선 토지조사사업의 보고서가 870쪽 남짓한 두꺼운 책으로 발표되었는데, 이 책은 이 조사의 성과에 근거하여 조선지지자료가 될 만한 것을 다음 8가지 사항으로 나누어 조사 · 집록한 것이다.

이 책은 제반의 시설을 경영함에 있어서 이용할 수 있는 측면이 광범위할 것이므로 조선토지조사사업 보고서와 분리하여 별책으로 만든 것이다.(범례)

〈목차〉

제목		제목		제목		제목	
제1	대세	제3	하천	제5	산악	제7	도서
제2	행정구	제4	호수와 연못	제6	해안선	제8	경제

296) 만선지나 여행의 인상滿鮮支那旅行の印象

저자	다카모리 요시토(高森良人)	출판년월	1920년 9월
판형	국판 반재	페이지 수	326쪽
발행처	도쿄 대동관(大同館)	소장처	일본 국회도서관

작년 8월 도쿄의 하숙을 나와 연말에 이 초라한 집으로 돌아오기까지 그때그때 머물렀던 곳에서 망중한을 즐기며 고향 신문사에 보냈던 글들을 그대로 묶은 것이다. ……또한 이 책을 간행하면서 은사 우노(宇野) 박사님께 많은 도움을 받았다. 깊은 감사의 마음을 덧붙인다.(서)

〈목차〉

제목
망소루 만필(望蘇樓漫筆)
위청행 전기(禹城行前記)
편지 한 묶음(만선 부분)
편지 한 묶음(위청 부분)

297) 노대국의 산하老大国の山河 – 나와 조선 급 지나余と朝鮮及支那

저자	와타나베 미노지로(渡辺巳之次郎)[108]	출판년월	1921년 3월
판형	36판	페이지 수	433쪽
발행처	도쿄 가나오 문연당(金尾文淵堂)	소장처	일본 국회도서관

처음 고향을 떠날 때는 무엇을 써 보려는 생각도 없이 단지 숙원을 풀고 싶다는 마음밖에는 없었다. 그런데 돌아와 보니 현지의 이야기를 궁금해 하는 사람들이 많았다. 여행자에게는 부끄러울 것이 없다는 말이 있다. 이 책은 나의 인간으로서 부끄러운 부분을 노골적으로 드러내면서 그저 내키는 대로 완성시켜본 것이다.(자서)

〈목차〉(조선 부분만 기록)

제목	제목
부산에서의 작은 휴식	신세가 크게 변하다
용두산	대선론책(對鮮論策)
부산에서 압록강으로	압록강
증유(曾遊)의 회고	

298) 선만북지 함흥 여기저기鮮滿北支 咸興ところどころ

저자	우치다 시게요시(内田重吉)	출판년월	1923년 4월
판형	–	페이지 수	–
발행처	도쿄 저자	소장처	일본 국회도서관

108 와타나베 미노지로(1869~1924) : 이바라키현 출신의 메이지~다이쇼시대의 신문기자.

저자는 하와이에 거주하는 의학자이며, 1922년 9월 조선의학회에 출석하고 각지를 유람했다.

미국과 하와이, 일본과 조선은 실로 흡사한 상대적 관계에 있다. 나의 이번 여행은 그저 마음이 끌렸기 때문이기도 하지만, 한편 하와이의 일어학교 문제가 점차 악화를 거듭하더니 올해 들어서 그야말로 풍전등화의 상황에 놓였다는 정세를 듣고 이전부터 궁금했던 조선의 아동교육 실태를 보고 싶었기 때문이기도 하다. 그저 단순한 우연은 아니었다.(서)

〈목차〉

299) 조선지지朝鮮地誌

저자	히다카 도모시로(日高友四郎)	출판년월	1914년 12월
판형	국판	페이지 수	876쪽
발행처	경성 조선 홍문사	소장처	일본 국회도서관

이 책은 조선의 현황을 그대로 기술해서 참고자료를 제공하는 것을 목적으로 한다. 그밖에 본서편찬의 다른 목적 하나가 더 있다. 기존에 간행된 조선지지는 지도, 면적, 해안선을 비롯하여 지지의 기초가 되는 부동(不動)

숫자에서 서로 큰 차이를 보인다. 이 책은 이러한 잘못을 바로잡기 위해 조선총독부 임시토지조사국의 조사보고에 입각하여 편찬되었다. 그러므로 관청은 물론 학교나 여러 곳에서 참고서로 사용할 수 있을 것이다.(자서)

〈목차〉

장	제목	장	제목	장	제목	장	제목
제1편 자연지리		제8장	해안	제5장	통신	제13장	척식사업
제1장	명칭	제9장	기상	제6장	행정	제14장	경찰
제2장	위치	제10장	천산물	제7장	사회사업	제15장	위생
제3장	넓이	제2편 인문지리		제8장	신사(神社) 종교	제16장	사법
제4장	지세	제1장	민족	제9장	교육	제17장	고적 및 유물
제5장	산계	제2장	호구	제10장	재정 및 경제	제18장	군사
제6장	수계	제3장	풍속습관	제11장	전매	제3편 지방지	
제7장	평야	제4장	교통	제12장	산업	경기도 외 12장	

300) 외국인이 본 30년 전의 조선外人の見たる三十年前の朝鮮

저자	B. 비숍 구도 시게오 抄譯	출판년월	1925년 1월
판형	46판	페이지 수	315쪽
발행처	경성 동아경제시보사	소장처	架藏

이 책은 영국왕립지리학협회 회원 버드 비숍 여사의 저서 『조선과 근린제국朝鮮と近隣諸国』(Bishop, Bird Isabella, *Korea and her neighbours*, 2 vols, 1898. London.) 중에서 조선에 관한 부분을 초역한 것이다. 원저자인 비숍 여사는 동 지리학협회 최초의 여성회원으로서 1894~95년 무렵부터 1897년까

지 시베리아, 중국, 만주, 조선 각지에서 조사활동을 펼쳤다. 귀국 후 런던에서 이 책을 간행했다(1898). 1905년에 재판을 출간했다.

일본어 번역은 경성에서 개업한 의사 구도 다케키工藤武城의 장남 시게오重雄가 위의 제목과 같이 의역한 것으로, 원저의 18장 가운데 조선에 관한 부분을 20개 항목으로 나누어 초역했다. 1930년에 제3판이 출간되었다.

〈목차〉

제목		제목		제목		제목	
1	머리말	6	자연의 미	11	청군 남하	16	시녀, 무녀, 유녀
2	첫인상	7	기마 여행	12	한제(韓帝)와 민비	17	단발령
3	경성도착	8	금강산	13	과도시대(過渡時代)	18	교육, 무역, 재정
4	전마(傳馬) 여행	9	해안을 따라서	14	왕비 암살	19	1897년의 경성
5	한강을 거슬러 오르다	10	일청전쟁	15	옛 전장으로	20	붓을 놓다

301) 밝아오는 조선明け行く朝鮮

저자	마쓰무라 마쓰모리(松村松盛)	출판년월	1915년 2월
판형	46판	페이지 수	334쪽
발행처	도쿄 제국지방행정학회	소장처	일본 국회도서관

저자[109]는 1912년 도쿄제국대학 법과대학을 졸업하고 1919년 8월 전라북도 경찰부장으로 조선에 건너갔다. 1921년 총독부 학무과장, 1922년 비서과장, 1924년 비서관을 거쳐 1928년 토지개량부장, 이듬해에는 식산국

109 마쓰무라 마쓰모리(1886~미상) : 미야기현 출신의 일본의 내무관료. 조선총독부 관료를 역임했다.

장에 올랐으나 1931년 7월 관직에서 물러났다. 저서에는 『민중의 교화』, 『세계의 여행』, 『세계의 고동』 등이 있다. 이 책은 1925년 1월 미국과 유럽 각국으로 출장을 명령받았을 때 비서관 생활을 중심으로 한국 거주 중에 쓴 감상기, 기행문을 모아서 한 권으로 묶은 것이다.

〈목차〉

제목	제목	제목	제목
한강을 따라 내려가다	옛 신라의 도읍	동해안 여행	단노우라(壇の浦)[110]에서
안동 유림	부식 농원	얼어붙은 낙랑을 건너기 시작하다	울릉도 기행
해인사를 즐기다	국경 여행	도읍의 빛을 받으며	금강산 명승지를 찾아
당진의 학	대동강에 비추어	사녀여신(斯女如神)	두만강에 서서
추억이 많은 전주	백제의 옛 도읍 부여	후지함(富士艦)에서의 반나절	석왕사의 가을 색
천형(天刑) 병원을 방문하다	후지이(藤井) 군의 수리(水利)사업	꽃을 좇으며	속리산 유람
무라이(村井) 농장	다도해를 떠다니며	그들의 이야기	화양동의 가을
마산에서 동래로	춘보(春畝)[111] 공을 그리다	국경 여기저기	초정 탄산천(椒井炭酸泉)
통도사 참배	대지진	적광(寂光)을 받으며	

302) 조선제국기朝鮮諸国記

저자	기쿠치 겐조	출판년월	1925년 4월
판형	46판	페이지 수	372쪽
발행처	경성 대륙통신사	소장처	시카타문고

110 단노우라(壇の浦) : 헤이안시대 말기에 전쟁이 있었던 역사적인 지역. 비극적인 종말을 의미하기도 한다.

111 이토 히로부미의 호.

저자의 호는 장풍산인이며 경성에 거주하는 문필가다. 『조선왕국』(1896년, 111번 항목 참조), 『조선최근외교사 대원군전 부 왕비의 일생』(1910년, 210번 항목 참조) 등의 대표작을 비롯해 많은 저작을 간행한 바 있다. 저자에 대한 더욱 상세한 소개는 111번 항목 참조.

> 이번 여행을 기획한 처음 의도는 13도의 산업을 기록하여 숨은 공로자를 찾아내서 명예로운 현인을 알리고, 명승구적을 소개하여 그 나라 사람들과 풍속을 세상에 드러내는 것이었다. 그런데 여기저기 다니는 사이에 천연의 풍경에 감격하여 인생을 회고하게 되고, 각지의 모습을 노래하고 싶은 감개무량한 마음을 금할 수 없게 되었다. 결국 13도의 기록을 그만두고 각지의 기록을 써서 공간한다.(자서)

[목차] 경원 철도에서 출발－원산항－북쪽의 항구 · 국경의 항구－가토 기요마사 군대가 통과한 북방정벌의 길을 기술하고, 평양, 유성, 전주, 경주, 대구, 경성, 대전, 이리, 군산 등 각지의 사람과 사업을 소개한다.

4. 지방지

303) 조선경성기담朝鮮京城奇談

저자	오비 나오조(小尾直藏) 編	출판년월	1885년 5월
판형	46판	페이지 수	36쪽
발행처	도쿄 보고당(報告堂)	소장처	舊藏

편자 오비 나오조는 시즈오카현 사족이라고 하나 자세한 전기는 알려진바가 없다.

조선국에 건너와 경성에 거주한지는 얼마 되지 않았으나, 조선의 인정이나 풍속을 보니 우리나라와 실로 다르다. 여러 작은 일들까지 나의 감각을 자극하지 않는 것이 없으니 그 소감을 조금이라도 기록하여 아직 이곳의 인정과 풍속을 견문하지 못한 사람들에게 알리고자 한다. 글이 분잡하고 문장이 서툴지만 너그러이 여기길 바란다.(권두)

〈목차〉

제목		제목		제목	
제1	왕도성곽 및 시가	제8	형벌	제15	가옥
제2	남산 및 북한산	제9	결혼 연령 및 의식	제16	승마
제3	국왕 및 왕궁	제10	남녀의 밤중 시내 왕래	제17	욕탕과 이발
제4	여러 아문(衙門)	제11	한녀(韓女) 및 한기(韓妓)	제18	서화골동(書畫骨董)
제5	정당	제12	의복 및 재봉	제19	순사
제6	묘당 및 묘의	제13	산수 및 화목(花木)에 관하여	제20	통화
제7	대신 귀현(貴顯)의 왕래 및 회뢰(賄賂)	제14	음식물	제21	청병의 둔영 및 삼간정동(三間井洞)

304) 인천사정仁川事情

저자	아오야마 요시시게(青山好恵)	출판년월	1892년 10월
판형	국판 화장	페이지 수	29엽
발행처	인천 조선신보사 (朝鮮新報社)	소장처	架藏

저자는 에히메현 출신이며 호는 사주四州다. 정객 무라마쓰 고이치로村松恒一郎는 그의 친형이고 이마이 다다오今井忠雄는 아우이다. 이마이는 인천에서 『조선신보』 경영에 종사했으며 저서로 『만한리원조사안내滿韓利源調査案内』가 있다.

아오야마 요시시게는 약관 20여세 때 한반도로 건너가려는 단호한 결심을 내렸으며, 1889년부터 1896년 11월에 병사하기까지 인천에서 『조선신보』(조선신문의 전신)의 경영자 겸 기자로 일했다. 해외에서 일본어신문을 창간하는 곤란한 일에 종사하면서 반도 언론계의 요람시대를 살아간 것이다. 처음에는 인천과 주변 사정에 관한 책을 한 권 써서 가족과 벗들에게 나누어줄 생각이었다고 한다.

> 내가 분연히 마음을 먹고 산해 팔만리 고려로 건너온 지도 벌써 삼년이 지났다. 항상 나의 평안을 기원했던 고향의 어머니와 형제 친구들에게 종종 글을 써서 한반도의 상황을 알리고자 했다. ……올 봄 이래 조금 여유가 생겨서……이후 한가할 때마다 조금씩 붓을 들었고 4개월이 지나서야 원고를 완성할 수 있었다. 제목은 인천사정으로 정했다.(자서)

이 책은 조선에서 일본인이 쓴 최초의 책이다. 권두에는 인천항을 찍은

브로마이드 사진이 붙어있는 등 인쇄와 제본에 상당히 고심한 흔적이 보인다. 또한 "적어도 매년 한 번씩 정정 · 증보하여 신新 인천사정을 발간할 생각"(서언)이라고 적혀 있으나 속간여부는 불문명하다. 참고로 아오야마 사후에 그 뒤를 이어 신문을 재간하고 경영한 오가와 유조가 『신찬 인천사정』(1898년, 306번 항목 참조)을 저술했으며, 오가와 유조가 편집한 『인천번창기』(1903년, 308번 항목 참조)도 있다.

아오야마의 다른 저서로는 아오야마 찬撰, 『조선명가시집』(1894)이 있다. 그 외에 이 책의 서언에는 『조선국세』 및 『조선풍속지』에 관한 예고가 있는데, 간행여부는 확인되지 않는다. 이후 일본과 중국의 다툼으로 인천은 포연에 휩싸이게 되었고 경영하는 신문도 개조改組, 휴간, 재간 등을 겪는 바람에 완성을 보지 못한 듯하다. 이 책에는 목차가 없지만 편의상 내용을 적기해두겠다. 인천부세진흥회仁川府勢振興會가 1938년 6월 『인천사정』을 복각한바 있다.

〈목차〉

제목	제목	제목
인천항 대강의 형세	상업무역	인천정미소
거류지	교육	여관 및 주점
인천우편국	종교	부근 경승지의 간략한 소개
일본경찰서	위생	인천에서 각지로의 여정
은행(제1, 제18, 제58 각 은행)	인쇄신문(인천경성격주상보, 조선신보)	한전상장(韓錢相場)
거류지의회	제물포구락부	물가

305) 조선역사일대기서 평양지朝鮮歷史一大奇書 平壤誌 건 · 곤(2책)

저자	윤두수 編 고마쓰 나오노신 補評	출판년월	1897년 8월
판형	국대판	페이지 수	144엽
발행처	도쿄 동양당(東陽堂)	소장처	舊藏

이 책은 1590년에 평안도 관찰사 윤두수가 지은 『평양지』(9권)에 부록 「임진평양기사」를 덧붙여 건 · 곤 2책으로 출판한 것이다. 책 전체에 구독점句讀點을 붙였고, 고마쓰 나오노신小松直之進의 보평補評을 첨가했다. 시편詩篇 부분에는 모리 가이난森槐南(통칭 야스지로泰二郎), 노구치 네이사이野口寧齋(통칭 이치타로一太郎)의 시평이 달려있다.

이곳의 산야를 답보하고 그 모습을 가까이서 보면서도 이를 말로 표현하기란 쉽지 않았다. 다만 기쁜 점 세 가지가 있다. 기자(箕子)의 치적을 조사한 것, 정몽주와 이순신이라는 인물에 대해서 상세하게 살펴본 것, 그리고 이 책을 저술한 일이다. 명륜당 학규와 같은 것은 대학의 학칙에 있어서 타산지석으로 삼고 다듬어야할 보석이다. 나의 얕은 지식 때문에 이 책 난외(欄外)에 성명을 적지는 못했지만, 풍물과 접하고 고개를 끄덕이며 감격하기를 멈출 수 없었다. 언젠가 조선에 갈 우국의 지사가 이를 보고 약석(藥石)으로 삼기를 바란다.(예언)

〈목차〉

권	제목
1	강역, 분야, 연혁, 성지(城池), 부방(部坊), 군명(郡名), 풍속, 형승, 산천, 누정(樓亭), 사묘(祠墓), 공서(公署), 창저(倉儲)
2	학교, 고적전역(古蹟戰役), 병제, 역체(驛遞), 교량 및 천정(泉井), 토산, 토전

권	제목
3	공부(貢賦), 교방(教坊), 인정(院亭), 절, 호구, 인물, 문과, 환적(宦績), 효열
4	고사
5	문담(文談), 신이(神異), 잡지(雜志)
6·7·8	시편
9	문집
부록 임진평양기사	

306) 신찬 인천사정新撰 仁川事情

저자	야쿠시지 치로(薬師寺知朧), 오가와 유조 共編	출판년월	1898년 5월
판형	46판	페이지 수	274쪽
발행처	인천 조선신보사	소장처	架藏

이 책은 야쿠시지와 오가와의 공저로 권두에 주한공사관 가토 마스오加藤增雄의 서문이 실려 있다.

일한이 친교를 맺은 지 벌써 몇 해가 지났다. 우리나라 사람들이 와서 업을 꾸린지도 벌써 여러 해를 거듭했다. 한국의 사정을 알리는 요목이 증가하고 있는 요즘, 야쿠시지 치로(薬師寺知朧) 군이 자신이 본 바를 인천사정 한 편으로 저술했다. 붓을 들고 한산(韓山)에 간 야쿠시지 군은 인천에 수년간 머물면서 그 정황을 꼼꼼히 시찰하여 조예가 깊다. 기술한 글이 쌓이고 차례가 완성되었는데, 그 내용이 적절하고 상세하여 현재의 수요를 충족시키기에 충분하다. 우리나라 사람 중에 인천을 알고 싶은 이들은 먼저 이 책을 통해 적지 않은 개관을 얻을 수 있을 것이다.(서문)

편자 야쿠시지 치로는 우와지마宇和島 사람으로 스에히로 데쵸末広鉄腸에게 배웠다. 1895년에 한반도로 건너갔으며 인천 조선신보사 기자로 문필 활동을 했다. 이후 한국인의 교육에 관심을 가지게 되었고, 강경江鏡에서 자신의 힘으로 '한남학당韓南學堂'을 세웠다. 저서로 『한어연구법』(1909)이 있다. 오가와 유조도 마찬가지로 조선신보 기자였으며 경영을 담당하고 있었다. 저서로 『인천번창기』(1903년, 308번 항목 참조)가 있다.

〈목차〉

제목	제목	제목
인천의 발달	행정	풍속
상업무역	교육	기후풍토
내지행상	종교	위생
운수교통	신문지	비화낙엽(飛花落葉)
해관(海關)	생활	(부록) 일한조약편람/인천공사 직원록/인천 일본인 상공일람/우편전신 일람/기선운임표

307) 조선국 부산안내朝鮮国 釜山案内

저자	가쓰키 겐타로	출판년월	1901년 12월
판형	국반절판	페이지 수	62쪽
발행처	후쿠오카 박문사	소장처	일본 국회도서관

저자는 간몬신보 기자로 부산에 재주했으며 후에 부산상업회의소에서 근무했다. 저서로는 『한국안내』(1902년, 242번 항목 참조)가 있다.

이 책은 한국 부산의 번영을 일반 사람들에게 널리 소개하기 위한 안내서

다. 이 책에 실린 여러 통계와 일람표는 최근 조사한 것으로 완벽을 자부한다.(범례)

〈목차〉

제목	제목	제목	제목
총론	기후	전등회사	통용화(貨)
지세	상황(商況)	수도	통용 약어
교통	농업	우편전신	도항자 주의사항
항로 이정(里程)	어업	수출입	항해 화전(貨錢)
부산항	경부철도	산물	명소고적
거류지	부산항 매립	여러 물가	인정풍속
			각종 회사, 은행, 상점

308) 인천번창기仁川繁昌記

저자	오가와 유조 編	출판년월	1903년 7월
판형	46판	페이지 수	240쪽
발행처	인천 조선신보사	소장처	架藏

저자는 조선신보사 기자로 아오야마 요시시게 사후에 『조선신보』의 경영 및 재간을 맡았다. 이 책은 인천개항 20주년 기념으로 간행된 것이다.

책을 만드는데 무엇보다 동인(同人) 시오자키 세이게쓰(塩崎誓月)와 하기타니 진류(萩谷枕流) 두 사람의 노고가 컸다. ……기사의 대부분은 작년에 나와 세이게쓰가 완성했으나 그 후로 일 년이나 경과해 버렸고, 그 동안 기사들은 낡은 것이 되고 말았다. 옛 원고를 기초로 새로운 사실을 더했는데, 이러한 개작은 모두 내가 직접 한 것이다. 『인천번창기』라는 제목을 붙였지만 실제 내용은 인천안내기라 할 수 있다. ……권말에 부록으로 인천 신사(紳士)들의 전기를 삽입하려 했으나 사정이 있어서 「관민인명록」으로 바꾸었고 여기에 중복되는 사람들의 약전을 끼워 넣었다.(편자)

조선신보사 및 동인 아오야마 요시시게에 관해서는 304번 항목 『인천사정』을 참조. 시오자키 세이게쓰는 조선신보 기자로서 다년간 조선에 거주했으며 저서 『최신의 한반도』(1906) 등을 남겼다.

〈목차〉

제목	제목	제목	
인천의 옛날과 지금	인천의 무역	인천 잡조(雜俎)	
20년 전의 인천	인천의 해륙운(海陸運)	몇몇 기억(여러 사람)	
1884년 사변과 인천	인천의 행정	부록	인천관민인명록(인천사진 몇 장)
전쟁과 인천	인천의 종교		
인천의 오늘	인천의 사회		

309) 부산항세일반釜山港勢一班

저자	아이자와 니스케 編	출판년월	1905년 9월
판형	국판	페이지 수	260쪽
발행처	부산 일한창문사(日韓昌文社)	소장처	일본 국회도서관

아이자와 니스케相沢仁助는 조선일보(1905년 초기부터 발간하여 100호도 이르지 못하고 휴간) 기자로 부산에서 살았다. 이 책은 1902년 봄, 부산 거류민 단장이었던 오타 히데지로太田秀次郎가 부산항 및 동항 부근의 발전 및 팽

창의 모습을 일본어로 보고하기 위해 기획한 것이다. 당시 부산항에 재류하고 있었던 히가시 다케오東毅雄에게 조사를 맡기고 재료를 수집하는 방식으로 진행되었다. 그러나 오타가 민단장을 사임하고 부산을 떠나면서 일시 중단되었고, 그 후에 아이자와가 히가시의 협력을 얻어 출판했다. 아이자와의 다른 편저로 『한국 2대항실세韓国二大港実勢』(1905)가 있다.

〈목차〉

제목	제목	제목	제목
토지	교통	산업	(사진 몇 장)
행정 및 사법	해관	위생	
상업	건설	종교	
금융	공업 및 제조	인구 및 생활	

310) 진남포안내鎮南浦案内

저자	히로타니 우타로(広谷卯太郎)	출판년월	1905년 12월
판형	국판 반재	페이지 수	195쪽
발행처	평안남도 진남포안내발행소	소장처	도쿄경제대학

경성, 부산이나 인천 같은 곳은 상황을 전달하는 책들이 이미 발행되어 있어서 불편함을 느끼지 않는다. 그러나 진남포는 개항한지 얼마 되지 않은 탓에 그 토지의 상황이 아직 일본에 소개되지 않았다. 한국에 오는 일본인들이 이리저리 애를 써도 그 정곡을 파악하지 못하는 경우가 있으므로, 얕은 지식에도 불구하고 이곳에 거주하면서 보고 들은 약간의 실태를 기술하고……그 대강의 대부분을 망라하여 시찰자 및 일본에서 이곳의 상황을

궁금해 하는 사람들에게 도움을 주고자 한다.(서언)

〈목차〉

제목	제목	제목	제목
지세 및 인구	상업	어업	진남포전도 한 장
기후 · 풍속 · 위생 · 의식주 · 노동	화폐 및 도량형	잡록	진남포정경 한 장
교통	농업	(부록)	

311) 평양안내기平壤案內記

저자	마스타니 야스지(增谷安治)	출판년월	1906년 11월
판형	46판	페이지 수	265쪽
발행처	평양 북한실업진흥사	소장처	일본 국회도서관

근래 많은 일본인들이 만주나 한반도로 건너오고 있는데 그 숫자가 멈출 줄을 모른다. ……그런데 많은 꿈을 품고 평양에서 사업을 기획하려는 사람들에게 이곳의 상황을 상세히 알려주는 책이 한 권도 없다. ……이는 나만의 생각이 아닐 것이며 무엇보다 동포들에게 매우 불친절한 일이라 계속 신경이 쓰였다. 굳이 제목을 평양안내기로 정해서 세상에 내 놓는다. 한국에서 사업을 경영하려는 사람들에게 참고가 되길 바라며 이 책을 발행한다.(서언)

〈목차〉

제목	제목	제목	제목
(제1절 평양)	노동	전화	(제4절 잡록)
회고 10년	화폐	겨울철의 교통	평양 지창고(支倉庫)의 효과

제목	제목	제목	제목
지세	도량형	교통기관	진남포 세관
인구	어업	농업	위생회
기후	(제2절 교통)	농사에 관하여	신庄(新庄) 씨의 빛나는 생애
풍속	수운	삼림	평양 기념일
음식수	육운	상업	기념 신체시
위생	우편	(제3절 평양 회람)	거류민단 규정
의식주	전신	18개 장소	일진회
			(부록, 시각표, 임금표 등)

312) 부지군산富之群山

저자	미와 다다시(三輪規), 마쓰오카 다쿠마(松岡琢磨) 共編	출판년월	1907년 2월
판형	46판	페이지 수	336쪽
발행처	전라북도 군산신보사	소장처	舊藏

1899년 5월 군산이 개항한 이후 벌써 8년 5개월이 지났다. 미래의 지속적인 번창을 기대하면서 지리(地利), 천시(天時), 인화(人和)에 의한 발전 · 진화의 모습을 살펴볼 필요가 있다. 그러나 군산의 과거와 현재의 실상을 널리 소개하는 책이 아직 없으니 매우 유감이다. 천학비재의 편자가 둔한 붓을 들어 책을 짓고 『부지군산』이라는 제목을 붙인 이유다.(자서)

〈목차〉

제목	제목	제목	제목
군산의 지세	교통	도량형	강경
군산의 연혁	농업	화폐	전주
군산의 인구 및 호수	상업	내외관아	공주
군산의 교육과 종교	공업	은행 · 회사 · 조합	명사논설

제목	제목	제목	제목
군산의 풍속과 인정	어업	구락부 · 여관 · 하숙 · 요리점	여러 규칙
군산의 기후와 위생	수렵	명승구적	

313) 경성안내기京城案內記

저자	우에무라 마사미(上邨正已)	출판년월	1907년 6월 (1908년 재판)
판형	국판 횡철	페이지 수	110쪽
발행처	경성 일한서방	소장처	架藏

저자는 구마모토 사람으로 임천林泉학회에서 학업을 마치고 한국에 건너갔다. 1895년 한성신보사에 입사하여 한문보韓文報 편집장을 맡았다. 이후 대동신보 주필로 활동했다. 1905년 3월 한국정부 학정참여관 부통역관附通譯官에 임명되었고, 1907년에는 이완용 총리의 비서관 겸 통감부 통역관을 맡았다. 학부사무관 겸 통역관을 거쳐 1910년 이왕직 사무관에 임명되었지만 1913년 3월에 사퇴했다. 이 책은 학부사무관 시절에 지은 것이다.

나는 예전에 경성지(京城誌)를 저술하고자 했으나 아직 이루지 못했다. 한국과 일본의 국교가 날로 밀접해지고 경성에 오는 사람의 숫자도 배로 늘어가고 있어서 안내서를 만드는 일이 급하다. 내가 이 책을 내는 이유인바, 이는 선주자(先住者)의 의무라 믿는다. ……다만 안내서는 그 체제를 갖추어야 하는데 이 책은 경성지를 위한 재료 중에서 발췌한 것에 불과하기에 안내서로서 적당치 못하다. 그럼에도 불구하고 없는 것보다는 낫다고

생각했기에 정리하여 간행한다.(서)

저자의 다른 저서로 『한국풍속인정기』가 있다고 전해지나 확인되지 않는다.

〈목차〉

제목	제목	제목	제목
경성연혁의 대요	경성 길거리의 구획	성내의 신문	경성에서 통신할 수 있는 13도 각 지방
경성의 지세	성내의 길	옛 왕궁	경성에서 각지까지의 이정
경성의 하류	성내의 교량	명소고적	일한조약의 종류
경성의 강역	전기 · 철도 · 전등	성내의 한국인 호구	한국과 체결한 국가
경성에서 지방으로 가는 경로	관아 · 공서(公署) · 회사	일본인 거류지	한국의 축제일 및 명절
사대문과 사소문	성내의 여러 학교	경성이사청의 관할 구역	(경성시가 전도사진 및 실측상밀 경성시가전도)

314) 인천개항이십오년사仁川開港貳拾五年史

저자	–	출판년월	1908년 5월
판형	46배판	페이지 수	72쪽
발행처	인천 인천개항이십오년기념회	소장처	架藏

이 책은 '인천개항 25년 기념회'가 출판한 것으로 편찬자 이름이 적혀 있지는 않지만 기념회 위원인 이마이 다다오가 편찬을 맡았다. 권두에 인천이사청 이사관 시노부 준페이信夫淳平[112]의 서문이 있다.

112 시노부 준페이(1871~1962) : 돗토리현 출신이다. 1894년 도쿄고등상업학교(현 히토쓰바시

지난 20여 년간 인천은 역사상 유례가 없는 발달을 이루었다. ……적막하고 고독한 마을뿐이었던 제물포의 옛날을 떠올려보면 모든 면에서 격세지감을 느낀다. 이번 기념회를 개최하면서 인천이 과거 이루어 온 발달의 위대함을 생각해보니 앞으로 나아갈 길이 더욱 유망하리라 느껴진다. 도래할 50주년 기념회는 얼마나 성황을 이룰 것인가. ……기념회의 이마이 회원이 나에게 개항 25년 기념사의 서언을 부탁하기에 이 글로 서문을 대신한다.(시노부 준페이 서)

〈목차〉

편	제목	편	제목
제1편	인천발전의 상황	제5편	개항 당시의 인천
제2편	인천항 연혁사	제6편	인천의 현재 상황
제3편	인천의 무역 · 금융	제7편	인천항의 개척
제4편	교통 및 운송 현황	인천사진 15점	

315) 인천개항이십오년사仁川開港二十五年史

저자	가세 와사부로(加瀨和三郎)	출판년월	1908년 6월
판형	국판	페이지 수	168쪽
발행처	인천, 저자	소장처	架藏

이 책은 인천항이 통상을 위한 부두가 된 이후 25년간의 변천을 서술한 것이다. ……나는 이 책을 집필하면서 이론보다는 사실을 직접 묘사하고

대학)를 졸업하고 1897년에 외교관 및 영사관 시험에 합격, 영사관보로 경성에 부임했다. 그 후 20년간 여러 해외영사관에서 일했다. 1917년에 퇴임한 후에는 와세다대학에서 외교사 · 국제법 · 국제정치학 등을 가르쳤다.

자 노력했다. 협의(狹義)의 역사를 서술하는데 가장 필요한 요목이라고 믿기 때문이다. ……외국무역의 변천을 기록함에 있어서 항상 일청 양국의 대한(對韓)무역과 그 소장(消長)에 중심을 두었다. 해당 항목에서 서술한 바와 같이 인천 대외무역의 변천은 일청 양국 상권(商權)의 소장(消長)에 다름 아니기 때문이다.(범례)

〈목차〉

편	제목
제1편	인천의 지금과 옛날
제2편	인천의 지난 25년
제3편	인천 관민의 경영
제4편	인천 무역계
제5편	인천 금융계
(사진, 도판 등)	

316) 경남지고 제1편 마산번창기慶南志稿第一編 馬山繁昌記

저자	스와 부코쓰(諏方武骨)	출판년월	1908년 12월
판형	국판	페이지 수	109쪽
발행처	마산 경포당(耕浦堂)	소장처	架藏

저자는 아이즈번会津藩 유학자의 집안에서 태어나 화한和漢학을 배운 후 대만에서 관직을 역임했다. 그 후 오사카매일신문, 부산일보, 남선일보 등에서 기자를 했으며 1906년부터 마산에서 거주했다. 본명은 시로史郎이며, 부코쓰武骨, 거조去調, 백원방白猿房이라고도 칭했다. 조선사담회를 주재했다. 『제2편 마산개항10년사』, 『제3편 마산명소구적지』, 『제4편 마산

의 이면』이 속편으로 간행될 예정이었으나 확인되지 않는다.

참고로 저자의 다른 책으로 『마산항지』(1926년, 363번 항목 참조), 그리고 사후 유고간행회가 편찬한 『경남사적명승담총』(1927)이 있다.

〈목차〉

제목		제목	
서언		제6	신도 및 종교
제1	마산의 대관(大觀)	제7	교통
제2	관공서	제8	호구
제3	기질 및 기후	제9	경제사정
제4	위생 및 의사(醫事)	제10	마산 잡록, 잡황(雜況)
제5	교육기관	마산의 노래	

317) 이조와 전주李朝と全州

저자	후쿠시마 시로(福島士朗)	출판년월	1909년 9월
판형	46판	페이지 수	150쪽
발행처	전라북도 전주 공존사(共存舍)	소장처	舊藏

이 책을 통해 이조와 전주의 관계를 밝히고 전주가 한반도 전체에서 어떠한 지위를 차지하고 있는지를 연구하여 세간의 주의를 환기하고자 한다. 역조 및 이조 연혁은 남한의 연혁 및 그 관계의 개요를 알기 위한 길잡이에 불과하므로 대략적인 요강만 실었다.(예언)

〈목차〉

제목	제목	제목	제목
서언	이조의 비조(鼻祖)	전주 연혁 대강	결론
역조 연혁 대강	전주의 유서	전주의 현황	(사진 몇 장)
이조 연혁 대강	전주의 지세	전주 평야의 현황	

318) 평양요람平壤要覽

저자	–	출판년월	1909년
판형	국판	페이지 수	100쪽
발행처	평양 실업신보사	소장처	시카타문고

이 책은 평양실업신보사가 편찬한 것으로 평양철도출장소 운수계장 나카야마 스케하루中山助治가 서문을 적었다.

> 평양은 그 역사가 깊고 풍광이 풍부할 뿐만 아니라……상공업지나 실업지로도 큰 가치가 있다. ……경성이 정치의 중심이라면 평양은 과연 실업의 중심이라 할 만하다. ……그렇지만 이와 같은 평양을 세상에 소개하는 좋은 안내서나 풍토기가 아직 없다는 점이 안타깝다. 이 책 평양요람은 그와 같은 결함을 보충하기 위한 것으로서 반드시 완벽하다고는 할 수 없지만, 얼마간 평양의 특성을 소개함으로써 아쉬움을 달래고자 한다.(서)

〈목차〉

제목		제목		제목	
1	도시 평양	15	한인 호구 및 업종별 현황	29	유망한 농산물
2	평양소사(小史)	16	신구 시가지	30	삼도(三道)의 쌀 및 대두

제목		제목		제목	
3	평양의 지위와 지세	17	대동강	31	일본인 농업 개황
4	라드 박사가 본 평양	18	대동강의 결수와 해빙	32	평양무연탄
5	평안남도	19	대동강의 수질	33	사금(砂金)에 관하여
6	평양의 기후	20	평양의 수도	34	광업의 구(舊)제도
7	평양의 개방	21	운수교통과 평양의 위치	35	교육과 종교
8	거류민단지구	22	경의철도	36	부록 한인의 의식주
9	평양의 일본인	23	겸이포 지선(支線)	37	한인의 관혼상제
10	일본인 호구와 그 사회	24	상공업지로서의 평양	38	관공서 및 은행
11	지방의 일본인 호구	25	수출입 상태	39	평안남북 양도 및 황해도 주요도의 주요 농리물(農理物)
12	거류 일본인 본적별 현황	26	평양 수출입액	40	평양 회고
13	일본인 영업별 현황	27	금은 유출입	(사진 십여 장)	
14	재류외국인	28	평양 부근의 산업		

319) 압록강 '만한국경사정'鴨緑江'満韓国境事情'

저자	오사키 미네토(大崎峰登)	출판년월	1910년 2월
판형	국판	페이지 수	240쪽
발행처	도쿄 마루젠주식회사	소장처	시카타문고

저자는 육군 공병소좌이며 조선 각지에 약 2년 정도 머물렀다고 한다.

안동과 의주의 경영을 다룬 책들은 대부분 단지 하류지방이나 철도의 연선 발달만을 논하고, 유감스럽게도 상류지방의 개발 및 수운의 이용에 관해서는 논하지 않는다. 나는 목재창(木材廠) 창원 및 영림창(營林廠) 사무관으로 약 2년 동안 강반(江畔)에서 일을 했다. 평소에 업무를 보면서 조사・연구하여 모은 자료를 제공하여 압록강을 연구하는 사람들에게 참고

가 되고자 한다.(서)

〈목차〉

장	제목
제1장	압록강의 대세
제2장	수류의 상태
제3장	수운 및 교통
제4장	연안의 상황
제5장	연안의 상업 및 농업
제6장	목재 벌채의 연혁
제7장	청인(淸人) 목재 사업의 구습(舊習)
부록	(1)압록강 산출 주요 수목 설명 (2)압록강 및 두만강 목재의 용도에 관한 설명 (사진 몇 장)

320) 진남포 안내기鎭南浦案內記

저자	진남포신보사 편	출판년월	1910년 10월
판형	46판	페이지 수	160쪽
발행처	진남포 진남포신보사	소장처	도쿄경제대학

책의 제목을 안내기로 붙였다. 진남포에 관한 사항을 망라하여 책을 읽고 진남포를 아는데 편의를 제공하고자 한다. 이 책은 단순한 기술을 중심으로 구성했으나 중간에 의견을 삽입하기도 했다. 분류와 서설이 일정하지 않은 것은 무미건조함을 피하고 흥미로운 안내서로 꾸미고 싶었기 때문이다.(예언)

〈목차〉

제목	제목	제목
항만으로서의 진남포	평남선의 유래	이 지역 부근의 삼대 철산(鐵山)
과거의 진남포	진남포 축항	마강과 안객온천
위치 및 시가지	진남포와 공로자	삼화화원
지세 및 지질	진남포의 금융계	오락기관
기후 및 위생상태	진남포의 교육	관청 · 공소(公所) · 단체 · 회사
진남포의 무역상황	진남포의 종교	진남포의 예기(藝妓)
제염지로서의 광량만	진남포의 수산업	진남포의 요정(料亭)
운수 · 교통 · 통신업	농회지회(農会支会)의 사업	야나기쵸(柳町)와 조선
진남포의 인구	진남포 부근의 농업	

321) 경북요람慶北要覧 – 대구신문 제1381호 부록

저자	대구신문사편집국	출판년월	1910년 10월
판형	46배판	페이지 수	50쪽
발행처	경상북도 대구신문사	소장처	일본 국회도서관

예전에 철도원이 주최한 조선시찰단을 대상으로 경북의 상황을 알리는 기사를 대구신문 증간지에 게재한 적이 있다. 이 책은 당시 기사를 교정 · 증보하여 동양척식주식회사가 주최하는 농사시찰단에 보내고, 그 외에도 경북의 상황을 궁금해 하는 사람들에게 조사자료를 제공하기 위해 편찬한 것이다.(예언)

〈내용〉

제목	제목
대구안내(와타나베 무라오(渡辺村男))	경북의 과수재배 (도라이 히데타로(戸来秀太郎))

제목	제목
왕골 제연(製筵)에 관하여(오구라 다케노스케(小倉武之助))	경북의 연초재배(후쿠치 기사쿠(福地義作))
경북의 농본(미우라 나오지로(三浦直次郎))	경북도의 일본인 (히시키 슈이치(飛舗秀一))
경북의 상업(고미야 히코지(小宮彦次))	경북의 운수교통(가쓰라 에이조(桂栄三))
경북의 임업	그 외 경북의 광구(鑛區) 일람 등 각종 산업통계 게재

322) 경성과 내지인京城と內地人

저자	가와바타 겐타로(川端源太郎)	출판년월	1910년 12월
판형	46판	페이지 수	240쪽
발행처	경성 일한서방	소장처	舊藏

저자는 군마현 사람으로 1895년 12월에 한반도로 건너가 경성에서 무역상을 경영했다. 1900년 8월부터 대만총독부에서 근무했고 냉수탄광사무소冷水炭鉱事務所를 주재했다. 대만일보 기자로도 일했으며 1905년 10월에는 만주로 옮겨 관동주 민정서民政署에서 근무하면서 후에 만주신보사를 창립하여 영업부장이 되었다. 1909년 8월 다시 경성으로 돌아왔고 1911년 12월에 조선실업신문사를 창립했다.

조선이 병합된 후 상호간의 왕래가 근래에 더 활발해졌다. 이런 시기에 조선에 재류하는 내지인들의 과거와 현재의 상황을 잘 소개한 저작이 없는 일은 매우 유감이라는 생각이 들어 급히 이 책을 기획하게 되었다. ……제목을 경성과 내지인으로 지은 것은 책의 범위를 재류내지인에 한정했기 때문이다. 경성의 오늘은 내지인이 노력한 결과로 주어진 것이며 그 번영은

우리 내지인의 발달을 의미한다. 내지인이 없으면 경성도 존재하지 않는다고 말할 수 있으리라.(예언)

〈목차〉

장	제목
제1장	개요
제2장	거류내지인 발달사
제3장	현세
제4장	교육
제5장	위생
제6장	종교
제7장	교통 및 통신
제8장	경제사정
제9장	내지인의 여러 경영

323) 조선 대구일반朝鮮 大邱一斑

저자	미와 조테쓰(三輪如鉄)	출판년월	1911년 1월 (1912년 10월 재판)
판형	국판	페이지 수	246
발행처	대구 스기모토 양강당(杉本梁江堂)	소장처	도쿄경제대

저자는 1891년 양잠교사로 조선에 초빙되어 각지를 돌아다닌 후 대구에 거주했다.

이 책은 한국시대(韓國時代)에 집필하기 시작하여 총독부시대에 완성한 탓에 국가와 사람에 관한 용어가 다른데, 시대의 변천을 보여준다고 생각하여 수정하지 않고 그대로 두었다. ……집필 순서는 제4장까지를 순서대로 서술한 다음 5장을 건너뛰고 7·8·9·10장을 먼저 쓴 후 제5장 '대구의 현재'를 가장 마지막에 썼다. 10월 1일에 이사청(理事廳), 관찰도(觀察道), 감독국(監督局)이 폐지되었으나 정정하지 않고 그대로 둔 것은 최근의 대구를 보여주기 위해서다.(발행의 이유)

〈목차〉

장	제목
제1장	대구의 지세
제2장	과거의 대구
제3장	잠복시대의 일본인
제4장	일본인의 발전
제5장	대구의 현재
제6장	장래의 대구
제7장	대구의 기후
제8장	새 이주자에게 알림
제9장	지방 소개
제10장	도세(道勢)의 비교
(사진 몇 장)	

324) 개성안내기 開城案內記

저자	오카모토 가이치(岡本嘉一)	출판년월	1911년 4월
판형	46판	페이지 수	86쪽
발행처	개성 개성신보사	소장처	架藏

(개성은) 유명한 조선인삼의 산지이자 고려도자기의 산지, 혹은 고려의

옛 도읍으로 알려져 있다. 다만 그밖에 오늘날 일본인들이 어떻게 발전하고 있는지, 교육 · 종교 및 실업이 어떤 상황에 있는지, 어떠한 구적(舊蹟)이 있는지 등을 소개하는 일도 무익하지는 않을 것이라 생각한다.(서언)

〈목차〉

제목		제목	
서언		제7	상업
제1	고려	제8	농업
제2	근래 거류민의 상태	제9	개성부근 도회
제3	개성의 명물	제10	관공아(官公衙)
제4	명소구적	제11	은행 · 회사 · 조합
제5	교육	(부록) 각 나라별 호구 숫자/개성역 발차시각표	
제6	종교	(사진) 만월대/선죽회(善竹栃)	

325) 신의주사新義州史

저자	와다 다카시(和田孝志)	출판년월	1911년 4월
판형	국판	페이지 수	129쪽
발행처	신의주 시마다 총문관(島田叢文館)	소장처	架藏

저자는 만주신보 기자다.

이 책은 신의주 일반을 소개한 것에 지나지 않는다. 그런데도 제목을 신의주사라고 지은 것은 현재에 머물지 않고 과거를 서술하는 한편 미래를 전망하기 때문이며, 또한 사기의 체제를 약간 도입했기 때문이다. 다만 저자의 노력에도 불구하고 변변치 못한 부분이 있을 터이다. 조선이 유신을 맞이할 때 이 책이 지방에 공헌할 수 있다면 더 바랄 것이 없는 영광이겠다. 이 책의 부족함을 메우고 시비를 교정할 부분에 대해서는 널리 식자의 교시를 기다릴 것이다.(자서)

〈목차〉

편	제목
제1편	신의주의 발전상태
제2편	신의주의 연혁
제3편	신의주의 무역
제4편	신의주의 교통 및 운수
제5편	신의주와 영림(營林)사업
제6편	신의주의 행정
제7편	신의주의 현재 상황
제8편	신의주 세력분포
제9편	신의주 인물 월단(月旦)
(신의주전도 및 사진 몇 장)	

326) 마산과 진해만馬山と鎮海湾

저자	히라이 아야오(平井斌夫)	출판년월	1911년 11월
판형	46판	페이지 수	186쪽
발행처	마산 하마다신문점(浜田新聞店)	소장처	架藏

마산과 진해만 두 곳의 발전과 진보는 매우 빠르게 이루어졌다. 특히 진해만 군항지는 그 상세(狀勢)가 시시각각 변화하여 집필 중에도 몇 번이나 원고를 교정하고 첨삭했다. 이 책이 간행될 무렵에는 기재한 사실이 다소 바뀌게 될지도 모른다.(예언)

〈목차〉

장	제목	장	제목	장	제목
제1장	마산		수산업		사사노(笹野)공장
	총설		교통		다카스(高須) 통조림
	관아 · 공서	제2장	진해만		합자회사
	농업		군항지 개관		목축
	임업		현동(縣洞)의 발전		교육과 종교
	목축업		해군용지의 대하(貸下) 및 시가지 경영		항만과 덕산리
	상업		건축 및 토목공사		
	공업		비봉(飛鳳)		

327) 함산지咸山誌 4권(1책)

저자	주기(朱杞) 編	출판년월	1912년 1월
판형	국판	페이지 수	102쪽
발행처	함경북도 함흥군	소장처	架藏

이 책은 함흥부의 읍지로 사본으로 전해지고 있었다. 1911년 함경북도 함흥군 서기 야마자키 만지로山崎万次郎가 그 인멸을 걱정하여 활판본을 만들었다. 또한 함흥군 내에 있는 비문을 모아서 부록으로 간행했다.

본문은 모두 한문이며 권말 발문에 책의 유래가 적혀있다. 이에 따르면 함흥의 읍지는 원래 동호東湖 문덕교文德教가 짓고 동암東巖 정당鄭棠이 편집한 것이라고 한다. 동호가 지었다고는 하지만 실제로는 여지승람의 함흥 부분 전문을 등사한 것에 불과하고, 동암 역시 고금의 사적을 수집하던 중 원고를 완성시키지 못하고 죽었다. 그 뒤에 찬지撰志의 업을 계승한 것은 주기朱杞의 아버지인 호주湖洲 주여정朱汝井이었다. 여정은 여지승람을 따라 서사범례序事凡例에 각주를 첨가 · 보충했으며, 동암의 초본에서 취사 선택하고 속록續錄을 붙여서 숙종 25년(1699)에 편찬을 마쳤으나 연행鉛行은 못했다. 그 후에 함흥부사 윤양래가 마을에서 그 파본을 찾아냈고 여정의 아들 기에게 찬수하도록 했다. 기는 박상욱朴尙郁, 서후영徐後永에게 기묘년 이후의 일을 취합하도록 명하고 그 내용을 첨부했다. 이러한 과정을 거쳐 영조 7년(1731) 신해에 초편草編이 나왔다. 그러나 결국 판형으로 만들어지지 못하고 사본으로만 전해져오던 것을 1911년 함흥군이 양장본으로 출판했다.

〈목차〉

장	제목	장	제목	장	제목	장	제목
	「1권」		봉수(烽燧)		관안(官案)		호액(戶額)
	부계(府界)		해진(海津)		우거(寓居)		전안(田案)
	연혁		궁실		현영(顯詠)		저곡(儲穀)
	관원		직정(稷亭)		신증목록		공안(貢案)
	군명		「2권」		「3권」		병안(兵案)
	사명(社名)		학교		효열		이안(吏案)
	성씨		역원		충의		천안(賤安)
	풍속		창고		우애		교량
	형세		불당		인물		제언(堤堰)
	산천		사묘(祠廟)		과공		도로
	토산		능묘		음관관우(廕官館宇)		「4권」
	성곽		고적		제서(諸署)		총기
	관방		명관		복거(卜居)		가요

328) 조선 대전일반朝鮮 大田一斑

저자	고바야시 로쿠사부로	출판년월	1912년 3월
판형	국판	페이지 수	130쪽
발행처	충청남도 대전 盛生堂	소장처	舊藏

이 책은 죽정竹亭 고바야시 로쿠사부로小林六三郎(대전 거주)가 편찬한 것이다.

> 대전의 과거와 현재를 망라하고 장래를 논하는 이 책은 시대의 갈망을 채우기 위해 태어난 것이다. 내용이 풍부하여 여러 사람들의 참고가 될 만하고 기사가 정확하여 대전의 진가를 알기에 조금도 모자람이 없다. ……문장이 졸렬하지만 그 책임은 모두 나에게 있다.(자서)

〈목차〉

장	제목
제1장	대전의 지세, 연혁 외 17항
제2장	금융의 상태 외 15항
제3장	공업의 상태 외 15항
제4장	농업의 상태 외 15항
제5장	상업의 상태 외 11항
제6장	과거의 대전 외 11항(대전 사진 그 외)
(대전 사진 그 외)	

329) 경성발달사京城発達史

저자	경성거류민단역소(役所) 編	출판년월	1912년 6월
판형	국판	페이지 수	474쪽
발행처	경성거류민단역소	소장처	도쿄경제대학

이 책은 1880년부터 1910년까지 30년에 걸친 경성거류민단의 발전사를 다룬 것이다. 처음에 샤쿠오 슌조가 1906년까지 원고를 쓰다가 중단되었던 것을 1911년 거류민단이 아오야기 쓰나타로에게 편집을 위탁해서 완성시켰다.

> 이 책은 전체적으로 일본인이 처음으로 경성에 재주하기 시작한 1880년부터 1910년 8월 일한병합에 이르는 30년 동안 우리 거류민이 활약 · 분투한 역사를 적은 것이다. 통계 등은 최근의 사실을 기록한 것이며, 일본인의 발전은 곧 경성의 발전을 의미하므로 경성발달사라는 제목을 붙였다.(예언)

〈목차〉

편	제목	편	제목
제1편	서설	제6편	위생기관 발전의 상황
제2편	거류지발전의 상황	제7편	종교발달의 상황
제3편	경제발전의 상황	제8편	교통발전의 상황
제4편	일본인 상업회의소의 연혁	제9편	용산발전 소사
제5편	교육발전의 상황	제10편	여록

330) 경인통람京仁通覽

저자	후쿠자키 기이치(福崎毅一)	출판년월	1912년 6월
판형	46판	페이지 수	198쪽
발행처	경성 일한서방	소장처	도쿄경제대학

이 책은 경성과 인천의 편람으로 두 지역을 안내하고 각종 직업을 소개한 것이다. 관련 사진을 18장 첨부했다.

〈목차〉

제목	제목	제목	제목
경성 개세(槪勢) 및 명소고적	노량진부	(부록)	도행정 구획
용산부(部)	인천부	일한청 서력연대 대조	조선포교의 연혁
영등포부	강화도부	이조 계보	(사진 십여 장)

331) 남선보굴 제주도南鮮寶窟 濟州島

저자	오노 히토오(大野仁夫)	출판년월	1912년 6월
판형	46판	페이지 수	148쪽
발행처	부산 요시다 박문당(吉田博文堂)	소장처	일본 국회도서관

이 책은 제주도 성산포에 사는 오노 히토오(호는 추월秋月)가 「탐라지」를 경經으로 삼고 일 년 동안 행한 실지조사를 위緯로 삼아 썼다고 한다. 본문 중에 「제주도 계도界圖」, 「봉연소烽煙所 배치도」를 삽입했다.

이 섬에는 예전부터 실측도가 없다. ……여러 고심 끝에 이 지도를 제작

했다. 현존하는 제주도 지도 중에 가장 정확한 것이라 믿어 의심치 않는다. (서언)

〈목차〉

제목		제목		제목	
1	총론	5	산천	9	학교
2	지세	6	도서	10	관아
3	연혁	7	명승	11	병합 후 제주도
4	풍속	8	고적	(부록) 명사들의 활동 모습, 사진판 4점	

332) 해주사海州史

저자	–	출판년월	1912년 7월
판형	국판 화장	페이지 수	10엽
발행처	황해도 해주 편자	소장처	舊藏

이 책에는 편자 이름이 없다. '어해주성내편자모지於海州城內編者某誌'라고만 적혀있다. 자가한정판이다.

이 책은 자료를 중심으로 고죽지(孤竹誌) 및 선인들이 쓴 기록을 취합한 것이다. 그 문장을 훼손하지 않고 가급적 직역하면서 개인적인 견해도 넣었다. ……제목은 해주사지만 근세에 관해서는 조금도 다루지 않았다.(서언)

(부록) 해주부근상상도

333) 신라구도 경주지新羅旧都 慶州誌

저자	기무라 시즈오	출판년월	1912년 10월
판형	국판	페이지 수	54쪽
발행처	경상북도 경주 저자	소장처	架藏

저자 기무라 시즈오木村静雄의 호는 오계五溪이고 경주도청에 근무하면서 신라유적을 연구했다. 경주고적보존회의 설립에 참가하여 이 책을 썼다.

(1) 이 책은 신라시대를 중심적으로 다루고 있으며 주로 삼국사기를 인용했다. 삼국유사는 초출본을 참조했으므로 오류가 있을 수 있다. ……(4) 유적의 기술은 주로 세키노 공학박사의 「조선예술의 연구」와 「동양협회 학술보고」에서 발췌 · 보정했다.(예언)

〈목차〉

제목	
제1	서언
제2	지지
제3	신라의 치세
제4	신라의 유적
제5	여론(余論)

334) 부산요람釜山要覽

저자	모리타 후쿠타로(森田福太郎) 編	출판년월	1912년 11월
판형	국판	페이지 수	356쪽
발행처	부산상업회의소	소장처	도쿄경제대학

이 책의 목적은 부산항의 내지인 상황을 소개하는 것이며, 조선인에 관한 내용은 중요사항 두어 개 외에는 모두 생략했다. 이 책은 부산항의 현재 상황과 함께 과거의 내력도 소개하여 발달의 경로를 추측해보는 것이 목적이며, 본문에서 다루는 사항은 대부분 시간순서에 따라 기술한다. 이 책에서 제시한 여러 통계표들은 1911년도의 것을 따르고 있지만, 그 외의 수치에 관한 사항 및 여러 표는 올해 나온 자료에 입각한 것이다. 그러나 조사의 날짜가 서로 다른 자료들을 가지고 시기의 통일을 기할 수는 없는 법이다. 이러한 자료들은 각각 당시의 날짜를 표시해 그 근거를 밝혔다.(범례)

〈목차〉

335) 신찬 경성안내新撰 京城案內

저자	아오야기 쓰나타로	출판년월	1913년 3월
판형	국판	페이지 수	326쪽
발행처	경성 조선연구회	소장처	도쿄경제대학

저자의 호는 난메이고 조선연구가다. 상세한 소개는 47번 항목 참조.

최근 경성은 놀라운 발전을 거듭하고 있으며, 일본 내지인의 수는 이제 5만에 이른다고 한다. 당국의 시구개정(市區改正)과 함께 굳건한 대륙의 대도부(大都府)가 건설되는 중이다. 이 책은 이와 같은 발전의 거대한 풍조에 따르는 일반적 요구에 응답하기 위해 편찬한 것이다.(예언)

〈목차〉

제목	제목	제목
서설	경성의 조선인	경성의 은행 및 회사
경성지리소지(小誌)	경성의 상업	경성의 종교
역사의 경성	경성의 경제계	경성의 교육
경성의 시가	경성의 공업	경성의 명소 및 고적
경성시가의 지가(地價)	경성의 농업	경성의 관아
경성 및 그 부근의 토지매매 상황	동양척식회사와 경성	경성의 물가 및 노은(勞銀)
경성의 전기 · 철도	경성의 신문잡지 및 통신	오라, 내지인이여
경성의 전등 및 가스	경성의 재류외국인	(사진 6점 및 지도)
경성의 일본인	경성의 금융	

336) 선남발달사鮮南発達史

저자	조선신문사 編	출판년월	1913년 4월
판형	46배판	페이지 수	594쪽
발행처	인천 조선신문사	소장처	시카타문고

선남은 충청남북, 전라남북, 경상남북을 총칭하는 단어로서 여기에 경기를 더하는 것은 제목과 부합하지 않는 면이 있으나, 경기도는 조선의 두뇌이자 제반 사업의 근원지이므로 수미(首尾)를 정돈하기 위해 편의상 추가하기로 했다. 이를 통해 조선사정의 일반을 엿볼 수 있을 것이다.(범례)

〈목차〉

장	제목	장	제목	장	제목	장	제목
제1장	총론	제6장	정치	제11장	공업	제16장	도량형
제2장	지지	제7장	농업	제12장	상업	제17장	교통
제3장	연혁	제8장	임업	제13장	금융	제18장	통신
제4장	민정	제9장	광업	제14장	척식사업	제19장	추요지(樞要地) 현황
제5장	종교	제10장	수산업	제15장	물가 및 노은	제20장	명승구적

337) 함남지자료咸南誌資料

저자	함흥 헌병대본부 함경남도 경무부	출판년월	1913년 4월 (1915년 9월 3판)
판형	46배판	페이지 수	295쪽
발행처	함경남도 함흥헌병대본부	소장처	도쿄경제대학

이 책은 1913년에 처음 인쇄되었고 1915년 9월 수정을 더한 제2판이 나

왔다. 모두 석쇄판石刷版이며 권두에 함흥헌병대장 구마베 지카노부隈部親信[113]의 서문이 실려 있다.

1913년에 관내헌병 및 경찰관에게 명하여 고성지, 사원, 전, 능, 석비 등을 조사하고, 읍지(邑誌)와 구비(口碑)의 사적을 수집하게 했다. 여기에 함경남도 연혁의 일반 및 현황을 첨가하고 함남지자료라는 제목으로 가인쇄(假印刷)하여 도지(道誌) 편찬의 자료로 제공하고자 했다. 또한 수집한 재료를 보수하고 약간의 오류를 교정해서 여기 제2판을 발행하기에 이르렀다.(서)

〈목차〉

제목	제목	제목
함경남도 연혁개요	안변군(이하 세목은 원산부의 세목과 동일하기에 생략)	홍원군
위치와 크기	덕원군	북청군
지세	문천군	이원군
교통	고원군	단천군
주민	영흥군	풍산군
산업	안평군	갑산군
조선연대약표	함흥군	삼수군
원산부(연혁/항만/관공아/교통운수/수이출입(輸移出入), 고성지 및 봉수)	신흥군	장진군
		(부도, 고적도 1점)

113 구마베 지카노부(1869~1934) : 나가노 출신의 육군 소장. 육군 사관학교 제1기 졸업생으로 청일전쟁과 러일전쟁에 참전했다. 1910년 한국주차헌병대장, 이어서 통감부 경무부장을 역임했다. 병합 이후에는 총독부의 경무부장과 헌병대장으로 치안 유지를 담당했다.

338) 충남논산발전사忠南論山発展史

저자	도미무라 로쿠로, 기하라 준이치로	출판년월	1913년 12월
판형	46판	페이지 수	186쪽
발행처	논산 충남논산발전사 편찬사	소장처	도쿄경제대학

충청남도 논산에 재주하는 도미무라富村六郎와 기하라木原準一朗 두 사람이 논산에 관한 종래의 자료가 없는 점을 유감으로 여겨 책을 펴냈다고 한다.

논산을 중심으로 은진(恩津), 인천, 마구평(馬九坪), 연산(連山), 노성(魯城), 부여, 석성(石城)의 연혁 및 발전 상태를 세밀하게 조사하여 이 소책자를 편찬한다. 이를 시찰가(視察家)의 나침반으로 삼고, 나아가 널리 사회에 배포하여 논산을 소개하려는 것으로…….(서언)

〈목차〉

장	제목	장	제목
제1장	논산의 위치 및 지세	제10장	상업
제2장	논산의 기후	제11장	공업
제3장	논산의 연혁	제12장	관공서
제4장	논산 거주 내지인의 자치	제13장	은행 · 회사 · 조합
제5장	논산의 호수와 인구	제14장	여관 · 기타
제6장	논산의 교육 및 종교	제15장	명승구적
제7장	논산의 위생	제16장	논산학교조합 규약
제8장	운수교통	제17장	부근일대 발전상태
제9장	농업		

339) 강원도상황경개江原道状況梗概

저자	–	출판년월	1913년 12월
판형	46판	페이지 수	491쪽
발행처	강원도 춘천헌병대본부	소장처	도쿄경제대학

경무기관 직원으로 강원도에 몇 년 동안 근무한 사람이라도 동쪽에 있는 사람은 서부를 자세히 알지 못하고 남쪽에 있는 사람은 북쪽을 상세히 알 방법이 없는 상황이다. 이와 같은 유감스러운 상황을 타개하고 집무의 자료를 얻을 수 있는 방법을 궁리해왔다. 공무 중의 여가를 이용해 강원도의 과거 및 현재의 정세 일반을 개괄적으로 편집했으니, 강원도 전체의 대략적인 상황을 앉아서 살필 수 있으며 공사(公私)의 참고로 삼을 수 있을 것이다. 통계는 주로 1912년도에 나온 것을 게재하여 최근의 사정을 알리고자 했다.(권두)

〈목차〉

장	제목	장	제목	장	제목	장	제목
제1장	강원도의 연혁	제5장	위생	제9장	종교	제13장	풍속 · 습관
제2장	지리	제6장	민적 및 거주	제10장	교육	제14장	명소고적
제3장	기상	제7장	폭도	제11장	산업	제15장	잡(雜)
제4장	경찰	제8장	교통 · 통신	제12장	금융 · 재정	(부록) 강원도령/강원도 경무부령/강원도전도/사진 5점	

340) 북조선지北朝鮮誌

저자	야마다 덴잔, 안도 호쿠요	출판년월	1913년 12월
판형	국판	페이지 수	290쪽
발행처	오사카 박통사(博通社)	소장처	도쿄경제대학

저자 야마다 이치타로山田市太郎(호는 덴잔天山)는 신문기자이며, 안도 가즈에安藤一枝(호는 호쿠요北洋) 역시 오사카에서 활동한 기자다.

일전에 아사오카 난메이(浅岡南溟) 씨가 북한안내를 저술하고 원산매일신문사가 동조선(東朝鮮)을 발행하여, 우리 북선과 간도의 부원(富原)을 널리 세상에 소개하고 이를 개발하는데 많은 도움을 주었다. ……여기에 저자는 전자의 결점을 보충하는 북조선지라는 제목의 책을 내는바, 상편에서는 북선의 경제를 논하고 역사를 덧붙이는 한편 부근 러시아령 블라디보스토크와 장래 북선과 자매관계를 가지게 될 북만주를 추가했다. 하편에서는 저명한 도읍의 세견(細見)과 해륙 여행안내를 주로 다룬다.(자서)

〈목차〉

권	제목	장	제목
「상편」		제5권	블라디보스토크
제1권	함경남도 · 함경북도 총설	부록	
제2권	함경남도	「하편」	
제3권	함경북도	제1권	여행안내
제4권	간도	제2권	토지안내

341) 목포지木浦誌

저자	목포지편찬회	출판년월	1914년 2월
판형	국판	페이지 수	648쪽
발행처	전라남도 목포 목포지편찬회	소장처	도쿄경제대학

이 책은 1912년 목포개항 10주년을 맞아 목포에 재주하는 관민과 유지가 발기한 기념사업으로 계획된 것이다. 이듬해 1913년 4월 목포지편찬회가 성립되었고 같은 해 6월 거류민단장 다카네 노부시나高根信科를 편찬위원장, 다니쓰네 가헤이치谷恒嘉平市를 편찬주임으로 선출하여 편찬사업을 시작했다.

> 편찬방침의 주안점을 오직 서사의 정확함에 두었다. 내용의 분류, 기사의 배열 등은 아직 전혀 체재가 갖추어지지 않아서……대부분의 통계는 1912년까지의 것으로 한정했으나, 서사부분은 각 장에서 주기한 부분 이외에 1913년 11월까지를 다루었다. 그리고 편의상 12월까지 다룬 부분도 조금 있다.(예언)

〈목차〉

편	제목	편	제목	편	제목	편	제목
제1편	총설	제5편	교육, 종교 및 신문지	제9편	교통운수	제13편	수산업
제2편	행정 및 사법기관	제6편	위생사업	제10편	화폐 및 금융	제14편	쌀의 목포
제3편	자치기관	제7편	방화설비	제11편	상공업	제15편	면(棉)의 목포
제4편	실업단체	제8편	항만 및 시가	제12편	농업	제16편	한인의 통상방해 사건
							(지도 4점)

342) 도서조사서島嶼調査書 – 전라남도 지도군智島郡

저자	목포경비소	출판년월	1914년 3월
판형	국판	페이지 수	324쪽
발행처	전라남도 목포 동경비소	소장처	舊藏

이 책은 1912년 5월부터 1913년 11월까지 전라남도 지도군 17면을 총설, 호구 및 직업, 위생 및 교육, 교통 · 운수 · 통신, 농림 · 어업 · 금융 · 공업, 잡조雜俎 등으로 나누어 조사한 내용이다.

섬의 산림, 원야의 경지 결수(結數), 국유와 민유의 구별, 언제(堰堤) 및 간석지의 지적(地積), 교육, 종교에 관한 사항 등은 지도군을 조사한 내용이고, 호구와 직업, 위생, 산업 등은 각각의 호를 조사한 내용이다.(범례)

〈목차〉

장	제목	장	제목	장	제목
제1장	총설	제7장	하의면	제13장	사옥면
제2장	군내면	제8장	흑산면	제14장	임자면
제3장	봉도면	제9장	비금면	제15장	낙월면
제4장	압해면	제10장	기좌면	제16장	위도면
제5장	안창면	제11장	암태면	제17장	고군산면
제6장	장산면	제12장	자은면	(지도군 그림)	

343) 조선금강산대관朝鮮金剛山大観

저자	이마가와 우이치로(今川宇一郎)	출판년월	1914년 4월
판형	25×35cm	페이지 수	본문 27쪽/사진단판 48점/영문 36쪽
발행처	도쿄 대륙답사회편찬부	소장처	도쿄경제대학

천하의 으뜸인 금강산은 실로 대자연의 절대미를 보여주는바……저자는 이를 세계에 소개하는 것이 절실한 급무라고 생각하여 1913년 4월 사가와(早川) 화백과 사진사를 대동하여 금강산에 들어갔다. 사람들이 거의 찾지 않는 천산만악을 탐험하기를 대략 반년, 이제 겨우 이 저서가 완성되었다. 만약 이 책으로 금강의 진정한 모습을 세계에 알릴 수 있다면 저자는 더 바랄 것이 없다.(자서)

〈목차〉

제목	제목	제목	제목
금강산의 교통지도	금강산의 풍경	외금강의 승경	금강산과 시집
금강산 탐승지도	금강기요	해금강의 해색미(海色美)	사진 40점/콜로타입 도판 8점
금강산 탐승록	내금강의 승경	신(新)금강의 풍경	

344) 조선금강산탐승기朝鮮金剛山探勝記

저자	다케우치 나오마(竹内直馬)	출판년월	1914년 8월
판형	국판	페이지 수	116쪽
발행처	도쿄 부산방	소장처	일본 국회도서관

이 책은 경부철도 경영에 종사했던 다케우치 쓰나 일행의 금강산 여행

기로서 실제 집필은 원산신문 편집장 다카오 하쿠호高尾白浦가 맡았던 것 같다. 일행은 기자, 화가, 사진가 등 8~9명으로 구성되었으며 1911년 5월에 여행했다.

〈목차〉

제목	제목	제목	제목
서언	장안사	한계동	소적벽
금강산에 이르는 해륙 이정	표훈사	소시모리(曾戸茂利)	청간정
장전항	정양사	영원폭(蠑源瀑)	낙산사
온정동	만폭동	설악산	경포대
만물상	보덕굴	신흥사	죽서루
신계사	마하연	건봉사	망양정
구룡연	미륵대	총석정	월송정
유점사	비로봉	국도	
만경동	단발령	삼일포	

345) 부산안내기釜山案内記 – 구아대륙의 연락항欧亜大陸の連絡港

저자	시다 가쓰노부, 기타하라 사다마사 編	출판년월	1915년 2월
판형	46판	페이지 수	140쪽
발행처	도쿄 척식신보사	소장처	일본 국회도서관

이 책은 부산에 재주하는 시다 가쓰노부志田勝信가 안내기 편찬을 기획하고 초고를 작성하던 중 척식신보사의 기타하라 사다마사北原定正의 협찬을 통해 도쿄에서 인쇄·간행한 것이다.

부산안내기라 이름 짓는다. 부산에 관한 모든 사항을 망라하여 대(大)부

산의 내용을 살펴볼 수 있도록 했다.(예언)

〈목차〉

장	제목	장	제목	장	제목	장	제목
제1장	총설	제5장	유망한 수산업	제9장	부산과 육해군	제13장	부산과 성공가
제2장	온화한 기후	제6장	완비된 교육기관	제10장	각종 단체	제14장	장래의 대부산
제3장	항만으로서의 부산	제7장	부산의 무술(武術)	제11장	관공아 및 은행, 회사	(부록) 오락기관/선차(船車)여행편람/상공인명일람/사진판 7점	
제4장	부산과 농공상	제8장	종교의 신념	제12장	명승구적		

346) 최근 경성안내기最近 京城案內記

저자	아오야기 쓰나타로	출판년월	1915년 4월
판형	46판	페이지 수	270쪽
발행처	경성 조선연구회	소장처	도쿄경제대학

저자의 호는 난메이고 조선연구가다. 상세한 이력은 47번 항목 참조.

수년 전 경성안내를 출판하여 널리 강호의 호평을 얻었다. 당시의 경성을 폭넓게 소개하여 그 발전의 자력(資力)을 독자에게 알린바 있다. 그 후 경성의 면모는 완전히 일신하여 대륙의 대도부(大都府)로 변해가고 있다. 이 책은 이러한 대발전의 거대한 풍조와 시대의 요구에 응하여 지난번에 출판했던 책을 골자로 편집한 것이다.(예언)

〈목차〉

편	제목	편	제목	편	제목	편	제목
제1편	대경성	제7편	경성부근의 농업	제13편	경성의 종교	제19편	경성의 박물관 및 동식물원
제2편	경성의 시가	제8편	경성의 지가	제14편	경성의 교육	제20편	경성의 은행, 회사
제3편	경성의 행정	제9편	경성의 신문, 잡지, 통신	제15편	경성의 교통과 운수	제21편	경성의 사적 및 승지
제4편	경성의 경제 및 금융	제10편	경성의 경찰 및 헌병대	제16편	경성의 전기 및 가스사업	제22편	경성의 명가
제5편	경성의 상업	제11편	경성의 재판 및 감옥	제17편	경성의 우편 및 통신, 전화	제23편	잡찬(雜纂)
제6편	경성의 공업	제12편	경성의 위생	제18편	경성의 인구		

347) 원산발전사元山発展史

저자	다카오 신에몬 編	출판년월	1916년 5월
판형	국판	페이지 수	872쪽
발행처	원산 다카오 신에몬	소장처	도쿄경제대학

이 책은 1914년 3월 신부령新府令이 시행되고 종래의 민단법이 폐지됨에 따라 원산민단의 시설 및 발달의 경과를 기록하기 위해 전 민단 촉탁 다카오 신에몬高尾新右衛門이 집필한 것이다. 다카오의 호는 백포白浦이며 이 책 외에 『대륙발전책으로 보는 원산항』(1922년, 354번 항목 참조), 『조선금강산』(1918년, 349번 항목 참조) 등의 저서가 있다.

이 책의 제목은 원산발전사이지만 원산개항의 과정 및 그 지세와 거류지 경영의 사실을 중심으로 일본국민이 조선에서 발전하고 분투한 역사를 그렸다. 또한 일본의 외교사 및 식민사가 되기를 기대하며 붓을 들었다.(범례)

〈목차〉

제목
총론
원산개항사
1880년부터 1914년까지 편년체로 기술 (세목 생략)

348) 평양풍경론平壤風景論

저자	오다와라 마사토(小田原正人)	출판년월	1917년 6월
판형	국판	페이지 수	183쪽
발행처	경성 조선연구회	소장처	도쿄경제대학

저자의 호는 만리萬里로서 오랜 기간 평양에 머물면서 평양의 역사를 연구했다. 『평양풍경론』은 원래 평양일일신문에 연재했던 것으로 저자가 평양실업협회에 들어간 이후 중단되었다가 나중에 원고를 정리하여 조선연구회가 출판한 것이다.

> 평양지(誌)의 내용에서 7할, 그밖에 다른 고서에서 3할을 인용하여 책의 기초로 삼았다. 평양지에는 원지(原誌, 경인지), 경술지, 을유지, 임진지 등이 있는데 이 책에서는 이들의 요소를 통일하여 골자로 삼았다.(예언)

〈목차〉

장	제목	장	제목	장	제목
제1편 총론		제3편 역사로 본 가치		제장1	추풍감별곡(秋風感別曲)
제2편 조화(造化)로 본 가치		제1장	강산과 역사적 관계	제2장	시화(詩話)

장	제목	장	제목	장	제목
제1장	평양풍경 대관	제2장	평양의 연혁	제3장	고사 · 전설
제2장	산안봉만(山岸峯巒)	제3장	명소고적	제4장	시문
제3장	강하탄포(江河灘浦)	제4편 문사(文事)에 나타난 평양		제5장	비문(碑文)

349) 조선금강산朝鮮金剛山

저자	다카오 신에몬	출판년월	1918년 6월
판형	국판	페이지 수	62쪽
발행처	원산부 동경당서점(東京堂書店)	소장처	도쿄경제대학

저자의 호는 백포이며 원산에 살면서 원산민단 촉탁 등을 지냈다. 이 책 외에 『원산발전사』(1916년, 347번 항목 참조), 『대륙발전책으로 본 원산항』(1922년, 354번 항목 참조) 등의 저작이 있다.

> 편자는 1909년 3월에 처음 금강산에 발을 들였다. 그때만 해도 아직 이 명산을 아는 동포는 드물었고, 선인(鮮人) 역시 그다지 입에 올리지 않았다. ……그러나 당시 벌써 그 웅대하고 숭고한 영기는 편자의 광벽(狂癖)을 쉽 없이 뛰게 하였고 수십 리에 달하는 산맥을 활보하게 만들었다. 그리하여 이를 세상에 알리려고……이 책은 단지 책상 위의 벗이 되길 원하지 않는다. 유자(遊子)의 지팡이가 되어 반도 천년의 옛날을 알리고, 또한 이를 통해 강건하고 고결한 심기를 기르는데 일조할 수 있기를 바란다.(서언)

〈목차〉

제목	제목	제목
금강산 대관	고성(高城) 부근	표훈사 부근
해로(海路)와 그 기승(奇勝)	유점사 부근	장안사 부근
온천장 부근	마하연 부근	보유(補遺)

350) 조선 금강산탐승기朝鮮 金剛山探勝記

저자	기쿠치 유호	출판년월	1918년 7월
판형	수진판	페이지 수	182쪽
발행처	도쿄 낙양당(洛陽堂)	소장처	일본 국회도서관

기쿠치 유호菊池幽芳는 소설가이며 본명은 기요清다. 1870년 미토水戸에서 태어났고 1891년 22세에 오사카매일신문사에 들어가 사회부 기자를 하면서 신문소설을 썼다. 『나의 죄己が罪』, 『유자매乳姉妹』, 『월백月魄』, 『나츠코夏子』 등이 대표작이다. 『유호전집』 15권에 주요작품이 수록되어있다. 1917년 조선을 유람하고 이 책을 썼다.

> 내가 조선 금강산을 돌아다닌 것은 작년 6월이다. 일본에는 아직 거의 소개되지 못한 이 세계적 명산의 모습을 나의 붓으로 얼마간이라도 전할 수 있다면 다행이다.(서)

〈목차〉

제목	제목	제목	제목
금강산은 어떤 산인가	옥녀봉두의 대관	만폭동	해표(海豹)가 출몰하는 해금강

제목	제목	제목	제목
총석정	장안사	마하연암(庵)	삼일포
구룡동 협곡	목련 향기 나는 협곡	유점사 너머의 대삼림	눈(雪) 채취 실패
대자연의 신비	백척(百尺)의 철쇄	유점사	석왕사
신구(新舊)만물상(相)	표훈사	산에서 바다로	(금강산 사진 및 약도)

351) 신라구도 경주지新羅旧都 慶州誌

저자	오쿠다 데이	출판년월	1920년 1월
판형	36판	페이지 수	314쪽
발행처	대구 옥촌(玉村)서점	소장처	도쿄경제대학

저자 오쿠다 데이奥田悌의 호는 경운耕雲이며 경주 박물관에 근무하면서 신라사적현양회新羅史蹟顯揚會를 조직한 사적연구가다.

이 책의 기술은 주로 동경지(東京誌), 삼국사기, 삼국유사, 박씨(朴氏)계보, 석씨(昔氏)계보, 일본고대사, 일한상고사의 이면 등을 인용한 것이며, 유적의 기사는 주로 세키노 공학박사의 동양협회학술보고를 인용·보철(補綴)한 것이다.(서)

〈목차〉

제목
경주부근 고적지도
신라왕계(系)
경주연혁, 무열왕릉, 그 외 50개 유적
경주쇄담(瑣談)
(부록) 경주명승시가

352) 부산항釜山港

저자	–	출판년월	1920년 9월
판형	46판	페이지 수	98쪽
발행처	부산세관편찬소	소장처	일본 국회도서관

부산세관편찬소에서 발행되었으며, 편찬 겸 발행자는 나카노 다다오中野忠雄라고 적혀있다. 권두에 부산항의 사진과 세관 관련 사진 11장 및 부산축항築港평면도가 실려 있다.

〈목차〉

제목	
제1	항만 및 그 설비
제2	무역
제3	교통운수
기타 도표, 통계표 등 15개	

353) 인천항 안내仁川港案内

저자	–	출판년월	1922년 3월
판형	국반절판	페이지 수	본문 40쪽 (사진 5점, 부도 1점)
발행처	인천부 인천세관	소장처	도쿄경제대학

인천세관의 조사에 기초한 인천항 안내서다. 권말에 1/6000 인천항축항계획도가 실려 있다.

〈목차〉

제목	제목	제목	제목
1. 항세(港勢)	출입 화물	안벽(岸壁)의 계리(繫離)	선명내계(船溟內繫)와 선벽계류(船壁繫留)의 상황
연혁	2. 설비	선박 이용 상황	계류 중인 선박화물 적각(積却)의 상황
위치 및 항계(港界)	갑선거(閘船渠)	(부록) 인천부근의 명소구적	(지도) 인천항 및 시가 일부
부근 항구들과의 거리	준설	(부록) 인천세관청사	
조위(潮位) 및 기상	육상설비	인천선거(船渠) 내외의 전경	
출입 선박	입출거(入出渠) 순서/선박조종법	갑문 입구	

354) 대륙발전책으로 보는 원산항大陸発展策より見たる元山港

저자	다카오 하쿠호	출판년월	1922년 4월
판형	46판	페이지 수	219쪽
발행처	원산부 히가시(東)서점	소장처	도쿄경제대학

저자 다카오 하쿠호의 본명은 다카오 신에몬이며 원산거류민단 촉탁을 지냈다. 『원산발전사』(1916년, 347번 항목 참조) 등의 저서가 있다.

대륙발전책을 강구하고 수립하는데 있어서 원산항은 매우 좋은 참고자료가 된다. 이를 선전하는 일은 단지 원산항을 번영시키기 위해서가 아니라 국가에 대한 봉사의 일단이라고 믿기에, 보잘 것 없는 재주와 얕은 배움에도 불구하고 감히 이 책을 지었다.(자서)

〈목차〉

제목		제목		제목	
1	서언	1	행정과 교육	1	종교와 신문잡지
1	지세와 기후	1	시가와 항만	1	명소와 구적
1	교통과 통신	1	무역과 산업	(부록)	
1	연혁과 그 약사(略史)	1	금융과 경제		

355) 회령 급 간도사정会寧及間島事情

ー일명 북선간도의 안내一名北鮮間島の案内

저자	나가이 가쓰조(永井勝三)	출판년월	1923년 3월
판형	36판	페이지 수	457쪽
발행처	함경북도 회령인쇄소	소장처	도쿄경제대학

저자의 호는 자연自然이며 회령에서 인쇄소를 경영했다. '오음회문고吾音会文庫'라는 이름으로 이 책을 간행했다.

1921년 가을부터 책을 쓰기 시작했습니다. 하지만 사조(詞藻)가 부족한데다 익숙하지 않은 글쓰기에 더해 인쇄소 주인이라는 성가신 업무에 얽매이는 바람에 원하는 만큼 일이 진행되지 못했습니다. 차일피일 미루어지다가 저희 인쇄소의 미숙한 직공이 인쇄하고, 제 처가 바쁜 와중에 교정했습니다. 여러 문제가 많겠지만 독자 제형의 양해를 구합니다.(머리말)

〈목차〉

장	제목	장	제목	장	제목	장	제목
제1장	총설	제4장	기후	제7장	산업	제10장	함경북도 주요 도시
제2장	연혁	제5장	인구 및 인종	제8장	무역과 금융	제11장	간도 훈춘(琿春)의 도시
제3장	위치 및 지세	제6장	교통 및 통신기관	제9장	회령	제12장	명소 및 구적
						사진 36점	

356) 만이천봉 조선금강산万二千峯 朝鮮金剛山

저자	만철경성철도국	출판년월	1924년 5월
판형	횡본(横本, 20×29㎝)	페이지 수	53엽
발행처	경성 만철경성철도국	소장처	도쿄경제대학

만철경성철도국 경영과가 관광안내를 위해 제작한 사진집이다. 금강산(내금강 · 외금강 · 해금강)을 사진판 53점으로 소개하고 있으며, 권두에 「조선금강산 교통회도繪圖」를 덧붙였다. 권말에는 내외 금강 안내기 12쪽을 추가했다.

357) 수원水原

저자	사카이 세이노스케(酒井政之助)	출판년월	1923년 10월
판형	46판	페이지 수	126
발행처	수원 사카이(酒井)출판부	소장처	도쿄경제대학

저자는 1908년 주오中央대학을 졸업한 뒤 1910년 9월 한국에 건너가 수원에서 소송대리업을 경영했다. 수원 전기주식회사 감사역 및 기타 단체의 임원을 지냈다.

> 나는 1914년 9월에 『발전하는 수원(発展せる水原)』, 1915년 9월에 『화성의 그림자(華城乃影)』를 발행하여 기답·미답의 사람들에게 수원의 진면목을 소개하고자 여러모로 애썼다. 그러나 그것도 벌써 십년 가까이 지난 과거의 이야기다. 이에 미숙한 기량과 얕은 재주에 불과하지만, 새로운 수원의 산업개발의 위적(偉績) 및 천인합작의 승경(勝景)을 졸저 『수원』을 통해 거듭 강호에 소개하고자 한다.(머리말)

〈머리말〉에 따르면 사카이는 이 책에 앞서 두 권의 저서를 펴냈다고 하나 여기서는 참조하지 못했다.

〈목차〉

편	제목
	서언
제1편	수원의 지리
제2편	수원의 역사
제3편	승지(勝地)로서의 수원
	(부록)
	수원과 사람
	수원 상공업자 저명(著名) 안내
	사진 · 권두 그림 44점

358) 함북잡조咸北雜俎

저자	가와구치 우키츠(川口卯橘)	출판년월	1924년 8월
판형	46판	페이지 수	333쪽
발행처	경성 제세협회(済世協会)	소장처	도쿄경제대학

저자는 간도보통학교장, 함경북도 임시교원양성소장, 개성사적조사 촉탁 등을 지냈다. 『개성군면지』 5책(1926년, 362번 항목 참조) 등을 펴냈고, 『함북군면지지』도 저술했다고 하나 확인되지 않는다.

> 이 책은 조선연구를 위한 조선총서 제1집으로 발행한 것이다. 추후 함남, 강원을 비롯하여 13도의 사담(史談)을 완성하고자 한다.(머리말)

〈목차〉

제목
함북고사고(古史考)
함북변구사(邊寇史)
함북과 가토 기요마사 장군
회령 오지암(鰲池巖)의 전설과 장백산신화
간도지료(誌料)
간도보통학교의 경영
간도여행의 추억

359) 미개의 보고 제주도未開の宝庫済州島

저자	–	출판년월	1924년 12월
판형	국판	페이지 수	113
발행처	전라남도 제주도청	소장처	舊藏

바다에도 육지에도 무진장의 대보고를 품고 있는 우리 제주도가 의외로 강호의 사람들에게 잘 알려지지 않은 것은 이를 소개할 출판물이 없어서라고 통절히 느꼈습니다. 그래서 제주도 각 방면에 재직하고 있는 분들께 최신의 여러 자료에 기초한 기사를 받아 그 개요를 기술합니다. 이를 널리 세간에 배포하고 소개하여 내외의 자본가를 맞이하고 미개의 대보고를 개척하는 계기로 삼고 싶습니다.(머리말)

〈목차〉

제목		제목		제목		제목	
1	총설	5	풍속	9	통신	13	산업
2	지리	6	구획	10	관청	14	재정
3	기상	7	도읍	11	교육	15	금융경제
4	연혁	8	교통	12	종교	16	결론

360) 진해요항부근의 사적개설鎮海要港附近の史蹟概說

저자	–	출판년월	1926년 3월
판형	46판	페이지 수	125쪽
발행처	전라남도 진해요항부	소장처	舊藏

이 책은 등사를 대신하여 인쇄한 것으로서 한정 출판되었다.

이 책은 진해를 중심으로 그 부근지역의 사적을 연구한 것이다. 1915년 1월 이 분야의 권위자인 경성제국대학 예과부장 오다 쇼고(小田省吾) 교수 및 조선총독부 학무국의 가토 간가쿠(加藤灌覚)에게 글을 부탁했고, 두 사람은 공무로 바쁜 와중에도 연찬고핵(研鑽考覈)한 내용을 정리하여 올해 2월 원고를 끝마쳤다. ……그중에서도 분로쿠 게이초의 역과 수군에 관한 내용은 해군에서 근무하는 우리들에게는 당시를 알려주는 좋은 자료이며, 또한 장래의 참고가 될 부분이 적지 않으므로 등사를 대신하여 인쇄하고 널리 배포하고자 한다.(서)

〈목차〉

제목		제목	
제1	진해요항부 소재지 연혁	제10	고려 왕씨 멸망의 유적
제2	유사 이전의 유적	제11	이조 초기의 개항과 어업지
제3	가야시대의 사적	제12	일본거류민과 삼포의 난
제4	신공황후 신라친정의 사적	제13	분로쿠 게이초의 역과 그 사적
제5	일본부 치하의 임나 제국(諸國)	제14	남선 연해 축성의 유적
제6	신라 통일시대 및 고려 초기의 사적	제15	분로쿠 게이초의 역과 육군의 전적
제7	원구(元寇)와 그 사적	제16	분로쿠 게이초의 역과 수군의 전적 (1)
제8	소위 왜구와 그 사적	제17	분로쿠 게이초의 역과 수군의 전적 (2)
제9	고려말 및 이조 시대의 수군	제18	화관(和館) 변천과 유적

361) 향토자료 경성오백년鄕土資料 京城五百年

저자	경성부 공립보통학교 교원회	출판년월	1926년 6월
판형	46판	페이지 수	134쪽
발행처	경성 신개상회(新開商会)	소장처	架藏

경성부 공립학교 교원회는 1922년 10월에 조직되어 각종 조사연구를 실시했다. 1925년부터는 향토지鄕土誌 조사도 시작했는데 경성부내 17개 보통학교에서 1명씩 선출된 위원들이 오직 이 작업에만 종사했다. 우선

가토 간가쿠의 강연에 기초하여 실지조사를 행하고 부내 20개소와 경기도 5부의 역사를 기술했다고 한다.

(1)경성의 역사란 물론 이조의 역사다. 따라서 권두 제1에 이조사 개요를 싣고 그 다음에 경성의 연혁을 실었다. (2)그 외의 내용은 권말에 첨부한 지도에 따라 서북부터 남서의 순서로 기술했다.(범례)

부록으로 권두에 「한양경성도」 및 「이조세계世系표」, 「조선연표」, 「경성지도」를 실었다. 지도는 참모본부가 제작한 1/10000 지도를 사용했고, 기호와 숫자로 내용을 참조할 수 있게 해두었다.

362) 개성군면지開城郡面誌 제1집~제5집

저자	가와구치 우키츠 調	출판년월	1926년 8월 (1927년 2월)
판형	국판	페이지 수	각 책 50쪽
발행처	개성부 개성도서관	소장처	舊藏

이 책은 개성의 사적조사 촉탁 가와구치 우키츠(간략한 이력은 358번 항목 참조)가 편찬한 것으로 제1집부터 제5집까지 분책·간행되었다.

이 책은 주로 동국여지승람 중경지(中京誌)에 의거하고 있다. 다만 동국여지승람 중경지는 연대가 오래된 책이라서 사적이나 명칭이 이미 사라졌거나 지형이 바뀌면서 허명이 된 것이 적지 않다. 지금 그 실적(失跡)을 답사하여 형적과 이름이 남아있는 것은 과거의 상황을 기술하고 모두 없어진 것은 이를 삭제했으며, 또한 새로 발견된 것을 추기했다. 이로써 세상의 역사가와 탐승가(探勝家)에게 참고를 제공하고자 한다.(범례)

제1집 송도면(1926년 8월, 70쪽)

제2집 영남면 · 영북면(1926년 8월, 63쪽)

제3집 북면 · 중서면 · 서면 · 남면(1927년 12월, 64쪽)

제4집 광덕면 · 대성면 · 흥교면 · 염한면 · 중면(1927년 1월, 56쪽)

제5집 상도면 · 진봉면 · 청교면 · 동면(1927년 2월, 56쪽)

〈목차〉(각 집의 목차다)

제목	제목	제목	제목
위치	연혁	지소	학교
경계	지세	토지	고적
면적	산봉	산물	형승
인구	현령	도시	교량
구획	하천	사사(社寺)	교통

363) 마산항지馬山港誌

저자	스와 시로 述	출판년월	1926년 9월
판형	국판	페이지 수	224쪽
발행처	마산 조선사담회	소장처	舊藏

저자는 백원방白猿房 또는 무골武骨이라 칭하며 1906년 10월 이래로 마산

에 재주하면서 부산일보, 남선일보의 기자를 역임했다. 마산에서 조선사담회를 창립·주재했다. 이 책 이외에 『경남지고 제1편 마산번창기』(1908년, 316번 항목 참조)를 저술한바 있다. 또한 저자 사후에 간행된 『경남사적명승담총』(1927)이 있다.

> 지금 이 책을 간행하는 것은 마산 사람들에게 그 역사와 위치를 소개하여 마산을 사랑하는 마음을 일으키기 위해서다.(관사)

〈목차〉

제목		제목		제목	
건권(乾卷)		제4	보건·의사·산파	제17	중앙공설운동장
제1	마산항 대관	제5	통신기관	제18	일용품수급기관
제2	영광스러운 마산의 산수	제6	숭경신앙기관	제19	마산 미곡상조합
제3	상고사	제7	금융기관	제20	마산 주조조합
제4	중고사	제8	경비기관	제21	오락기관
제5	근고사	제9	사직(司直)기관	제22	마산 전온(煎鰮)판매조합
제6	개항사	제10	창원도청	제23	경제 현황
제7	동포 발전사	제11	기업전습소(機業傳習所)	제24	문화로 나아가는 선인의 잡속(雜俗)
제8	거류민단 시대사요(史要)	제12	남선일보사	제25	내지인의 거주 잡황
곤권(坤卷) 현세사		제13	공장 및 여러 회사	제26	내지인의 오락과 위안
제1	개황(概況)일반	제14	여러 단체	제27	선인의 잡속
제2	교육기관	제15	긴지로(金次郎)문고	제28	일선 융화된 수기(手技)와 언어
제3	운수교통기관	제16	월포원(月浦園)	제29	마산의 장래 시가지와 매축지

364) 진남포부사鎮南浦府史

저자	마에다 치카라(前田力) 編	출판년월	1926년 11월
판형	46판	페이지 수	455쪽
발행처	진남포 동(同)부사발행소	소장처	도쿄경제대학

편찬이란 본래 완벽을 기해야 한다. 진남포의 과거와 현재를 살펴보고 제시하는 그 윤곽에 오류가 적기를 바란다. 훗날 진남포사를 완성시키고자 하는 이에게 조금이나마 도움이 된다면 다행스러울 따름이다.(자서)

〈목차〉

편	제목	편	제목
제1편	개항 전의 진남포	제6편	운수교통
제2편	개항 직후의 진남포	제7편	진남포 부근의 광업 및 공업
제3편	최근의 진남포	제8편	공진회, 전람회 및 곡양(穀揚)대회
제4편	금융과 상공업	제9편	사회사
제5편	농업과 수산	부록	

색인

1. 서명

2. 저자

3. 사항

4. 인물

이 책은 1992년 3월 1일 일본 용계서사龍溪書舍에서 출판된 사쿠라이 요시유키櫻井義之, 『조선연구문헌지—쇼와편(유고) 부 메이지 · 다이쇼편 보유』(『朝鮮研究文獻誌—昭和篇(遺稿) 付 明治 · 大正篇補遺』)를 번역한 것이다. 「번역 범례」에서도 밝혔듯이 이번 상권에는 원서의 내용 중 일부([一]총기, [二]철학 · 종교, [三]역사 · 지지)만 번역하여 실었다. 나머지 부분은 중권 · 하권에서 순차적으로 번역할 예정이다.

우선 저자 사쿠라이 요시유키와 이 책의 출판 경위에 대해서 간략히 언급해두겠다. 사쿠라이는 1904년 6월 5일 후쿠시마福島현에서 태어났다. 외할아버지, 아버지 모두 소학교 교장을 지냈던 지역의 명망가 집안이었다. 사쿠라이는 주오中央대학 경제학과에 입학하는데, 도쿄제국대학 법학연구실에도 자주 얼굴을 내밀었다고 한다. 특히 저명한 정치학자 요시노 사쿠조吉野作造의 귀여움을 받았으며 그의 개인비서로 여겨질 정도로 친하게 지냈다. 사쿠라이는 1926년에 주오대학을 졸업하고 1928년부터 경성제국대학에서 조수助手로 근무하는데, 이 과정에서 요시노의 도움을 받았다. 한때 데모에 참가하여 3일간 경찰서에 구류된 적도 있을 만큼 나름 '맑스주의자'를 꿈꾸었던 사쿠라이는 요시노의 소개를 통해 식민지조선으로 건너가게 되었다.

경성에서 스케이트를 즐기는 등, 사쿠라이는 식민지에서의 생활에 잘 적응했던 것 같다. 사쿠라이는 법문학부의 시카타 히로시四方博 밑에서 경제사를 공부하면서 1933년부터는 조선경제연구소에서 활동했다. 주로

시카타를 도와서 조선관련 자료의 수집과 정리를 담당했다고 한다. 이 책에 소개된 서적들은 대부분 당시 연구소에서 서지사항을 연구하면서 얻은 정보들에 기반하고 있다. 자료의 양과 질 어느 면으로 보아도 당시 조선경제연구소가 자료수집에 얼마나 심혈을 기울였는지 잘 알 수 있다. 다만 근대 일본의 조선연구는 아직 그 실태가 밝혀지지 않은 부분이 많은데, 시카타 히로시 및 조선경제연구소의 활동에 대해서도 여전히 상세한 연구가 이루어지지 못한 상태다. 시카타와 조선경제연구소가 수집한 자료 및 그 과정 등을 고찰하는 작업은 근대 일본의 조선연구와 관련하여 중요한 연구주제가 될 것이다.

참고로 시카타와 사쿠라이는 패전 이후 자신들이 수집했던 책을 그대로 조선에 둔 채 일본으로 돌아가야만 했다. 시카타가 수집했던 책은 서울대학교 도서관 '경제문고'로 이관된 모양인데, 사쿠라이가 수집했던 책의 행방은 알기 어렵다. 아마 시카타의 책과 마찬가지로 서울대학교 도서관이 소장하고 있을 것으로 추정된다. 현재 일본의 도쿄경제대학에는 '시카타 히로시 조선문고'와 '사쿠라이 요시유키 문고'가 있는데, 시카타 문고에는 약 4천 점이, 사쿠라이 문고에는 약 1천 8백 점의 서적 및 자료가 보관되어 있다. 시카타와 사쿠라이는 마흔을 넘긴 나이에 일본으로 돌아가 다시 처음부터 관련 서적을 수집하기 시작한 것인데, 이 작업이 오늘날 방대한 문고로 이어졌다. 자료에 대한 그들의 무서운 집념이 느껴진다. 1974년에 설립된 사쿠라이 문고(1984년에 남은 자료 추가 기증)에는 그간 강만길, 신용하, 안병직 등 한국의 저명한 연구자들이 다녀갔다고 한다.

사쿠라이는 경성제국대학에서 요시노 사쿠조의 제자였으며 조선총독부의 보물고적명승기념물보존회, 조선박물관, 이왕가 미술관 등에 관여했던 오쿠히라 다케히코奥平武彦, 그리고 유진오와 매우 친하게 지냈다. 특히 자기보다 나이가 두 살 어린 유진오를 매우 존경했다고 하는데, 둘 사이에 어떤 구체적인 관계가 있었는지는 아직 알 수 없다. 또한 「저자 서문」에도 적혀있듯이 사쿠라이는 1937년 5월에 발족한 '경성 서물동호회'의 간사를 맡아서 패전으로 중단될 때까지 참가했다. 그리고 소위 '조선 전문가'들 사이에서 서지학적 연구의 본격적인 연습을 경험했다. 서물동호회의 참가 멤버는 아유가이 후사노신, 이마무라 도모, 기쿠치 겐조 등이었는데, 이들은 제국대학에서 아카데미즘 역사학의 훈련을 받은 관학자들은 아니었다. 사쿠라이는 그들로부터 '생생한 조선근대사'를 배웠다고 회상한다. 패전 이후에도 사쿠라이는 서물동호회를 지속시키기 위해 이번에는 제국대학 출신의 역사학자들(후지타 료사쿠, 스에마쓰 야스카즈, 다가와 고조)과 함께 '도쿄 서물동호회'의 재건을 시도하기도 했다.

1941년부터 조선총독부 관방문서과로 옮겨 기관지 『조선』의 편집을 담당했던 사쿠라이는 일본의 패전과 함께 부인과 둘이서 현해탄을 다시 건너갔고, 89년 9월 12일 세상을 떠날 때까지 한반도에 한 번도 발을 들이지 않았다. 그렇지만 대부분의 관료나 학자들이 그렇듯이 패전 이후 그의 삶을 지탱해준 것은 식민지에서 만들어둔 인적 네트워크였다. 경성제대교수였던 우에노 나오테루上野直昭의 소개로 1950년부터 도쿄도립대학 도서관 사무장을 맡았고, 68년에 도쿄도립대학에서 정년을 맞은 이후에는 마찬가지로 경성제국대학에서 인연을 맺었던 후나다 교지船田享二의 초청으로 작신여자단기대학 주임교수 자리를 얻었다. 그리고 여기서 번역하는 책의 토대를 이루는 『조선연구문헌지－메이지 다이쇼편』을 1979년에 간행한다.[1]

1979년의 책이 나오는 과정은 「저자 서문」에 구체적으로 잘 설명되어 있으므로 생략한다. 이 책은 일본의 조선사 연구자는 물론, 한국의 관련 연구자들에게도 잘 알려져 있다. 메이지~다이쇼기(1868~1926)에 간행된 한국학 관련 서적이 거의 대부분 망라되어있기 때문이다. 여기에 저자 사쿠라이가 세상을 떠난 이후 그의 부인이 유품을 정리하던 와중에 쇼와기 문헌을 정리한 초고가 나왔고, 이를 마침 같은 도쿄도립대학에서 조선사를 연구하던 하타다 다카시旗田巍 등과 상의하여 인쇄하게 되었다. 그리하여 1992년 기존의 『조선연구문헌지－메이지 다이쇼편』에 '유고 쇼와편 초고', 그리고 몇 가지 저작을 추가한 이 책이 나오게 되었다. 수록된 자료는 메이지~다이쇼기 문헌이 1103점, 쇼와기 문헌이 89점, 지도가 93점에 이른다. 이번 번역에서는 메이지~다이쇼기 문헌 364점을 다루었으므로 전체 총량의 약 30%정도를 수록한 셈이 된다. 또한 사쿠라이의 원래 전공이었던 사회과학 분야를 소개하지 못한 점이 아쉽다. 추후 번역·출판할 중권과 하권에서 모두 게재하도록 하겠다.

물론 상권의 내용도 매우 흥미롭다. 총기, 철학, 종교, 역사, 지지 등으로 분류된 서적들의 목차와 소개를 보는 것만으로도 관련 연구자들은 지금이라도 당장 도서관에 가서 이 책들을 찾아보고 싶은 마음에 사로잡힐 것이다. 특히 색인 작성에 많은 노력을 들였는데, 저자명 및 인물들의 이름을 훑어보면 거물 정치가, 관료, 군인, 교사, 사업가, 지식인 등 다양한 사람들이 각자의 입장에서 조선에 광범위한 관심을 가졌음을 알 수 있다. 이들이 구축해내는 조선에 관한 지식이나 이미지는 물론, 그러한 현실의

1 위의 내용은 村上勝彦, 「解題」(『櫻井義之文庫目録』, 東京経済大学図書館, 1992), 橋谷弘, 「「四方博文庫」解題」(『四方博朝鮮文庫目録』, 東京経済大学図書館, 2010)를 참조하여 작성했다.

지식들이 정치권력 및 식민지지배와 연결되는 지점들을 보다 심도 있게 파악할 수 있는 실마리가 이 책에 담겨있다고 믿는다. 이 책은 자료집이지만 한편으로 근대 일본의 조선연구에 관한 풍부한 정보를 담고 있어서, 읽는 이의 숫자만큼 새로운 문제의식들이 추출될 것임에 틀림없다.

책의 번역은 결코 녹록치 않았다. 19세기 후반~20세기 초반에 간행된 서적에서 인용된 글들을 번역하고 현대 한국어로 매끄럽게 가다듬는 작업은 상당한 시간과 고통을 수반했다. 무엇보다 자료집의 특성상 글 전체에 어떤 특유한 밀도가 유지되는데, 이러한 느낌을 한국어로 옮기는 작업이 쉽지 않았다. 아마 20대 후반, 혹은 30대 초반의 젊은 사쿠라이는 경성제대 연구실 한편에 그간 수집한 조선관련 문헌을 쌓아놓고 이를 하나하나 펼쳐보며 그 서지사항과 중요한 특성을 원고지에 옮겨 적는 작업을 매일같이 행하지 않았을까? 그 느리지만 켜켜이 쌓여가는 원고지의 무게야말로 식민지를 짓누르는 제국의 학문적 권위에 다름 아닐 터이다. 이 책을 번역하면서 오늘날 우리는 아직도 이와 같은 압박감에서 자유로울 수 없다는 점을 새삼스레 실감했다. 연세대학교 근대한국학연구소에서 이 책을 번역하는 이유는 바로 이러한 무게감을 정면에서 버텨내야만 새로운 사유의 가능성이 슬그머니 그 모습을 드러낼 거라 생각하기 때문이다.

무엇보다도 힘든 번역작업을 함께 해주신 백은주, 유은경, 허지향 세 분 선생님께 깊은 감사의 말씀을 드린다. 그리고 번역작업이 예정보다 많이 늦어졌음에도 끈기 있게 기다려주신 소명출판 관계자 분들에게도 감사드린다. 편집이라는 힘든 과정을 도와주지는 못할망정, 항상 더욱 괴롭게 만드는 것 같아 송구할 따름이다. 서식의 통일과 교열 과정을 도와준 일본 리쓰메이칸대학의 박해선 선생님께도 고마운 마음을 전한다.

사쿠라이의 저작 이외에도 일본에서 간행된 다른 한국학 관련 자료집들을 사업단 차원에서 번역하고 이를 지속적으로 출판할 계획을 가지고 있다. 관심 있는 연구자분들의 많은 질정과 가르침을 부탁드린다.

2020년 5월

심희찬

우리 연구소는 '근대 한국학의 지적 기반 성찰과 21세기 한국학의 전망'이라는 아젠다로 HK+ 사업을 수행하고 있습니다. '한국학이 무엇인가' 하는 점은 물론 관점에 따라 달라질 수 있을 것입니다. 하지만 개항과 외세의 유입, 그리고 식민지 강점과 해방, 분단과 전쟁이라는 정치사회적 격변을 겪어 온 우리가 스스로를 어떤 존재로 규정해 왔는가의 문제, 즉 '자기 인식'을 둘러싼 지식의 네트워크와 계보를 정리하는 일은 반드시 필요한 작업이라고 생각합니다. '자기 인식'에 대한 탐구가 그동안 없었던 것은 아니지만, 현재 제도화되어 있는 개별 분과학문들의 관심사나 몇몇 지식인들을 대상으로 한 제한적인 논의였음을 부인하기는 어려울 것 같습니다. 이러한 현실에서 '한국학'이라고 불리는 인식 체계에 접속된 다양한 주체와 지식의 흐름, 사상적 자원들을 전면적으로 복원하고자 하는 것이 바로 저희 사업단의 목표입니다.

'한국학'이라는 담론/제도는 출발부터 시대 · 사회적 영향을 강하게 받아왔습니다. '한국학'이라는 술어가 우리의 입에 오르내리기 시작한 것도 해외에서 진행되던 지역학으로서의 '한국학'이 반향을 불러일으키면서부터였습니다. 그러나 '한국학'이란 것이 과연 하나의 학문으로서 성립할 수 있느냐 하는 질문에 답을 얻기도 전에 '한국학'은 관주도의 '육성' 대상이 되었습니다. 이에 대응하여 실천적이고 주체적인 민족의식을 강조하는 '한국학'은 1930년대의 '조선학'을 호출하였으며 실학과의 관련성과 동아시아적 지평을 강조하기도 하였습니다. 그 가운데 근대화, 혹은 근대성은 서로 다른 맥락에서 '한국학'을 검증하였고, 이른바 '탈근대'의 논의는 의심 없이 받아들여지던 핵심 개념이나 방법론에 문제를 제기하기도 하였습니다.

'한국학'이 이와 같이 다양한 맥락에서 논의되어 온 것은 그것이 우리의 '자기 인식', 즉 정체성 문제와 관련되어 있기 때문일 것입니다. 대한제국기의 신구학 논쟁이나 국수보존론, 그리고 식민지 시기의 '조선학 운동'은 물론이고 해방 이후의 '국학'이나 '한국학' 논의 역시 '자기 인식'에 대한 시대적 요구에 응답하려는 노력이었을 것입니다. 우리가 '한국학'의 지적 계보를 정리하는 것에 만족하지 않고 21세기의 전망을 제시하고자 하는 이유도, '한국학'이 단순히 학문적 대상에 대한 기술이나 분석에 그치지 않고 우리의 현재를 성찰하며 더 나아가 미래를 구상하고 전망하려는 노력에 직간접적으로 연결된다고 보기 때문입니다. 주지하듯 근대가 이룬 성취 이면에는 깊고 어두운 부면이 있습니다. 그리고 이 명과 암은 어느 것 하나만 따로 떼어서 취할 수 없는 한 덩어리일 가능성이 있습니다. 21세기 한국학은 근대에 대한 성찰을 통해 이 질곡을 해결해야 하는 시대적 요구에 응답해야만 하는 과제를 안고 있습니다.

연세근대한국학 HK+ 학술총서는 이러한 과제를 수행하는 과정에서 나오는 성과물을 학계와 소통하기 위한 시도입니다. 학술총서는 연구총서와 번역총서, 자료총서, 디지털한국학총서로 구성됩니다. 연구총서를 통해 우리 사업단의 학술적인 연구 성과를 학계의 여러 연구자들에게 소개하고 함께 논의를 진전시키고자 합니다. 번역총서는 주로 외국인들에 의해 이루어진 조선/한국 연구를 국내에 소개하려는 목적에서 기획되었습니다. 특히 동아시아적 학술장에서 '조선학/한국학'이 어떻게 구성되고

작동하여 왔는지를 살펴보려고 합니다. 또한 자료총서를 통해서는 그동안 소개되지 않았거나 불완전하게 알려진 자료들을 발굴하여 학계에 제공하려고 합니다. 디지털한국학총서는 저희가 구축한 근대한국학 메타데이터베이스의 성과와 현황을 알려드리고 함께 고민하는 계기를 만들고자 신설한 것입니다. 새롭게 시작된 연세근대한국학 HK+ 학술총서가 소기의 목적을 달성할 수 있도록 여러 연구자들의 관심과 격려를 부탁드립니다.

2020년 5월

연세대 근대한국학연구소 인문한국플러스(HK+) 사업단